以量子資訊為核心，串聯物質、能量與因應機制，尋找意識真正的場域基礎

QUANTUM
CONSCIOUSNESS

王玉星 —— 著

量子意識論
跨越感知與存在的心智新視角

萬物皆量子，生命、意識與智慧之源——

自否定疊加×反身性糾纏×人文性測量
結合三大核心，打開生命、意識與智慧演化的隱形機制
一場整合物理、生命與認知科學的思想實驗，重建意識的生成架構！

目錄

內容簡介　　　　　　　　　　　　　　　　　　　007

序
量子思維的核心主張　　　　　　　　　　　　　009

前言
探索生命與意識的本質　　　　　　　　　　　　013

第 1 章
尋道：通往生命真相的路徑在哪裡　　　　　　　027

第 2 章
生命的萌發：或許它本該如此誕生　　　　　　　049

第 3 章
光與節奏：光量子如何為生命注入時間感　　　　079

第 4 章
資訊啟動：量子機制作為生命運作關鍵　　　　　095

目錄

第 5 章
活性啟源：量子機制形塑生命反應　　　　119

第 6 章
三種「覺」：感知的量子生成模式　　　　159

第 7 章
意識雛形：核心架構在量子助力下成形　　　　197

第 8 章
意識三成員：量子機制下的合作運作　　　　229

第 9 章
偽意識：無法納入量子機制的現象解析　　　　237

第 10 章
智慧的升維：量子機制驅動知識與智能成長　　　　273

第 11 章
遺傳新解：量子機制的介入與引導　　　　289

第 12 章
秩序之源：生命如何在量子助力中獲得結構　　　　303

第 13 章
重新定義生命：從量子視角看生命本質　　　　329

第 14 章
覺醒的火種：量子資訊機制引爆智慧的二次革命　　337

目錄

內容簡介

　　本書把生命、意識乃至社會演化史當作一個覺醒過程，以東西方結合的特殊視角，採用「從頂向底」、從框架到元素的解題思路，透過集物質、能量和資訊三位一體的因應概念，匯出生物慣性、自適應等生命原始機制，進而解析出意識具有感覺、注意和比對三個核心組成要素；隨後將記憶、情感等因素，從意識的核心組成要素中剝離出去，並將人類智慧活動歸結為「分辨意識」和「工具意識」等。用一些集合級元素的產生機制和集合之間的關係，摸索生命和意識的來龍去脈。

　　本書像是一部對生命和智慧溯源的假說，所提出的觀點和問題導向，及鮮有的解剖方法和令人深刻聯想的亮點，對普及知識、啟發思考應有意外之驚喜與裨益，可作為讀者了解和探尋生命機制的讀物。

內容簡介

序　量子思維的核心主張

　　量子力學是 20 世紀初誕生的令人震驚的科學，由它產生的科學思想與哲學觀點，同樣是一場真正意義的革命。動態的時空一不遠人、二不遠物，觀測者的行為可以影響體系的演化，人的意識對量子的作用以及生命的量子假說，刷新了我們對世界的看法。從資料科學的角度來看，能夠利用的是量子力學中違反宏觀世界日常經驗的三大奧義：疊加、糾纏（纏結）和測量，我用人工智慧神經網路的量子運算原理來解讀本書作者的「探尋生命覺醒之旅」。

1・自否定疊加

　　量子的本意是一個數學概念，是離散變化的最小單元。傳統電腦中的暫存器，在任一時刻僅能儲存 8 個二進位制數字中的 1 個。而在量子電腦中，這裡的位叫做「量子位元」，同樣的暫存器可同時儲存這 8 種狀態的疊加狀態，稱為波函數的機率分布。量子思維建立起的時空是與萬物緊密相關的動態的時空，是本徵態建構為疊加態下各種情況的機率。

　　世間萬物，只有人的自由和生命是徹底表現為自否定的，自否定賦予人以自由，讓人能面向未來而有所作為，讓人能「向死而生」。而其他萬物由於只能被「他否定」，而且被封閉在歷史當中，並被其本質規定。只有當萬物以人為目的「向人變在」，且「能思維」時，才可以被視為自否定。人因自否定而「開始在」，且人因在每一瞬間中「開始在」而「持續在」，所以，人就是自否定疊加，歷史就是自否定疊加。

序　量子思維的核心主張

2・反身性糾纏

　　糾纏是一種純粹的量子現象。也許，正是基本粒子之間的這種深層量子纏結，將空間和時間連結在一起。現實世界內部發生的變化，並不總是按照固定規律循環往復，而是一種規律與非規律的交織，是必然與偶然的碰撞，只靠簡單的運算模型並不能演示出一切變化。任何系統都是由大量微觀元素構成的整體，這些微觀個體之間會發生區域性的相互作用，然而當我們把這些個體視為一個整體的時候，就會有一些全新的屬性、規律或模式自發地冒出來，這種現象就稱為湧現。

　　意識就是從無意識的神經元之間的互動當中湧現出來的。不斷發展的神經網路研究，正在揭開自組織的祕密，透過模擬神經網路的特徵對映作用發展起來的人工智慧技術，帶來了一個非常寶貴的參照系，從認知大腦各區域的單一活動，轉向探索它們與事物是如何互相影響且運行工作的，這個重要的進步，導致量子思維將反身性糾纏這些思考和理論，推進到心智模式實證研究的方向。

3・人文性測量

　　與經典物理學不同，量子力學給心智一個明確的位置——波函數的塌縮。通常所謂的辯證法，可以利用量子力學中的測量建立起來，它是「正、反、合」三段式辯證法的源頭活水。其不確定性原理，可以構成辯證法的客觀基礎，不僅因為辯證法是在不引入時序向量以及在非連續變化的離散自然狀態下做靜態的概念處理，而且因為辯證法的各項基元和關係，都可以從疊加態各項基元和關係中匯出。換句話說，前者只是後

者的一種特殊類型。正是為了與「辯證法」相區隔，我們將這種基於量子力學、對辯證法展開和補充的思維方式，作為量子思維的人文性測量。

在《量子思維——探尋生命覺醒之旅》這本書中，作者揭示了形式的必然性底下的自由的內容，即自否定的內容，使邏輯超越數學而獲得形而上學的生命。所以量子思維又是生命的邏輯，它訴諸於人的直接生命感悟，而不是符號化、數位化的形式所能表達和規範的。量子思維將形式邏輯的自否定推到極端，以詩性智慧說不可說，用形式邏輯無法理解的矛盾命題形式，激發人對內容本性的感受力，暗示出自由生命本身的必然要求，以導向行動的意志。從這個意義上來說，量子思維就與認識論的體驗和能動的本體論統一起來了。

鍾敏博士

序　量子思維的核心主張

前言　探索生命與意識的本質

「生物學是研究生命的科學，它既研究各種生命活動的現象及其本質，又研究生物與環境之間的相互關係」[001]，因此，它是極具綜合性的科學。它首先面臨的問題就是──生命是什麼？

給出生命的定義，一直是困難且頗具爭議的命題。對此，人類至今並沒有得出十分準確的結論，使之成為生命科學接續到 21 世紀的「黑箱」。

生命的本質是什麼？「很多時候，特別是從 1950 到 1980 年代，生物學家和哲學家幾乎大都避而不談這個問題。生物學家往往認為這個問題『太哲學』，因而把它視為一個哲學問題，而不是科學問題。另一方面，哲學家們可能認為這個問題『太科學』，因此把它主要視為一個科學問題，而不是哲學問題。」[002] 例如，獨立研究者洛夫洛克（James Lovelock）曾說過：「在存活意義上的生命的理念，是我們最熟悉，且是我們所遇到的最難以理解的概念」。另一位學者霍爾丹（John Burdon Sanderson Haldane）也說：「哲學家試圖定義生命，但沒有任何定義可以涵蓋它無限的、自相矛盾的多樣性」。

然而，生命定義不僅直接關乎生命本質規律的解釋，也關乎生命科學應用規律的掌握。沒有涵蓋本質的定義，生命科學就無法成熟。生命科學理論的模糊，也必然導致生命科學實踐失去正確指引，進而出現偏差與徘徊。身為「終端使用者」的社會大眾，對自己的生命養護也會左右為難。

---

[001] 王亞輝·生物學和人類進步 [J]·未來與發展，1989（1）：53-55

[002] 段勇·生命的定義和生命起源的充分必要條件 [J]·河海大學學報（哲學社會科學版），2006，8（4）：13-16. DOI：10.3969/j.issn.1671-4970.2006.04.003.

前言　探索生命與意識的本質

　　定義生命，其主要困難點，不僅要將其與非生命劃清界限，闡明生命有別於非生命的特殊性，還要根據所有生命的存在和活動現象，高度抽象出帶有普遍性的規律，最核心的問題就是生命的原理。這個核心焦點，一直使哲學界、醫學界等諸多學科在激烈爭論，並持續吸引人們的關注。

　　17世紀的主流觀點是「生命機械論」。其主要成員笛卡兒（René Descartes）認為，人和動物的軀體如同一部複雜的機器，其運動是按機械規律來進行的；博雷利（Borelli）把動物軀體運動歸結為純物理規律；希爾維斯（Franciscus Sylvius）則把消化與呼吸的過程解釋為純化學的過程。這種機械論認為，生命現象根本就是無數理化作用累加的集合，沒有什麼生命現象是理化原理說明不了的。

　　18世紀，唯心主義活力論（生機論）[003]的出現，使機械論的情勢受到很大的壓制，其代表科學家有約翰內斯（Johannes Julius）、杜里舒（Hans Driesch）等。「活力論」認為生命是與物理和化學作用對抗的過程，理化作用是破壞性的，而生命是建設性的，生命有單純理化作用無法實現的結構與功能。為了解釋生命功能的來源，他們引入一種力，叫活力。它不同於物理學的力，是透過組織性、生殖和心靈等活動表現出的、具有強烈目的性的力。還有一種「精神活力論」，主張生命與非生命的差別在於生命含有意識（靈魂）。由於活力論對刺激、感受和反射作用的分析，存在許多令人難以接受的邏輯，且常用膚淺的直覺作為論據，沒有從科學的角度說明意識的來源和本質，無奈地陷入了形而上學和缺乏實用的尷尬境地。事實上，該時期的生物學研究並沒有讓精神作為生命的判斷依據，活力論連同意識問題，最終一起都被邊緣化了。

　　1840年代，全新的比較生理學誕生，繆勒（Johannes Peter Müller）的《人類生理學手冊》（*Handbook of humam physiology*）[004]面世，其大

---

[003]　王立銘·活力論的興衰 [J]. 科普創作，2018（3）：29-31
[004]　LOHFF, BRIGITTE (March 2009). Müller, Johannes Peter (1801–1858) [C]// John Wiley & Sons,

量而詳實的生物實驗成果，大大完善了生命機械論理論，得到了科學和社會廣泛的認同和應用，生命機械論重新占據上風。之後出現的細胞生理學、細胞病理學等，更加鞏固了「機械論」的基礎。直到19世紀下半葉，機械論一直確立並堅信，人類和其他動物的生命活動全部受物理和化學規律制約，都應受到同樣的物理和化學「永恆不變規律」的支配。

但是令生物學界費解的是，這位被稱為生理學之父的繆勒，在對人的意識和感覺深入研究之後，又出現了向活力論轉移的傾向。例如，他提出了一個與自己大量實驗和歸納結論相矛盾的觀點──感官神經特殊能量說。他在《人類生理學手冊》四至六卷中，把意識歸結為獨立的特殊作用。他認為，我們意識到的是感覺，而不是物理。按照繆勒的觀點，我們意識到的不是物理世界的客體，而是各種感覺衝動，也就是說，意識不是客觀世界的真實反映。這被列寧和費爾巴哈毫不留情地批判為生理學中的唯心主義。

20世紀，微電子技術促進了分析儀器的進步，使人類能夠進行基因辨識和干涉；微觀化學和微觀物理學使製劑和藥物能夠被更加精細地製造，使生命科學真正進入到分子時代。現代科學為應用醫學增加「武器裝備」的同時，也不斷擴大「機械論」的光環。這並非說機械論是現代醫學唯一的理論支撐，而是說機械論藉由大量的理化應用，其理論更有市場，主導地位更加顯赫。機械論的光芒徹底遮蓋了活力論的身影。

壯大了的機械論，其陣營內有的學者甚至對生命本質的爭論出現了傲慢與不耐煩，其觀點就是生命定義無用論。有些生物學家甚至認為生命的定義問題無關生命科學發展，他們說：「生物學並不需要一個生命定義來幫助辨識他們所思考的東西是什麼。」[005] 既然生命定義對生物學都

Ltd. Encyclopedia of Life Sciences (ELS). Chichester. 2001[2019-11-06]. http://www.onacademic.com/detail/journal_1000039691788710_d59b.html. DOI：10.1002/9780470015902.a0002428.

[005] 李建會. 生命是什麼？[J]. 自然辯證法研究，2003（4）：86-91.DOI：10.19484/j.cnki.1000-8934.2003.04.020.

前言　探索生命與意識的本質

不重要了,那麼與生命定義相關的心理(意識)問題,就更不用說了,這意味著在生命定義的論壇裡,機械論者獨自休會去了。

接下來的情形更加展現機械論的霸主地位,其優勢甚至強大到足以影響社會意志。其中,僅在國家級學科劃分中,其威力就能讓人嘆為觀止。特別是心理學,由於其承襲著意識、心靈等未知學說的濃厚氣味,潛藏著對手活力論的影子,就被遠遠地踢出了醫學範疇(心理學的分支「生理心理學」雖被保留,但它已退化為腦及神經解剖學的輔助和補充),甚至被請出了自然科學之門。

以下的情況足以讓人清楚知曉直到21世紀初的現代心理學(意識問題的大本營)處境。在日本,文部科學省對學科的分類有人、社、理、工、農、醫、綜七大類,心理學被放在人文科學之中,排除在醫學、理學之外。在美國,科學研究常用分類有七大類,分別有生命科學、心理學、物質科學、環境科學、數學和電腦科學、工程科學、社會科學。由於美國是宗教氛圍很濃厚的國家,心理學雖被單獨開設,但也被放在生命科學之外。例如哈佛大學,人類學、生物科學都被放在前列,而把心理學與哲學、宗教、政治相並列。更有代表性的是,聯合國教科文組織的學科分類,乾脆將心理學列入社會科學、商業和法律分類之中,其科學類目之下是生命科學和自然科學等。顯然,在世界範圍內,心理學已經成為生命科學圍牆之外的角色。[006]

由此可以看出,生命觀直接影響了醫學觀,醫學觀又同化了社會意識,社會意識最終影響了社會形態和學科布局。

心理學和意識問題被請出醫學,甚至自然科學的大門,對機械論來說,似乎是一招高棋,使它能夠在生命科學領域長期高枕無憂。

但是,仍然有悄悄撬開機械論基石的動靜。

---

[006] 易金生. 中國學科劃分分析及展望研究 [D/OL]. 南京:東南大學,2004:4-26[2019-06-12]. https://d.wanfangdata.com.cn/thesis/Y645263. DOI:10.7666/d.y645263.

長期以來，生命過程的一些未知現象及意識的不明機制，造成理論界的困惑，使得有人開始反思生命的基礎原理。

　　從 1930 年代就有人開始以系統論為觀點，把反對機械論的聲音塑造得越來越大。「系統論」認為，生命體是純理化作用不能完全解釋的系統，它還具有特別的性質與功能。例如，貝塔郎非 (Ludwig Von Bertalanffy) 廣泛考察了 20 世紀上半葉物理學、心理學、哲學等領域中的新思想成果，其中包括量子力學的不確定性原理、量子躍遷理論、耗散系統理論、格式塔心理學、歷程哲學等，發現這些學科普遍出現了類似機體論的整體原理、組織原理和動態原理。他提出了稱之為「機體論」的理論框架，對細胞學、遺傳學、組織學、胚胎學、生理學、演化論、生態學等理論問題提出新見解。貝塔郎非主張以精確的方式，建立生命界所有層次的組織定律，即系統定律[007]，被 20 世紀科學界稱為超越活力論和機械論的第三種生命觀——「系統論」。貝塔郎非斷言，生物學絕不會「同化」為物理學，它顯然處於與物理學相對的「自主性科學」的地位。在《生命問題》著作裡，他用歌德的詩做結語，說：「如果我們渴望用簡潔的語句掌握生命的本質，那麼河流似乎是生命的直喻，它的波濤永遠變化不止，但它在流動中持續存留。」

　　雖然勝利之門似乎有朝系統論敞開的徵兆，但是系統論的先進性還只是展現在籠統的框架和見解上。系統論者總是努力用宏大的闡述來替代生命定義，並解釋生命的複雜：「生命問題是組織問題。只要我們從整體組織中挑選出個別現象，那麼我們就無法發現生命和非生命之間的任何根本差別。」「生物學的任務是要確立控制生命過程的有序和組織的定律，應當在生物組織的所有層次上研究這些定律。」[008] 它向人們指點存

---

[007] 貝塔郎非·生命問題：現代生物學思想評價 [M]·吳曉江，譯·北京：商務印書館，1999：19.
[008] 貝塔郎非·生命問題：現代生物學思想評價 [M]·吳曉江，譯·北京：商務印書館，1999：16，19.

前言　探索生命與意識的本質

放生命奧祕的遙遠山峰，而自己卻沒有真的爬上去，也沒有更多可供實踐的操作指南，陷入了自言自語的境地。而另一方面，生命機械論主導的陣營，撇開了生命定義的爭論，絲毫不減應用研究的勢力：分子醫學日益深化，觀察生命微觀結構的 DNA 定序技術和改變生命形式的 RNA 剪接技術日益成熟，臨床技術更加智慧化和精微化，無論在理論還是實踐上，都建樹頗豐，正發揮著不可替代的作用，行使著領袖和帝國職能。因此，說系統論獲得了決定性勝利，還為時過早。

種種情況顯示，關於生命本質的爭論遠未結束，生命定義尚無正果。

以上僅從尋找生命本質這單一線索，縱向而簡要地回顧了探索生命定義的部分歷程。

在這個歷程中，有一件非常值得注意的現象，與生命須臾不分的心理（意識）問題，被主流學界情緒化地對待了。在偌大的自然科學領域裡，心理學竟然沒有固定的立身之地。它一會兒非常重要，一會兒又遭驅趕，至今，它的境況仍然「像個流浪漢，一會兒敲敲生理學的門，一會兒敲敲倫理學的門，一會兒敲敲認識論的門」[009]。為此，讓人不禁想問，為什麼生命科學的愛、恨、疑惑都糾結在心理（意識）學身上？

當把視線轉過來，換一個角度，試作橫向切割和觀察，從有代表性的不同領域、不同學科、不同層次抽取最深層的疑問以歸納共性時，幾乎有著同樣交集的發現。例如，當從更廣泛的領域考察與生命相關的學說（如各國宗教學、神學，中華文化的中醫學、道學、佛學等）時，會看到它們都把意識或精、氣、神當作至關重要的根源與法寶。

道理何在？

為什麼在臨床上病人的精神好壞對治療效果和身體的康復影響巨

---

[009] 崔麗娟·心理學是什麼？[J]·科學中國人，2003（10）：62-63.

大？為什麼日常工作、生活、保健各方面，社會、政治、經濟各領域，都十分強調精神的重要性，並一直靠它發揮巨大作用？為什麼那些與生命活動相關的未知原理和神祕現象，大都與意識相關？

……

我們似乎看到，一條綿延不斷的長線，連接著各學科、各領域最深層的隱祕，且這些隱祕幾乎都與意識的本質作用這個核心問題密切相關。對於這些相關的客觀性存在，不論是從機率論還是統計學角度，都能給出一個確切答案：意識問題是生命科學的焦點問題。同時，從以上諸多發問的分量來看，意識問題非同小可。一切情況和跡象顯示，心理和意識問題對生命科學非常重要。

但現實是，意識的本質問題還遠未解決。

追根溯源，正因意識的本質問題沒有解決，才使生命的定義難以完成。事實的狀況是，要建構更加完整的生命科學，必須先破解意識本質之謎。也就是說，無論「科學的交叉滋養（cross-fertilization）」使技術進步多麼眼花撩亂，科學的視線最終將不可避免地從紛亂的成果中收斂到人工智慧，進而轉向大腦機制問題，終極的挑戰必將面對「意識的本質」是什麼。

可是，當以為找到問題的關鍵，而把視野聚焦於意識時，人們卻發現，這個焦點只是一個方向標。在這個方向標所指之處，是一個建構在若干基礎學科和無數應用科學基礎之上的抽象王國——哲學。

哲學界早就把意識問題當作了解世界的核心問題來思索，卻始終為意識和物質的誰先誰後吵得不可開交。當試圖從哲學那裡獲得啟示時，卻發現意識的本質問題在造成生命科學迷惑的同時，也造成了哲學上的痛點。這個痛點引起了19世紀哲學論壇的大辯論，並一直延續至今。其中，關於意識和物質誰決定誰、誰是第一性的問題，爭論最為激烈，並因此劃分了唯心主義和唯物主義兩大陣營。

前言　探索生命與意識的本質

唯心主義認為，意識是先天存在的，意識決定存在。例如，客觀唯心主義代表古希臘柏拉圖（Plato）的「理念」和德國黑格爾（Hegel）的「絕對」觀念，均主張精神或原則是先於物質世界並獨立存在的本體；主觀唯心主義代表英國柏克萊（George Berkeley）則認為「存在就是被感知」、「物是觀念的集合」。

唯物主義則認為，意識是後來產生的，物質決定意識。19世紀著名的辯證唯物論者馬克思（Karl Marx）在考察了當時的自然科學和社會科學後這樣概括：「意識是大腦的特殊機能和產物，是對客觀世界的主觀反映。」這個結論連同他的全部理論原理，被唯物主義確定為不可動搖的理論基礎。

換言之，前者強調活的意識原本就是活的；後者強調是死的無機物產生活的意識。前者主張有神論，靈魂來自上帝；後者主張無神論，靈魂來自演化和肉體。

但是唯心論者難以正確面對演化論羅列的大量事實，這些事實有力地證明高階動物是由低階生物演化而來的，人和意識也一樣。同時，唯物論者也一直受到另一種折磨，在它的理論寶庫裡，缺少對直覺和潛能等未知現象的有效解釋。

在這場跨越多個世紀的大辯論期間，人類對物質世界探索的廣度、深度和精度，都有了跨越性的發展。大到宇宙機制，小到夸克原理，科學方法越來越強大，探索和發掘的程度似乎越來越徹底，但對意識本質問題的認知還是舊有的僵局，一點也沒有跟上時代的步伐，它仍舊是個謎。

時至今日，科學界越來越覺得對意識和大腦機制的認知仍是一個大麻煩。同時對摸不到邊的、卻占宇宙總量90%以上的暗物質和暗能量問題備感頭痛，這使一貫成熟得體的科學界，突然覺得對宇宙的奧祕知之

不多,對人類自身的奧祕則知之甚少。為此,有輿論開始猜測和議論:暗能量或許是有神的意志,意識或許就是暗能量。若要對這些議論實施有效的抵制,必須拿出可信的科學見解。

暗物質、暗能量、意識,當把人們疑惑的這些匯聚在一起考量時,不難發現,它們之間有一種共同點,即不可見性。那麼,有什麼理論可以支持這種既存在又不可見的形式,且又與生命過程相關聯呢?

一種可能的理論來源是量子論。量子具有顯著的波粒二象性,似乎是物與非物的雙性體。自從量子力學建立以來,部分物理學家就對量子力學與人類意識的關聯性提出理論方案。有科學家認為人腦或許是量子電腦,或與量子相關效應有所牽連。其中羅傑·彭羅斯爵士(Sir Roger Penrose)是代表之一,他認為大腦意識與微導管中的量子重力效應有關係。

但是,科學界主流認為,量子現象只存在於微觀物質層次,主流觀點一直不認為量子領域中著名的「薛丁格貓」悖論適合宏觀物質。也就是說,量子態現象只被包裹在「量子包」裡面,是層層巢狀的盒子最裡面一個盒子中的微觀把戲。即使聲稱已經找到了所謂「上帝粒子」的希格斯玻色子(是61種基本粒子中最難找到,且是最後找到的那一個),但此「上帝」只是一個名號而已,「上帝粒子」與宏觀組織的生物活性、意識的靈動性之間,可謂有天淵之隔。物理界認為生物從宏觀物態到量子態還有若干層級,每一層物質都有一層能量約束,即便生物整體坍塌為一堆回不到以前狀態的粒子,也難以形成宏觀量子生物。

有人思量,雖然宏觀量子生物並不存在,但在宏觀生物體中是可以允許有部分自由量子游離的。眾所周知,生物電就是量子活動的經典例子。相關的研究也顯示生命活動中量子效應廣泛存在,「從植物的光合作

用到鳥對方向的感知，量子相干或許在自然界中無處不在。」[010] 但是，若從量子角度精確解釋生命，按照現有的科學方法，必須經過實驗室進一步地觀察和證實。

現實情況是，對量子現象的周詳觀察是非常困難的。「量子體系中量子耗散的時間標度（可理解為速度，筆者注）遠遠大於量子相干的時間標度。人們幾乎無法定量地了解量子去相干的全部動力學細節。」[011] 這也就是說，當觀察者還來不及獲得量子相干到去相干全部指徵時，有些指徵早又隱藏不見了。甚至觀察過程本身，成為獲得量子指徵的障礙。因此，諾貝爾物理學獎得主尤金·維格納（Eugene Wigner）認為，意識是量子測量問題的根源。這種測量和觀察的艱難，也成為以微觀量子力學為方法的生命研究進展困難的原因。

一般的、基礎性的量子觀察就已十分困難的情形，意味著即便意識實際上就是量子級的，要實現實驗室的意識量子機制「解析」（科學方法主要是邏輯和實驗），距成功還非常遙遠。這就使得，若要在現有條件下發掘意識的量子機制，一種採用表觀邏輯，先以定性或框架級連結方法獲得「半生」的中間結果，再交由實驗室細研成熟的路線，勢將成為當下的重要之選。

然而，即使這種邏輯路線，也離不開對生命現象的觀察與抽象。這些觀察和抽象除具有廣泛性和實證意義之外，還必須突破這樣的困難：這些觀察是宏觀的、抽象的，原理卻必須反映微觀機制。只有這樣，才能將「中間結果」方便交由實驗，進而成為可用數學描述的科學理論。

本書正是試著從這條困難途徑和方法，以描述生物資訊機制為切入點，逐漸展開對意識和生命本質的討論。沒有實驗，卻談生物資訊原

---

[010] 劉霞. 量子生物學曙光初現 [J/OL]. 今日科苑，2011（22）: 45-48[2018-10-11]·https://www.zhangqiaokeyan.com/academic-journal-cn_modern-science_thesis/020123593258.html. DOI：CNKI：SUN：JRKR.0.2011-22-022.

[011] 孫昌璞. 薛丁格貓與量子測量—兼談量子資訊的發展 [J]. 物理教學，2000（10）: 2-6.

理，這種透過間接觀察、抽象推理得出的結果，與實際上的資訊活動肯定有所不符。但這種含有不確定假設性的結果，應有推動問題走向確定性答案的功能。一是聚焦作用：如果邏輯足夠嚴密，就可以把漫無邊際的議論聚焦到有限的視野之內，從而發揮橋梁和提交實驗建議的功能；二是能夠最佳化流程：它像「物件導向」的高階程式語言，首先確定總體設計，把每個較大的問題視為一個「類」或功能「模組」來描述，再定義模組之間的功能關係，而後進行「模組編譯」重組，從而容易地把困難的大問題肢解為可供實驗的「具體專案和要素」。這其實是借鑑了「自上而下」（top-down）的設計和理念[012]，本書方法正是如此。這種路線對探尋包含太多複雜關係，尤其是包含可能的量子級生物資訊活動在內的生命問題，應該有其特殊優勢。

但它將在定量分析方面明顯不足，從而不確定性成分大為增加。比如在沒有讀完該書之前，會令人產生一些錯覺：像裝備不全卻要蒐集獵跡的莽漢，自顧穿行於疑惑叢林之間，行跡很混亂，一會兒像支持活力論，一會兒又像支持機械論和系統論，似乎觀點不夠一致，必將多有訛病。但筆者認為，生命和意識的全部物質成分及其確定的定量關係如何，並非框架級推理的使命，只要找到更深層的關係或關鍵點位，就可達成它的任務。筆者期望，這種直接和粗淺的心得或遊記式的描述，能夠激起學界給予完善的費心和思考。為使作品有所特徵，暫且把這些心得取一個也許不太相稱的名字，叫「量子思維」，並闡述生命的覺醒之旅。

本書的主要觀點是，一種有量子成分在內的量子級生物資訊決定著生命的產生和運動。因此，本書其實是一部關於生物資訊和意識機制的假說。

---

[012] 崔瓊瑤，齊從謙‧基於參數化技術的自頂向下設計及其應用[J]‧同濟大學學報（自然科學版），2002，30（9）：1087-1090．

前言　探索生命與意識的本質

　　本書主旨和內容有別於其他主要的量子學書籍。一是與量子物理相區隔。量子物理研究最基本的粒子現象，是以量子力學、波函數、標準模型為代表的微觀物理學，而本書則是把巨量粒子形成的一些宏觀作用，當作一個集合來考量。打個比方，它不注重研究單個士兵的問題，而只注重考察各兵種或軍團的綜合作用機制和效能，像是一種關於生物機制的群論。二是與量子生物學（又稱量子生物物理學）相區隔。量子生物學直接運用量子力學的理論、概念和方法，研究生命物質和生命過程。其研究內容常包含分子間相互作用力、電子結構反應活性、生物大分子構象與功能等，並與凝聚體物理的準粒子、複合粒子及超分子類（如DNA）研究相交叉。而本書並不研究生命中的這些微觀物理細節，它只是對量子生物物理學研究的成果有所借鑑，並在與量子物理和量子生物物理學原理相關照的基礎上，從抽象或形而上的角度，概略地審視從生命微觀功能到宏觀功能間可能的過渡或關聯；或者說，對生命中可能與量子機制相關的中觀機制作出猜想。

　　令本書具備勇氣和信心的是，來自科學界越來越多研究成果的持續支持。不斷來自科學研究前線的資訊，也正在日益印證著本書的一些觀點。

　　本書透過邏輯和例證，解析量子級生物資訊的形成、屬性及其與生命和意識的客觀連結，對隱的、負的、不可見的部分，如何決定顯的、正的、可見部分的機制，作出了概略的連結和「標定」，得出了一些新的線索。透過這些線索，似乎覺得人類原先建立的、涉及生命學、醫學、哲學等的一些相互爭議的理論或觀點，無論是東方的還是西方的，現代的還是古老的，其核心幾乎都通向一個根源──量子級生物資訊機制。換句話說，人類生命和所有的生物機制，或許都是從這個根源出發，分別通往不同的學說。我們將因此看到，許多矛盾的學說在最深處都植基於同一塊基石──意識機制之上。

藉助各學科的理論基礎，本書試著對生命和活力的發生機制、時間感等感覺的來源、為何不能把情緒等視為意識、文化為何不能被遺傳、生命和意識的隱性分機制、年輕和長壽的能量源頭、智慧升級的條件和不確定因素等問題，做出系統性猜想。

　　本書的分析和答案是否還太突兀，是否還太粗淺，是否還有關鍵性的疏漏，以及它是否確有道理，是否有些參考意義等，還請更專業的行家俯察與審鑑。

　　願本書有以石擊水的效應，能引發一些有益的思考，並得到寶貴的批評和指正；也望它為熱愛生命問題的同好帶來一些別樣興致。

　　感念和崇敬古人及歷代先賢，是他們的智慧給予本書思路的指引。

　　感謝清華大學鍾敏先生為此書作序，感謝清華大學出版社徐學軍先生給予精心指點並為該書冠名，感謝清華大學出版社王定編輯辛苦的修改和補充。

　　感謝加利福尼亞大學基爾斯特羅姆（John Kihlstrom）教授的認知科學講座，有些觀點受到他的啟發。

　　感謝可汗學院教授薩爾曼·可汗（Sslman Khan）的精采教學影片，他的生物學講座提供了可借鑑的知識。

　　感謝在文章中所有被引用的科學理論、實驗報告及各類證據素材的作者、研究者和友人，是他們的研究成果，為文章提供了重要座標和參照。

王玉星

前言　探索生命與意識的本質

第 1 章
尋道：通往生命真相的路徑在哪裡

　　導讀：生命問題看起來複雜得令人望而生畏，然而，造成眾多困境的原因，並非全是因為生命客體過於複雜，還有很多人為的因素。本章試圖透過另類的「實驗」和邏輯，對道路和方法進行分析比對，探尋阻礙真相揭示的原因，並簡述用集合和「框架連結」解析生命本源和機制的重要性，提出：解析生命原理應增加「自上而下」的輔助道路。

第 1 章　尋道：通往生命真相的路徑在哪裡

「生命是什麼？」這個看似簡單的問題，讓眾多智者長久輾轉反側、捉摸不定，是因為該問題的背後還有若干機制和相關邏輯環節需要釐清。例如：

(1)　生命的活性由何而來，欲望從何緣起？
(2)　意識有哪些基本構成，它們各有什麼來路？
(3)　人的「靈感」與創意來自何處？
(4)　是什麼為演化提供持續的動力？

這些問題可歸為一種說法：無生命的物質、能量和資訊三者，是如何發生和發展出有機、自補充、自組織、自適應、自學習的自主性意識和生命的？

雖然這些目標早已清晰，為何至今走不出困境？

難道還不僅僅是目標的問題？

是的。知道向哪個方向努力固然重要，但如何下手卻是關鍵。也許，正是在釐清頭緒的路線和方法上出了點問題。

如果說之前所行的路、方法都沒錯，也不至於至今在意識原理等問題上還有那麼多未知。

如果有錯，那困難在哪裡？錯在何處？有沒有可以借鑑的路線和方法？

1.1 難在哪裡

1.1.1 研究對象特殊，原理錯綜複雜

生命極其特殊，是特別的矛盾體。其任一區域性都關聯著整體；其任一環節的物質性，同時兼有能量性和資訊性；它的局域和廣域互動作用，宏觀和微觀共享共生；其眾多功能幾乎都是雙向的，諸多方面既互相支持、依託，又相互矛盾、對立。生命體中幾乎沒有什麼簡單和初級的裝置，人們哪怕是只想弄清楚一小塊組織，或是一個細胞的機制，都會遭遇原理上的「喜馬拉雅山」。

例如，雖然一些學者為找到20億年前第一枚真核細胞誕生的基礎條件──洛基古菌，進而推測出存在一個「複雜的代謝途徑網路」[013]而高興，但科學家們明白，對生命起源，還處於推測狀態；儘管神經科學領域為能「完整地」記錄只含幾千種神經細胞的水螅大腦的神經活動[014]而歡呼，但科學家們清楚，面對人類大腦約 10^{11} 個神經元和 10^{14} 個神經突觸[015]，這點進步僅能算是一個新起點，距離徹底了解其複雜機制還遙遙無期。為此，美國加州科學家阿道夫（Ralph Adolf）坦誠地說：「現在科學家不了解任何單一機體的大腦工作機制，就連只有302個神經元的小蟲，也無法了解牠的神經體系。」[016]

---

[013] ZAREMBA-NIEDZWIEDZKA K, CACERES E F, SAW J H, et al. Asgard archaea illuminate the origin of eukaryotic cellular complexity[J/OL]. Nature 2017(541)：353–358[2018-08-12]. https://doi.org/10.1038/nature21031.

[014] 侯茜·美首繪水螅活體神經元活動完整圖譜 [EB/OL]·中國科學院：每日科學，2017-04-13[2019-12-06]·https://www.cas.cn/kj/201704/t20170413_4596938.shtml.

[015] 謝建群·大規模類腦模擬模擬電腦體系結構的研究 [D/OL]·廣州：廣東工業大學，2018：摘要1.（2018-12-19）[2020-01-21]. https://d.wanfangdata.com.cn/thesis/D01524035. DOI：10.7666/d.D01524035.

[016] 郭爽·透視美國「腦計畫」：複雜度超過人類基因組計畫 [N/OL]·科學網，2013-05-02[2019-03-

1.1.2　涉及學科眾多，線索殘缺不一

　　僅從資訊採集模式上來看，生命問題所涉及的學科就非常廣泛。選擇合適的方式實現對生命訊號的獲得與分析，比選擇適當的工具將稻米碾碎並鑑定其成分要複雜得多。對生命訊號的獲得與分析，不僅與生命這個客體的眾多訊號模式直接相關，如既有細胞間分散式的化學訊號、神經中線性的電訊號，還有非線性的腦訊號等這些客觀層面的連結；此外還與不同學術背景和領域的研究和觀察者對探測模式的選擇相關，有技術層面的關聯；甚至與訊號被採集者的行為習慣、愛好及信仰背景等人文和社會意識形態相關，有主觀層面的關聯。

　　生命問題涉及領域眾多，且相互關係複雜。生命現象可稱得上是多領域、多機制、多藝術形式的組合，它幾乎不能用單一形式（如單一學科等）來拆分分析和表達。別說是生命和意識本質這樣的課題，即便是與「注意力」這個焦點較為收斂的題目，也將涉及很多學科。對這種情況，如果採取先用各學科的語言形式各自表述，而後綜合的方法（即先分後合法），就會涉及學科間大量概念的相互重建和翻譯，這將是難以估量的巨大工程。因為每一個學科領域都具有獨立而完整的認知體系，拉其一葉，必牽動全株，「相互幫助」將大大增加解析生命的資訊體量。

　　另一個不容忽視的事實是，以物質論為基礎的生命理論成果，並沒有完全反映出生命原理的諸多要素。如情緒這類實實在在的生命現象，並不能從實驗室的燒杯和離心機中得到良好解答。

　　種種情況顯示，由物質拆解發展而來的資訊採集體系，具有某種缺失，或者說具有「跛腳」性，試圖從這種有缺陷的資訊採集機制中提取出生命的完整線索，等於是要讓巧婦做出「無米之炊」。

12]. https://news.sciencenet.cn/htmlnews/2013/5/277465.shtm.

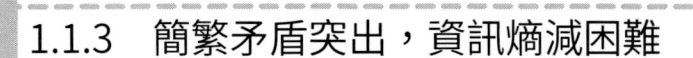

1.1.3 簡繁矛盾突出，資訊熵減困難

一方面，巨量資訊難以統合。即便是經高度現代化資訊科技裝備的生物工程，在使用最尖端的影像和影片技術，聚焦觀察蛋白質這種不算太微觀的大分子物質拓撲結構變化（多指不改變物質關聯的形變）時，仍會遇到數據頻寬不夠、時空解析度不足的困境。這意味著，在生命某一微觀區域中，也包含著巨量資訊。而整個生命體的資訊活動，並不是微觀區域性資訊量的簡單相加，還會有無數的交會和回饋，要把整個生命的機制從猜測變為確立，不僅需要採集生命微觀各環節瞬間「點亮」和「湮滅」的有價值訊號，還需要使用種種合適的訊號轉換模式，再加上多科學浩瀚的甄別和對接，將使資訊量和資訊的熵增呈指數成長。另一方面，呈現給人們閱讀的結論，其資訊必須高度凝縮，極盡簡要而保真，這需要資訊熵（這裡專指資訊量巨大，包含的不確定成分和相互矛盾成分多且複雜）指數級的降低。這兩方面顯然存在對立性的矛盾。

情況顯示，在高度發散擴張的資訊熵增與高度收斂簡約的資訊熵減需求之間，要找到合適的求解路徑，將非常困難，這完全稱得上是一個僵局。對生命來說，這個僵局的實質是，當把意識機制問題摻合到身體的物質機制當中一起解決時，存在資訊來源潮湧和資訊解讀能力局限相互掣肘或資訊十分不對稱之瓶頸。

第 1 章　尋道：通往生命真相的路徑在哪裡

1.2　錯在何處

1.2.1　道路上，有「單行道」之虞

在荊棘叢生的深山裡，徒步行走的探險者都知道，迷失方向有多麼容易，找到出路有多麼困難，也知道找對路線對成功到達目的地有多麼重要。與此類似，若要在解析生命本質問題的過程中少走冤枉路，也應選擇明確的方向。

對於生命本質挖掘路線的錯綜和曲折，本書的序言部分已給予討論和綜述，最後的指向是，意識本質解析決定著生命本質的最終揭示。然而，現有對意識本質的解析策略，還存在一些偏差。

最突出的偏差是，人們總想透過對物的觀察，得到生命的整體性機制。生命科學幾次重大的革命性進步，也與觀察能力和解析度相關：剛開始是解剖加裸眼視覺觀察，分析的對象是整塊化石和宏觀的生命形態，代表性成果是化石鏈、物種演化論（其實是表觀遺傳學）。隨著顯微觀察技術的出現和進步，光學顯微鏡助長了細胞生物學，電子顯微鏡催生出分子生物學。但是，接下來，當解析度超過原子，進入電子層次，人們發現生命的眾多功能似乎不在那裡，對情緒、性格、欲望這類東西的實驗室觀察，總是一片模糊。但慣性思維的驅使，使人們仍想延續從前的方法，以期從觀察技術進步中獲得所有答案。

事實上，人們一直沿用提高解析度和顯像清晰度水準的方式更微觀地觀察大腦，並以分析大腦各部分物質成分的方式，更仔細地尋找意識機制。這些做法實質上是用物質之間的關係來定義意識中的能量關係和資訊關係，相當於在用物質化的肯定性和物態的有限性來排除意識能量

1.2 錯在何處

和資訊過程的機率性、廣域性（非局域性）和多能性（如用蛋白、基因等分子層次的有限物質性，來固化生物功能變化的更多可能性等）。這意味著，提高某種觀察解析度的過程，同時也是排他性的過程，它使分析更加細微，但可能更遠離了生命的綜合性本質。

提高解析度和顯像清晰度的另一目的，往往是為了徹底釐清物質之間的界限，掌握事物的輪廓。但科學巨匠薛丁格（Schrödinger）在他的《生命是什麼》（*What Is Life?*）著作中，卻一針見血地指出：「儘管物理學現在的實驗一再地證明主體與客體之間的界限，但主客體仍然是同一個世界，因為它們之間的界限實際上是不存在的。」[017] 換句話說，薛丁格是在告訴人們，意識與物質在極端微觀的領域，是沒有界限的，是混沌在一起的。其潛在的意思是，無論人類發明的、用於觀察物質的儀器有多先進、解析度有多高，也無法看清主客體混在一起的意識。事實一再顯示，對物質觀察的精細，並未同時帶來對生命機制了解的更加清晰和明瞭。

誠然，各類考古和對生命研究的學術成就已非常耀眼，但對演化路線所做出的大致指認，基本上聚焦於對生命有形物態變化（即生物的結構演化）的追溯。除此之外，對生命無形功能的演化，似乎仍缺少原理上的尋蹤（如那些觀察到的眾多現象背後的驅動力是什麼？），這使得對集結構與功能於一體的生命演化，有不少成分還欠探究。

生命本是由初級的綜合態發展而來的高級綜合態，它是物質、能量和資訊三合一的「和合體」，從來沒有欠缺過哪一項，起初如此，如今還是。

也就是說，與物質結構演化同步的，還有難以用肉眼看見的能量博弈和不斷為物質演化提供排程的資訊程式。那些可見和暫時不可見的相

---

[017] SCHRODINGER E. What is Life? With Mind and Matter and Autobiographical Sketches [M]. Cambridge：Cambridge University Press, 2013：151. https://www.cambridge.org/9780521427081.

第 1 章　尋道：通往生命真相的路徑在哪裡

互促進和制約，才形成了有機的整體，對隱形演化機制的懵懂，必然導致整體的不清。時至今日，生命若干重大問題未被解鎖的窘境，也許是對伴隨生命實體一起演化的無形功能演化（如意識等元素）缺乏必要的考證。

1.2.2　方法上，「自下而上」堆砌

著名學者羅賓斯博士（Robbins）說：「人與自然科學的關係問題，如果有問題，是方法問題，而不是對象問題。」[018]

對生命頂端機制的研究，現在的主流方法是先做細分，再提升到綜合研究，可以形容為「自下而上」的堆砌。例如，先從內科學角度、外科學角度及神經學角度等這類特殊角度挖掘和分析生命某一方面的屬性，然後把從分科角度「觀察」生命得來的單科知識或「片狀」結果聚合起來，解釋綜合性生命。

將眾多學科成果聚合累積，似乎也能觸及頂端，但這將使學者們無法擺脫這樣的處境：必須大量使用次級資料做研究。因為不可能一個人同時從事所有學科的第一手觀察與研究，也不可能所有學科的人同時聚在一起觀察與研究；即便有大量的數據，分割的和片狀的知識相加，也難以洞悉整個生命體。相信不少科學家遭遇過以上這種情況，並為此苦惱。

雄心勃勃要衝破這個局面的薛丁格，在其《生命是什麼》一書的序言中，發出了難以穿鑿之痛：「近 100 年來，知識的各種分支，在廣度和深度上的擴展，讓我們陷入了一種奇異的兩難境地。我們清楚地感受到……想把所有已知的知識綜合成一個統一體……已經是幾乎不可能的

---

[018] ROBBINS B D. Noam Chomsky Between the Human and Natural Sciences[EB/OL]. janus head.2001：1[2018-06-12]. https://xueshu.baidu.com/usercenter/paper/show?paperid=5676ce12e2e-0ae71a71611d0398a6459&site=xueshu_se.

了。除非我們中有些人勇於去著手總結那些實事和理論，即使其中有些是次級的和不完備的知識，而且還要勇於去冒自己被看成蠢人的風險，除此之外，我看不到再有擺脫這種兩難境地的其他方法了，要麼，我們的真正目的永遠不可能達到。這就是我的意見。」[019]

1.2.3　誤以為人有一個「囫圇」靈魂

人有靈魂的說法包含兩個不實認定：一是大腦裡有一個超級主宰——靈魂；二是靈魂是「囫圇」的。

「靈魂說」不只是一個原始的臆造，它還進一步生出種種虛構。對魂的「存在」性認知，一直是生命本質發掘的巨大障礙，是一座永遠進不去的海市蜃樓。靈魂作為人的隱形化身，讓人無從思索；也因它太「囫圇」，無法被分解和解析，從而截斷了智慧對智慧自身的了悟之路；靈魂的「有？還是沒有？」，甚至成為科學似是而非之答；它的捉摸不定，嚇阻無數人對意識深究的膽量和思緒。

然而，靈魂之說卻是一個縱貫古今的臆想。

為什麼這樣的臆想會源遠流長？是歷史遺留的多個「常識」性謬誤，為它做支撐與護航。然而，當這些「常識」被一些特殊的試驗和分析所戳破時，則子虛烏有，變得滑稽與荒謬。

1・謬誤之一：意識「自己」能獨自做主

所謂的自己，就是通常說的主觀意識。

人們一直認為主觀是自己說了算，它有絕對的權威，是生命的「超級主宰」（靈魂）。然而事實並非如此，「主觀」的主宰性並不存在。

---

[019] 薛丁格．生命是什麼 [M]．羅來復，羅遼復，譯．長沙：湖南科學技術出版社，2020：12-13．

第1章 尋道：通往生命真相的路徑在哪裡

「自己不能做主，這怎麼可能？我此時不正在做願意和想做的事情嗎？看，我想伸手臂，此時就正在伸呢！豈不是自己在做主？而且我自己想走就走，想說就說，想笑就笑，自己正在打著什麼主意，心裡也很清楚。」然而，這都是被那些「常識」障目下的「所知障」。

以下兩個特殊實驗就可證明：對於「自己」，(a)要意識做什麼，它偏偏不做；(b)不要意識做什麼，它偏偏去做。這兩項實驗可簡稱為「雙不實驗」，從表象層面說明「自己」不聽主觀的，或「自己」不聽自己的指揮。

實驗(a)：要意識做什麼，它偏偏不做。無論受試者有多少，無論是什麼身分，只要肅靜端坐，請他們在3分鐘內忘掉自己的鼻子或身體任一部位，將都做不到。這個司空見慣現象的本質是：組成意識的感覺和注意，不能隨意願中止，即不聽所謂的「自己」指揮。

實驗(b)：不讓意識做什麼，它偏偏去做。受試者條件同上，肅靜端坐，請他們閉上眼睛，預設5個場景，如出車門、下河、抬頭望天、上岸、再上車，定格它們，然後在腦海裡循環播放這5個片段，不得插入其他任何場景和思想，所有人將無法保持這種循環播放5分鐘以上。這個現象的本質是：組成意識的連續性思維，不受自己預設的控制，即不聽所謂的「自己」指揮。

「雙不實驗」看似簡單普通，它卻能以一種現實存在或「客觀角度」反映出「意識活動的核心機制」。所謂「客觀角度」，是因為使用了完整實在的人作為實驗客體，並用科學實驗的方法設計、抽取意識活動的真實碎片（片段、環節）。不論將以上對象、條件、統計結果等做得多麼細化、多麼嚴格，該實驗也能經得起千百次的自測與他測考驗。因此，該實驗應能稱得上「可重複」且真實可信。所謂反映出「意識活動的核心機制」，是因為以上兩個實驗的內容，對應的是感覺、注意和思維，三者是構成意識的全部主體要素（見本書第6、7、8章）。

實驗中意識不聽所謂的「自己」指揮的情形，不僅表現於意識的一個環節，而是意識的核心要素都在相當程度上不聽所謂的「自己」指揮！這意味著生命中不存在一個絕對權力的靈魂主宰。

那麼，是什麼在主導生命的主觀？接下來的闡述將使我們更加明白。

2・謬誤之二：意識全在大腦內部

也許有人質疑：「『我』還是覺得，在做決策和決定時，還是由『自己』做主。比如，我要去廁所、我要吃飯、我要睡覺，我要放下電話去開門……我要取消晚上的運動，與兒子一起去參加家長會等，這些分明都是按照我的意願去做的，難道這些也不是自主行為嗎？」回答是：「是的」。

這些看似自主，其實都不是因為大腦有一個獨立「自我」在先知和發起。比如上廁所，是膀胱和大腸的迫使；吃飯是胃的要求；睡覺是褪黑激素等物質的作用。尤其是放下電話去開門，是因開門這件事比電話更急迫；放棄運動去參加家長會，是因為家長會更重要。而這些所謂的「急迫」和「重要」等需求，也產自於生命中存在的、非意識的物理機制——「權重」競爭。權重與遺傳慣性（生化性的）、記憶資訊（理化性的）、生物組織的慣性反射性運動等一大堆非主觀的資訊和能量機制相關。

這些雜七雜八的相關性，形成了某種競合——類似討價還價、吵鬧喧囂的「市集」。種種「潛意識」在「市集」按照自然法則，以理化機制的權重「自由競爭」湧現而來，這種權重競爭機制，正是一切愛、恨、思想和行為的泉源。對於這些激烈的競爭，我們的主觀既難以覺察，也不是其中直接的指揮者。組成意識的「念頭」，更像是在一批批競爭中勝出的明星，在主觀舞臺中自由地輪番呈現。

第1章　尋道：通往生命真相的路徑在哪裡

　　而「念頭」，即意識的一個片段，或是一組活動、或是一個小流程，並不全在大腦。它們一頭連著大腦，更大部分在大腦之外，與身體各處組織和器官發生連結，牽連著那裡的習慣性反射。

　　事實上，當我們靜靜地坐著，等待和體會念頭因何而來、何時來的時候，就會發現，一部分念頭是因「當下」不同的觸發而產生的。如一會兒是因蚊蟲叮咬，一會兒是因某種聲音，一會兒是因某種氣味，它們均不是因主觀意願產生，而是因種種外在的擾動，觸動了身體，引發一些固定的反射流程；一部分是「歷史」慣性的驅使：如當視覺看見手錶指在7點半，觸動了奔跑上班的衝動，那個時刻契合了一個歷史警鈴，並串連著一系列的行為記憶；到了中午，想飽餐一頓，是身體各處那些遺傳的、帶有本能性生理節奏的組織和內分泌系統，以固定反射流程的形式，預先驅動了胃，轉而把食慾傳給主觀……那些看起來與當下感觸無關的愛、恨、糾結、念頭和夢境，其實也大都是從那些固定的遺傳反射流程層層連結而來……

　　一個個被觸發的反射流程，並非全部都會變成念頭，而是先在各處若隱若現地發生，等候進入主觀。剛才所說的「市集」，正是這些反射流程在那裡熙熙攘攘，此起彼伏。它們有的靠格外強大的訊號而突入大腦，被主觀所察覺，呈現出不同程度的酸、麻、痛、癢、急迫、舒緩等感受，但絕大部分不被察覺而隨波逐流。因此，所謂的主觀，其實是成串的念頭，在大腦中按訊號強弱和時序湧現或退場的一個個反射流。

　　在大腦裡產生和活動的念頭，有著數不清的連結和形式。它們像引信，一端連著身體，一端在大腦裡不斷綻放出絢麗的煙火。它們的來路有的是神經、有的是經絡、有的是大範圍電荷的漲落、跳躍……這些來路又連結著細胞和肌肉運動，關聯著基因的結旋、解旋及生物質的正、逆生化相變等。

1.2 錯在何處

有人會說：「那些大腦之外的資訊和能量運動，不就是感覺過程嗎？以上所說的是不是把感覺說成了念頭？」有人又會說：「大腦之外的訊號只是一些電流，大腦才是產生理性意識的工廠吧！」之所以有這樣的疑問，說明認知的失誤就在這裡，那就是大腦創造出了原始的「真意」。

認為大腦創造真意，相當於在說「感覺中沒有真意」；又相當於說有一臺電視機，只通電，不給訊號，電視機就能播放出精采的畫面；或是在說用石頭可煮成肉並能冒出肉的香味。這種把理性說成是因為沒有真意的感性加工而來的認知，實際上過度誇大了大腦的加工作用，從根本上否定了感性中那些原始資訊的意義。

大腦雖說是理性的園地，但理性的基礎是真意。就像上面說到的肉，大腦只是幫忙煮，催生出味道的散出，肉和味道都不是它「創造」的。

感性作為使者，其實是攜帶原始真意的。感性和理性有著類似「鄉村人」與「都市人」的差別，大腦只發揮了那種「服飾店」、「理髮店」的作用，把感覺這個「鄉村人」稍做修飾和打扮，讓它換衣服，變成了「都市人（理性）」；或發揮「募兵站」的功能，把那些散兵（感性）改編成為有編號的部隊（理性），而不是把石頭變成小雞那種質變。因此，就不能把感覺——真意的呈遞者，排除在意識範疇之外，也就不能把大腦視為唯一的「意識工廠」。也就是說，真正的意識是廣泛的，大腦裡沒有絕對獨立的意識（或靈魂）。

總之，脫離了外部神經對真意資訊的傳遞，大腦中的意識是不會孤立產生並存在的。意識現象其實是大腦和身體共同形成的動態的「分散式運動」。

一個科學家交叉研究團隊在《自然》(Nature)雜誌以〈基於多巴胺的強化學習中的價值分配碼〉[020]為名的報告中說，神經元獎勵機制是分散

---

[020] DABNEY W, KURTH-NELSON Z, UCHIDA N, et al. A distributional code for value in dopamine-based reinforcement learning[J]. Nature, 2020, 577：671-675. https://doi.org/10.1038/s41586-

式的。他們認為，這個結論與之前科學界一直認為的「人類神經元多巴胺按照固有通道傳遞」的認知完全不同。

分散式，即無中心的資訊行動，既是對獨立「囫圇」靈魂存在的否定，也相當於對意識不全在大腦產生這個觀點的潛在肯定。

3・謬誤之三：意識為人類所獨有

人們對只在大腦裡產生意識的認知，相當於設定了一個偽命題。偽命題只會動員人們思索意識是如何在大腦誕生，而放棄注意其他可能的範疇和途徑。

例如，這種認知一方面讓人們不再讓大腦以外的神經與意識扯上瓜葛，從而徹底封鎖對大腦以外事物意識性作用的關注；另一方面，向人們推銷只有大腦才有意識的路線圖和方法論，找出種種「基本上符合」這種路線圖的機制和理由，並在大腦的具體物質細節連結中，找到意識的固定活動區域，得出被物質化了的意識論：意識藏在大腦高階神經裡，大腦神經物質的動態等同於思維。

這種探索意識的路線圖和方法論，會導致人們認為意識是人類所獨有，動物只有感覺，沒有意識。

只有人類才有意識的認知，與古希臘一些哲學家在早期科學背景下得出的「人是理性的動物，是理性的負荷者」的觀點沒有什麼根本的不同。該觀點一般會確立兩個理論基礎：一是把理性和感性（感應）「分家」；二是只把理性過程定義為意識，把感性排除在意識之外。這樣一來，凡是沒有高階、理性部分的低階生命，就被自然歸類為沒有意識的範疇。接著把有語言、會使用工具當作有理性的主要特徵，徹底斷了想把其他動物納入有意識之列的思維，從而把「意識為人類所獨有」的觀點，打

019-1924-6.

造成難以被動搖的「真理」。這種早期的結論，否定了感覺環節有原始真意的存在，用粗暴的方式指認人腦有這種「創生」理性的特殊能力——人腦具有將沒有真意的資訊加工成真意的功能。但這卻是一種荒唐的指認。

事實上，正像前面說過的，大腦加工來自各種感覺通道傳來的資訊，並不是沒有真意的電流，而是一些不可替代的最真實、最原始的意識元素——真意，它們在感應、感覺環節就已經產生和存在，大腦只是對來自外部的真意或原始資訊發揮「挑揀使用」、「重新組合」的功能，而不是它憑空造出了真意。真意在感應環節就產生，這意味著，真意在生命體各部位有著巨量而廣泛的存在，並時時刻刻在運作與互動。不難想像，這種真意資訊的運作，凡是有感覺功能的生命都有，起碼不是人類所獨有。

由上還可以看出，「意識為人類所獨有」這個觀點，本質上是「意識只在大腦存在」和存在「囫圇」靈魂那些錯誤認知的延伸。正是那些不符合客觀的認知相互支持，共同結成了網，阻礙了對意識本質的挖掘。

總之，存在「囫圇」靈魂是一些延續下來的謬誤。

這些謬誤來自於意識有絕對自主性的錯誤認知：它先是讓人相信意識全在大腦中，大腦中存在孤立的意識，進而相信有孤立的靈魂，然後就有了靈魂可囫圇地「轉世」，也就有了轉世後的行動之「靈魂」、「野鬼」等一系列杜撰。也正是因為這個「囫圇」，一系列荒唐猜測氾濫不息。有人宣揚秤出了靈魂準確的重量；有人恐於陰間的責怪而寢食難安；有人則囿於「自由」和「定數」的徬徨和停頓而不思進取。靈魂說矇蔽人們的視野，甚至使一些苦苦求索的學者深陷由此渲染的迷霧。靈魂說事實上成了「人腦工程」研究的隱形枷鎖，又像一個巨型漩渦，對生命研究思路的錯誤至暗至深。

第1章　尋道：通往生命真相的路徑在哪裡

1.3　應該的路數

分析的目的在於找病根、尋出徑，在於換「藥方」、除沉痾，找到最佳的方法組合。

1.3.1　對於道路問題

「單行道」走得不順暢，何不試試「雙向道」？針對精細而難以撼動認知生命綜合體的窘境，應增加反向推演路線。

「雙向道」，即在「自下而上」的線路基礎上，增加「自上而下」[021]的路線。其中，「自下而上」是由微觀向宏觀、由分科知識和「片狀」結果聚合起來解釋綜合性生命機制的路線；「自上而下」是由生命總體、綜合的宏觀功能出發，分解、求匯出微觀存在的路線。「雙向道」的目的，是以雙向包圍的方式向目標逼近。

有鑑於「自下而上」一直是主流幹道，人們大多走這條方向，這裡就不說「自下而上」，專談論「自上而下」。

「自上而下」的方法，來自蘇聯先進的飛行器設計理念。它大致有這樣的表述：既然有總功能 A，就必然有組成 A 功能的分功能 $a1$、$a2$、$a3$……和各分功能之間的相互關係 $X1$（$a1-a2$）、$X2$（$a2-a3$）……要實現以上功能和連結，就必然有更次級的功能和功能連結……直到推展出最末端功能、功能組合和實現這些功能所需的零件、材料等。這種開始於某種總功能到最末端元件的設計實現，可最大限度地節省設計的時間、材料和試驗週期。當設計理念的各個環節，最終得到舊的證據或可

---

[021] 劉崟，劉江燕，陳永強·Top-Down 設計在電子結構設計中的應用 [C].//2005 機械電子學術會議論文集：501-505（2006-07-17）[1999-06-12]·https://d.wanfangdata.com.cn/conference/6096699.

行性機率支持時，就能實現一件合乎設想功能的產品設計。這種以目標為引領得出素材（或得出需要做的實驗），而不是依賴先有素材（如先有實驗數據）才可以有結果的思路，需貫徹先有功能後有結構、先有預期結果後有條件和數據的流程。相比「自下而上」策略的不如意和用巨量數據綜合起來找答案的繁瑣，「自上而下」更易走出最佳化的路線。

1・「自上而下」路線便於實現超前研究，輔助作用大

相對於「自下而上」的聚合組裝，「自上而下」相當於由合到分的「反設計」，是從總體功能向具體功能，再到微觀細節的不斷推演和驗證過程。「自上而下」設計中大量應用「想定作業」（即用預想的情況進行推演）的形式，受時間和空間約束小，自由度高。由於在實施過程中，所構想出的內容，會得到已有科學研究成果和科學新發現的不斷印證或校正，其路線的掌握，既有自由度的優勢，又有正確性的保障。

如果說「自下而上」有從內向外突破的意味，屬於用事實證明構想，那「自上而下」則有由外向內攻擊的意味，屬於用構想推展出現實；如果說「自下而上」有從細密到綜合之效，那「自上而下」則有從綜合達到細密之功；如果將「自下而上」看成「大部隊」的行動，那「自上而下」則是一種「偵察兵」的作為；「自上而下」試探出的結果，可為「自下而上」的研究提供新的框架思路。兩者結合，就形成了內外夾擊、左右逢源的態勢，應會加快生命研究目的的達成。

2・「自上而下」路線囊括性強，有著特殊的「保真性」

與「自下而上」分學科解析生命有很大的不同，「自上而下」是將「整體」分級「溶解」而得出部分，能使得出的最終、最小的因素也不失生命那種集物質、能量和資訊於一體的綜合性；它與排除小機率、只採用大

機率推導規律的思路相比，能把大、小機率兼收並蓄，實現近乎無損的保真。

例如，「自上而下」可以以不同層級和種類的官能基為目標進行概略性研究。人體內官能基層級和種類眾多，加上官能基與人體的物質媒介混合在一起，是非常難下手細分的綜合性的「堆」。然而，「自上而下」策略正是從團與團、堆與堆的宏觀關係入手，推展出微觀關係，這避免了「自下而上」那種先剔除「雜質」，再用加大解析度的形式仔細觀察，最終又不得不將各種雜物合進來，實現「先分後合」找規律的複雜流程。雖然「團」和「堆」中的包含物有種類、數量、比例及變化性都不詳的情況，是名副其實的大雜燴。但「自上而下」不怕這些，它能以「團」與「團」之間的關係為目標，實現對「輪廓」級連結的「粗提取」。這或許與現代科學的精確性要求格格不入，但因「自上而下」有毫不拋棄和完全保留的特性，使其研究的內容更具「原汁原味」的客觀性。「自上而下」毫不避諱正現象與負現象、實場與虛場、物質與意識等那些既矛盾又複雜的事物，甚至那些觀察儀器束手無策的感覺和情緒，也可被納入其中做通盤考量。當「自上而下」用這些大雜燴素材整理出團或堆間的規律和關係，並進一步找出形成那些大堆的可能小堆是什麼時，就達成了它的目的，同時也避免了種種細分觀察帶來的資訊遺漏。

3・「自上而下」可繞過一些「戰術」障礙，著重於解決策略性問題

與「自下而上」一下手就注重物質域的確定性、實在性和唯一性觀念相比，「自上而下」是暫且不講求解析度或暫且繞開數據的綜合性解析路線。「自上而下」可以跨解析度的官能基為輪廓作問題的先導性探索，可容易地跳出解析度帶來的龐大數據桎梏，也能更容易達到先細分難以達到

的精簡和收斂。像官能基這樣界限模糊的輪廓級對象，近似一組「白描」，其內並無具體的物，但觀察者或研究者還是可以知道代表什麼；輪廓既沒有具體的特質和能量等指標，甚至無法進一步細察，卻能夠清晰地反映邏輯關係。因此，「自上而下」探索路線可容易地跨越技術鴻溝，繞過數據和試驗的束縛，更加直接地獲得新的結論。「自上而下」路線中的輪廓級分析，能把對複雜生命機制的「摸底」變成更加主動的「穿插」過程；用輪廓間的關係，可找出對立各方的存在可能性、粗略方位，可優先確認生命問題中那些關鍵因素「在哪裡」，而不是先知道它們「長什麼樣」，從而更易掌握謎底的大致方向和概況，避免不知全貌的「盲人摸象」。

由此不難看出，「自上而下」路線是一個揭示複雜機制由機率性向確定性逼近的設計過程，且具有為最終的數據化填充提供宏觀框架的潛力。

現在，「自上而下」路線已被一些敏銳的科學家所重視。

例如，關於「自上而下」中的「粗提取」，〈一種類腦計算系統層次結構〉[022]這篇文章的主要作者在接受記者採訪時指出，為了從現有過度聚焦於應用和演算法、忽略宏觀抽象的局面中跳出來，「團隊針對類腦計算特性——不像通用計算注重每一個計算過程的精確度，更注重結果擬合，提出了對計算過程和精確度約束更低的類腦計算完備性概念。」並說，據此設計的軟體模型功能更強大。從實踐角度證明了低精確度、粗提取策略的特殊價值。

「自上而下」這種以粗提取為開端、先粗後細的探索路線，不是隨意而為，而是緊鎖目標；不是遠離科學，而是直抵客觀。「自上而下」可從更廣泛視野和領域吸收有用線索和資源，這是意識和發掘生命本質的必要之選。

---

[022] ZHANG Y, QU P, JI Y, et al. A system hierarchy for brain-inspired computing[J]. Nature 2020(586)：378–384[2020-03-01]. https://doi.org/10.1038/s41586-020-2782-y.

1.3.2 對於方法問題

「自上而下」路線，其實包含著具體方法或要求。在「自上而下」操作流程中，通常需要遵循以下原則。

(1) 從不可分解的綜合性上找上游源頭。面對每一個小的生命性單位，也有不分科特性或有不可分割的整體性，對分功能的可能範圍和屬性的推測，要依照源頭的綜合性開始推導。例如，先找生命不能分科的綜合性源頭發生於什麼。

(2) 以「功能集合」為框架，找框架級連結或交叉點。面對生命眾多跨界的特性，放下以物質邊界為依據的策略，改用以功能作為輪廓來定義關係和關係集合。例如，為找出感覺與抽象兩種功能的跨界關係與綜合關係，以資訊湧現程度為功能輪廓，找出功能及形態間的共享和巢狀關係等。

(3) 以「生命中值」為核心座標，找功能間連結的閾值臨界。面對生命存在的穩態保護性和天然「中值」（見第 5.3 節）特性，以生命趨中機制所形成的自適應官能基為採信元素，粗篩資訊，求導生命系統中資訊連結的邊界。例如，從生命中值性的舒服是怎麼來的為座標，以舒服與痛苦的能量和資訊活動為矛盾關係，以求導生命維持系統性「適中」和穩態的資訊機制。

(4) 以「生命的目的性」為源頭，向微觀實現機制逐級摸索。以生命特有的求生自保、欲望驅動的「利益指向性」為指標，求導保障總利益和總欲求實現的相關細分和程序。求導素材應不限於嚴格的理化推理，還應包含不違背理化原理的宏觀和中觀表象，應不排除使用心理感受、社會環境和自然環境等要素，以滿足由生命目的性帶來的足夠多的關聯性。

(5) 兼收虛實和正負過程。為反映生命機制既矛盾又統一的特性，不僅要參考正過程，也要分析負程序和相對於正的負概念，為找出存在於生命中的正與逆、強與弱、虛與實等矛盾機制的「另一方」提供方便；應建立合理的正、逆機制官能基「週期表」，為找出生命從無到有、從虛到實、從宏觀到微觀的「週期律」提供方便；在建立元素級、模組級、對象級等虛擬對象的過程中，應進行不同層級的反覆交叉比對，以提高結論的完備性和可信度。

以上方法中的謹慎性和開放性掌握，只面向一個目的：讓生命本質的發掘迫近真諦。

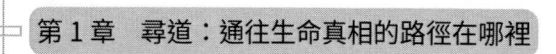

第 1 章　尋道：通往生命真相的路徑在哪裡

第 2 章
生命的萌發：或許它本該如此誕生

　　導讀：無論是生命從無到有的出現，還是智慧由低到高的發展，必然存在一個原始的質變因素，這個問題涉及生命研究的線索。那質變因素是什麼？值得深問。本章按「自上而下」路線設定的「從不可分解的綜合性上找上游源頭」之方法，闡述了「因應」有物質、能量和資訊的全面包含性和高度複合性的本質，就揭示生命源頭和演化原理來說，「因應」有著其他事物不可替代的原始綜合性，論述了生命在「因應」「生物慣性」等多重作用中得到了萌發。同時解釋了在討論中多次提到，但沒有細說的量子級因應機制等，在後面的生命現象形成中，有著非常基礎的作用。

第2章　生命的萌發：或許它本該如此誕生

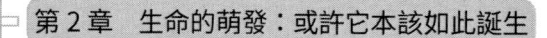

　　一切變化都遵循「前有因、後有果」的因果律，生命的發生也不例外。

　　對於生命的起源，有眾多說法。曾有一段時間，更多人認為生命起自於基因。但基因是物質結構，由基因開始的生命起源，或者說「基因起源說」，本質上是由物到物的生成說。「基因起源說」是否忽視了外部能量等在生命由無向有跳變中的作用？還有沒有其他更具包含性和普遍性的質變緣由？本章由此說起。

2.1　基因還不是生命最原始的動因

不僅有基礎教材[023]和應用技術文字[024]等知識性數據載有一些從事一線研究的分子生物學家認為：「基因初步確定了生物獨有的性狀和個性，以及和環境相互作用時所有的壓力反應。」這句話，代表從事一線研究的分子生物學家也相當程度上認可這個觀點中「壓力反應」一詞，顯然說的就是互動反應機制。這段話的意思是，基因承載了生命如何互動反應的「全部資訊」。因此，有人就堅定地指認基因是生命的「始祖」。然而，這種認知在邏輯上有問題，因為它違背了更頂尖的規律──因果律。

試想一下，即便基因在生命形成中發揮巨大作用，但它的作用終究只是內在作用，或只是物質構型變化導致的一連串變化所產生的作用，難道除了物質之變，就沒有其他因素也發揮關鍵作用嗎？答案是有的，即外界能量和資訊。基因之所以能夠產生壓力反應，終歸於有外部的作用，外界能量和資訊作用作為壓力反應矛盾的另一方，不應被排除在生命產生的因果關係之外。

事實上，任何事物的表觀和構型變化，其背後都存在著能量和秩序資訊漸進累積的助推。基因作為一種物質構型，其產生和完善，也離不開能量和微觀秩序的變化而自變。即無論本代還是上代及無數上上代的基因資訊，絕不會憑空而來，而是與外界互動中漸進演化而來，基因只是漫長的歷史資訊蒐集整理的結果，而不應是最初的因。也就是說，基因的演化，不僅有內部物質、能量和秩序在發揮作用，也有外部能量和資訊的作用。

已經有資訊在置疑基因的第一動因作用。

---

[023] 佚名·擬核是一種環狀 DNA 分子？[EB/OL]·微頁高考網：高中生物，(2020-05-22) [2021-06-01]. http://m.weiye.net/gaokao/101/101847.html.
[024] 謝江坤·奈米修飾 DNA 電化學感測器及其對基因改造植物產品特定序列的檢測 [D]·山東：青島科技大學，2008：1-3[2020-05-22]·https://d.wanfangdata.com.cn/thesis/ChJUaGVzaXNOZXdTMjAyMjA1MjYSCFkxNDAwMDA5Ggg1cWZ4N3I5cQ%3D%3D. DOI：10.7666/d.y1400009.

第 2 章　生命的萌發：或許它本該如此誕生

　　2017 年，一項被稱為「改寫生物課本」的科學發現[025]證實了基因的確不是第一動力。該發現指出，基因的啟用與抑制運作，由染色質的組裝密度，即由 DNA 所處的外環境決定，不是之前所認為的基因運作由自身的高端結構所決定。從而以科學實證置疑了基因是生命的第一動因，同時肯定了基因外環境對生命的變化和運作，產生更先導的作用。

　　基因不能決定基因的運作，基因的運作是由包裹基因的稠密環境所決定的，這就很有意思了。因為基因的外部稠密環境 A 也終不能推動和決定自己，因為自己永動不符合能量守恆定律，它得由更外部的環境 B 決定，然後還有 C、D、E、F……慢著，總得有個邊界 —— 生命體的邊界。依照這個邏輯，邊界處的物質、能量和資訊交換，才是以上連鎖變化的最初動因，請注意：邊界並不是指主體，而是主體與客體之間的模糊地帶。這同時說明了基因不能自產演化性資訊，它也只是傳遞第一訊號的導體或受體，只有那個邊界，才是讓生命這個系統持續運作的訊源，即邊界那裡才是使宏觀生命與基因之間不斷循環運作的真正的因。

　　對於邊界處的作用，德勒斯登工業大學生物物理學家 Stephan Grill 認為，活性物研究的進步，需要處於物理學和生物學研究尖端的科學家的共同努力，「最終的寶藏位於交界處，但你不得不將這兩個領域推向它們的極限。」[026])

　　以上討論似乎不是在說生命起源，反倒像說現有生命的功能邊界，或邊界處的功能。沒錯，我們正是以現有生命機制為線索，並以邏輯的形式去發掘原理。線索和邏輯的指向是：邊界處的活動才是生命一切機

---

[025] OU, HORNG D, PHAN, et al. ChromEMT：Visualizing 3D chromat in structure and compaction in interphase and mitotic cells[J]. Science, 2017, 357(Jul, 28 TN.6349)：370. DOI：10.1126/science.aag0025.

[026] 宗華·探尋生命的物理學 [N/OL]· 中國科學報，2016-01-18（3）[2019-02-26]·https://news.sciencenet.cn/sbhtmlnews/2016/1/308491.shtm.

2.1　基因還不是生命最原始的動因

制發生的初始源頭,環境因素在其中產生主導性作用。

　　既然如此,那麼就為邊界處的發生機制單獨取個名字,並好好看看它是如何產生名副其實的作用吧!

第 2 章　生命的萌發：或許它本該如此誕生

2.2　最稱職的源頭是因應

　　事實常昭示，越是原始粗糙的，一種看似混沌不清、界限模糊、無有形之質，卻包含物質性、能量性和資訊性於一體的互動機制——因應——即是蘊含萬物的生發之機。

2.2.1　因應是生命首發之端

　　生命起源之時，沒有一絲生命跡象，只有某種相遇、互動。互動之處似有相互的邊界，那是一個不能用有形的物質來描述的地方。為其包含物質、能量和資訊這三類生命必有要素著想；為未來的肌體和意識都發端於這個原始運動形式著想；為其關係著生命由低階向高階的發展程序著想，把邊界處的互動機制稱之為「因應」，再恰當不過了！

　　或許有人會說：「因應不就是感覺嘛！」否！那時還無生命呢！沒有生命，哪來的感覺？

　　或許還有人會說：「因應等於『反射弧』吧？反射弧不就是因應機制嘛！因應機制根本不是什麼新東西呀！」這說得還是不對。因為反射弧和感覺幾乎是同一件事，它是宏觀感覺的原理或過程。反射弧是生命後來演化出的專門用於採集和回饋資訊的功能或機制，它雖說是一種因應機制，但因應卻不等同於反射弧。因應不僅包括發達的反射弧活動，還包含量子活動在內的更原始的資訊機制，當然這種原始資訊也是助推非神經互動反應或反射運動——基因運動的動力泉源。也就是說，因應所包含的資訊機制更加原始。

　　從下面的分析中，我們將會看出，因應不僅是臨界處從無到有的

「新事物」的開端，是生命的第一決定，還是生命由低階到高階任一臺階的助力機制，它以無形之力持續推動著生命和意識的演化與覺醒。

2.2.2　關於因應的一些基本概念和問題

在談因應概念之前，需要說明的是，為順利走好「自上而下」的路線，我們要先繞開「手永遠接觸不到手」那種單純從能量角度思索問題的思路。所謂「手永遠接觸不到手」，說的是在壓不碎手外層的原子結構之前，手與手接觸的永遠只是手原子最外層的電子，而同性電子的相斥性，使手與手相互間總存在一定距離，即手與手並未真正接觸（說得並沒有錯）。從此說法來看，包括壓力和因應在內的所有事物的相遇，其相遇方，或因本身是基本粒子，或因事物間有外層電子作用，都屬於量子級的因應互動。但是，為了從綜合的角度審視因應問題，這裡暫且不單說量子的事，先說包含量子級運動並不僅限於量子級運動的綜合性的因應是怎麼回事。

1・什麼是因應

工人一錘一錘地將鋼楔入地下，每一次錘下的聲爆都是因應。風吹旗飄、遠山回音都是因應，因應無處不在。

因應是事物之間的相遇、相互作用的過程，表現為物質和能量形式的相互改變。沒有相遇和相互作用，便沒有因應。任何形式和規模的相遇和相互作用中，總是包含著對立的雙方，其中，「因」是事物相遇之前的臨近雙方，互為因，「應」是相遇時的時空疊加狀態，互為果；同時，相遇和參與不限於單純的雙方，可能是物質、能量、反物質、反能量、熵、負熵……或是它們的組合。

第 2 章　生命的萌發：或許它本該如此誕生

狹義上的因應，是包括刺激與反射在內的生命與內外環境的壓力互動。

廣義上的因應，是主體與客體之間能量、物質、資訊的相遇與交感。

2・因應的規模

因應的各方總是在一定空間中相遇，並由此導致各自空間的變化，且這種由相遇引起的空間變化具有局限性，即無論是縱向由小到大的變化，還是橫向由近至遠的變化，都具有一定的範圍局限，此範圍稱為「因應的空域」。

因應各方的相遇總是在一定時間內發生，並改變著與時間相關的程序和節律，且這種由相遇引起的程序和節律變化具有局限性。我們將此範圍稱為「因應的時域」。

因應的空域和時域是因應的時空規模。

由於有時空規模，在一定時段內，可劃分出因應的波次和強度，在一定空間範圍記憶體在因應效應的累積。

3・「有生因應」與「無生因應」

從因應發生的主體方來看，分為生物性因應，如眼睛對光線的反應等，和非生物性因應，如石頭對光線的反應等。前者屬於「有生因應」，後者屬於「無生因應」，人的感覺屬於「有生因應」。

特別是發生在人體這個系統中的「有生因應」，所包含的因應類型繁雜到難以計數。不僅有皮膚與外物、胃與食物、肺與空氣等生命器官與客體之間的直接因應，而且存在生命內從宏觀到微觀之間各層級的因應，還存在生命體與引力、宇宙射線等跨距性的因應等。

4・「有感域」與「無感域」

在一定時域和空域內的「有生因應」，一部分可以被生命主觀體察到，一部分則不能夠被體察到。前者屬於因應的「有感域」，後者屬於因應的「無感域」。

特別是「無感域」的因應，雖然不能被生命的主觀所察覺，但它在生命中的發生卻比「有感域」的因應多得多，且它對生命的影響也同樣至關重要。如人體與引力的因應，雖然主觀覺察不到，但它卻關係到生命深層的正常執行；人與核輻射或 X 射線的因應，雖處於「無感域」，卻會導致生命的破壞或死亡。尤其是發生在人體中一種叫做「靜」的無感因應，是一種現有儀器難以檢測到的存在，卻非常深刻地影響著生命程序。

5・因應的複合性

每一波因應回合，常包含多相、多源、多型時空「因」的複合臨近和「應」的複合感應過程。例如，即便是一次簡單爆炸中存在的「無生因應」，也具有聲、光、熱、力、化學能的發出與承受方的複合互感；生命的「有生因應」則更複雜，在它持續的每一瞬間，都有各種生物物質、生物能量和生物資訊的互動感應發生，即每一瞬間的因應，幾乎都是高度複合的。生命因應的複合性還表現為：可見的和不可見的複合，感覺到的和感覺不到的複合，直接作用和間接、跨距作用的複合等。所有這些，大多是綜合在一起、同時發生的。

同一因應包含多相態、多時態、多元連結等特性，構成了因應的複合性。

因應的複合性，本質上是事物變化中空間和時間上的連續性，這種連續性是形成生命活性的基礎。因此，任何拆解或分別觀察，都會不同程度地偏離生命活性這種複合性本質。

6・因應概念似有的「缺陷」

因應概念容易被指責的地方可能很多，但被指責的也許正是它客觀性的本質，例如說因應概念是模糊的。

事實上，因應的概念並不模糊，它真切反映了一種客觀存在——「因應模糊」。

所謂「因應模糊」，是指因應中的主、客體及相互的時空環境變化大都是不確定的、無邊界的、處於機率中的，但它卻是一種本質。例如，量子力學中的波函數就有不確定、無邊界和機率的本徵態。

也就是說，「因應模糊」不是它自身不應該模糊。如果說有錯，則正是那對「因應模糊」這種原始性的指責。

需要申明的是，作為互動機制的因應，並不是絕對的不確定或絕對模糊，它同時還包含著確定性的一面——「因應一定」。也就是說，模糊只表現在局域性中，即模糊是因為觀察的空間範圍還不夠大，時間還不夠長，對參與的因素和它們的分分合合不能徹底囊括等原因造成的。簡而言之，模糊是因為對參與因應的諸要素無法全部弄清楚。如果把觀察放大到宇宙全域，因應的所有要素或質量和能量總和又是一定的，即「因應一定」。

局域性模糊和廣域性一定，使得因應這個概念有著全面的包含性。

儘管對因應屬性有了如此多的解釋，但複合性的因應與現有科學方法相遇，還是會使後者遇到難以「消化」的僵局。

1）難以對因應實現徹底的數據化

科學要求將事物數據化，以便比對、分析和鑑別。

但是要將生命的因應變為數據，會遭遇極大困難。如對同樣的聲音和色彩，在不同動物的聽覺和視覺中，會有不同的感覺反應，如人可以看到豐富的顏色、老鼠則不能，即使都屬於人類，對同樣光源產生的色

2.2 最稱職的源頭是因應

感,也有或多或少的差別;在心理層面,同樣的刺激引起的個體情緒反應也是不同的……這些現象本質上是因應主體的個性化引起的。同一輸入條件,在不同物種、不同個體中,有著不同的個性化反應,說明了一個事實:「有生因應」更多存在於不同的感覺反應中,而不呈現在穩定的物理量中,也就是說,感覺這種因應目前還難以數據化。

生命中難以數據化的因素,比起容易數據化的因素多得多。不難想像,由於生命與宇宙之間還存在著更深、更廣的因應連結,想對生命各方面的變化因素(如加上引力、輻射等因素)徹底數據化,最終就不得不對整個宇宙數據化,這將是不可能完成的任務,這似乎形成了一種難以破解的僵局。

2)對因應的「強制」數據化會失真

這裡的失真,是指數據化過程的數據忽略、數據替代和數據缺失等缺陷,會偏離生命本質。你會發現,這些失真「責任」都不在因應本身。

(1)簡約性數據忽略。在形成科學原理或函數關係的抽象過程中,會對事物進行分離、提取、簡約,只保留特定約束條件下事物的共性因素,忽略和篩除大量不受特定條件約束的個性和偶然因素。例如,從有限的大概論現象總結、歸納出一般性規律,就是排除和忽略特例的抽象過程;在透過有限樣本、逼近方法、條件機率等形成簡化模型的過程中,也大多事先帶有某種主觀決定,得到的模型不同程度上偏離了客觀事實,具有不完全真實性;現有儀器檢測中的類比數位轉換,也會把生命中很重要且常發生的弱特徵忽略掉,如將靜態或近靜態當作「零存在」,使最終的數據帶有一定的虛假性。

(2)替代性數據失真。例如,檢測大腦的核磁共振,本意是觀測大腦或意識功能的健全與否,間接方法是觀測血液濃稠度,進而用觀測血流中的氫元素替代血流,結果觀測大腦功能或意識問題變成了觀測氫,其

第 2 章 生命的萌發：或許它本該如此誕生

間的種種替代，會使檢測結果遠離本質。

（3）領域性數據缺失。例如，一般的觀測會把感覺刺激、訊號傳導、意識活動等更多歸結於常規領域的神經訊號、分子級化學訊號等的變化，常忽略其中量子的、引力的等非常規領域的資訊機制；通常會更注重反映生命中正作用現象，忽略掉其中的負強度、負熵等大量負領域的機制等。

事實上，那些被忽略、替代和缺失排除掉的、不起眼的「弱現象」和「特例」並非無用，它們是本質的重要部分。特別是從宇宙的遙遠深處發出的那些引力類的擾動，弱到用慣用手法難以檢測，但發揮的作用卻十分巨大和不可抗。

數據化過程中的這類技術性失真，使得向生命高模擬技術及破解生命奧祕的努力都大打折扣。

3)現有的觀念與因應概念存在深層矛盾

現有的認識論中還帶有某種主觀性。科學數據的主觀化常引起哲學層面的討論，如機率到底是客觀的還是主觀的？自 2001 年「量貝模型」發表以來，這個問題一直是頻率派（頻率機率 frequentist probability）和貝葉斯派（量子貝葉斯模型 quantum bayesianism，簡稱量貝模型 QBism）爭論的焦點。人們在對「量貝模型」的評價中認為，雖然量子系統是客觀存在的，但波函數是主觀的[027]。這些疑惑透露出，在科學認知的頂尖層面，還存在著主觀與客觀不相適應的狀況。

以上討論的目的不是要去科學化、去數據化，而是提醒我們在發掘生命規律時，要注意統合和平衡人為數據化與本質模糊性之間的矛盾，以使整體上做得更符合客觀，或更科學些。

---

[027] 張天蓉．拿什麼拯救你量子力學 - 淺談量子貝葉斯 [EB/OL]．科學網，2017-05-10[2019-06-12]. https://blog.sciencenet.cn/blog-677221-1054026.html.

毋庸置疑的是，科學總會以其無窮的發現和創造能力，以不斷逼近的方式，逐漸化解以上現有的矛盾。正像薛丁格說過的：「今天的物理學和化學在解釋這些事件時展現出的無能，絕不應成為懷疑它們原則上可以用這些學科來詮釋的理由。」[028]

7・因應概念的意義

無論以上僵局還存在多久，因應概念也應該建立。因為，它反映生命現象本質的意義無法替代。

(1) 因應具有無損的本質性。雖然不如數理模型那麼涇渭分明，但因應這個概念保持了沒有固定內容、成分和模式的「原汁」及大雜燴般的「原味」，堪稱「無損」性概念。相比那些「純」卻「有損」的理想數據模型，因應更符合事物的本質。

(2) 因應具有廣泛的涵蓋性。作為跨越宏觀到微觀的、不拘層次的概念，因應可以表達任意多層的能量、物質互動和任意可知與不可知的組合，更符合客觀生命的組態；它不拘泥於具體數量、質量等量綱，因而更具普遍性和包含性；它不拘泥於固定的具象，因而更能反映事物的多樣性和即時性。

因此，建立因應概念，並未離開科學或與科學相對立，而是因應這個中觀的、統合的、原始性的事實，在探索生命邏輯框架級、節點級關係，進而反映生命內在本質關聯中，具有不可替代的作用。

因應，為多相生命的造就和完善，為多元智慧的豐富和宏達，為生命和意識的完美匹配，產生最原始的作用，有著最本質的貢獻。

---

[028] 薛丁格・生命是什麼 [M]・羅來復，羅遼復，譯・長沙：湖南科學技術出版社，2020：4.

第 2 章　生命的萌發：或許它本該如此誕生

2.2.3　因應是締造生命之「祖先」

因應發生於一切人為細分之前，在它之前不存在有生命現象的事物。所以它是最早的祖先性事物，是一切生命的起源。

1・生命在因應中創生

生命的最初，不是嬰兒降生，不是受精卵（diploio），也不是單倍體（haploio）的生殖細胞，甚至不是基因。生命的初始，遠不屬於這些經過漫長演化和逐漸昌盛以後的健全生命現象，而是剛越過生命與非生命臨界處的生命端倪和苗頭。

那種生命端倪即便簡單至極，也必須具有以下基本性質：
(1) 它是一個主體。
(2) 它應環境所生，與環境互動，能利用環境有利因素，且適應環境，能抗擊環境破壞。

在從環境到躍遷為一個生命主體的過程中，必然存在物質和能量之間的相遇過程，即因應。因應創造了產生原始生物物質的穩定環境，該「原始環境」締造了生物物質，並為生物物質升級所必需的高階化因應提供了發展可能。生命就是在這種穩定與發展的循環中逐步完善演化的。因此可以說，因應創造了生命的原始徵兆，是生命活性的原始動因，是一切生命現象的最早「祖先」。

2・生命在因應中升級

以上說到的「原始環境」先在哪裡存在呢？這涉及它「最初的地理位置」問題，對此，人們有很多思考。其中，主流觀點分別是海相和陸相成因說。

現代生物學和演化論學對這兩種成因各有豐富的研究和推理。他們透過從海基或陸基化石和遺跡中蒐集證據，得出了一些共性結論，勾勒出較為一致的路線：水、陽光、空氣，含碳分子及礦物質是「原始環境」必備的條件，RNA、胺基酸、蛋白質等大分子……是爾後發展的基本路線。但都不認為生命與非生命有嚴格界限，這反過來又影響了生命「原始環境」的準確定位。

即使這些根據化石和推理出的物質及路線都符合生命演化曾經的真實，但是人們還是開始意識到，至今的物質發現也許只獲得生命資訊的一半，還有另一半真實資訊，無法透過物質實驗和化石挖掘來得到，那就是意識的形成過程是怎樣的？而因應機制似乎更能容易地化解這個困難。

原理上，從簡單因應到「有生因應」，粗略涵蓋以上有形生物質的發展路線，也大體囊括了無形意識的萌發與升級。特別是當用後面所介紹的量子級生物資訊機制來反觀因應的深層作用時，將不難發現，以上所說的「粗略」和「大體」會變得相當清晰與確定。

簡單來說，生命的演化是從隨機分布性的因應，到有一個中央操控系統（如意識）的演變過程。對此過程的認知，存在兩種不同的主流觀點：環境選擇論和內在決定論。

環境選擇演化論（創始人為達爾文（Charles Darwin））認為，生命演化來自大自然的選擇能力，有大量考古發現和遺留物質支持這種決定論；內在決定論（其代表是拉馬克（Jean-Baptiste Lamarck））則認為，生物內部也同時存在演化動力，這些動力或能力，來自生命避險求生的欲望，一些生命現象也支持這種觀點。

但是，貫穿兩種決定論的演化動因 —— 量子級資訊因應機制（實際是熵機制）或量子級因應機制，將導致以上兩種決定論融合。這種機制的

第 2 章　生命的萌發：或許它本該如此誕生

核心是由因應和慣性引發了「造物運動」（見本書 5.2.3，以下均同）：包括「慣性裹挾」、阻尼、秩序湧現和秩序的進階等。量子級因應機制的存在，既在一定程度上認可了內在決定論的正確性，也在相當程度上肯定了環境選擇論的作用。

量子級因應機制將顯示，生命是內外因應的產物，演化是內外兼修的旅程。

量子級因應機制還將說明，意識的形成，是伴隨有形物質程序同步進行的量子級因應的無形程序，該程序雖然無形不可見，但它與有形可見的物質程序同樣重要。如果說物質決定生命的「有」，量子級因應機制則決定生命的「活」。

生命的「有」和「活」的發生學包含很多，如果在後面的討論中留意因應或量子級因應機制這個線索，將會發現它既是有形的生命肌體產生與升級的動力，也是無形的意識、情緒等生成與演化的來源。

2.3　然後是「生物慣性」

　　因應複合且多能，是不是僅憑一些物質間的因應互動，就能直接產生生命？那可就讓原始的生命也發笑了，那不等同於有些人宣揚加入一些物質並賦以足夠的比例、成分，然後一直攪拌和晃蕩，就可以產生生命了？不，生命的誕生遠沒如此簡單。

　　雖然因應一直是生命成長的無形伴侶，也是生命的第一動因，但它並不能直接造出生命。它最不可替代的功勞，是在原始階段助推起一種聯動機制——「生物慣性」。

　　「生物慣性」是一個非常「有料」的矛盾程序，沒有這種慣性，就沒有生命現象的銜接和持續。善與惡、情與欲，一切欲罷不能和上癮的源頭，也都與「生物慣性」息息相關。

2.3.1　「生物慣性」及特性

　　首先需要宣告的是，我們在討論慣性問題或提到慣性概念時，並不懷有重新定義和解釋普通物理學上的慣性概念的意圖，更不去追逐與普通慣性運動相關的具體質量、速度、加速度、力，及動量公式等細節，而是生命活動因與之有所關聯所不得不做的提及。也就是說，想要關注和弄清楚的是以上這些東西外在的特殊性——慣性作用「表象」，只有刨去或撇開那些細節，僅用它的「殼」，才能進一步表述與這種「表象」相關的框架級連結和規律。正是基於此，也還暫且不談「生物慣性」中實際包含的量子運動及其主量子數、角量子數等量子的本徵和本徵間關係等細節。

第 2 章　生命的萌發：或許它本該如此誕生

1・純的與不純的慣性運動

　　相對於現實世界中的複雜運動，物理學中的慣性，屬於純的「簡單慣性」。物理學認為慣性運動是在不受外力的情況下，物體保持靜止和勻速直線運動，或是當作用在物體上的外力不為零時，慣性表現為外力改變物體運動狀態的難易程度。在此，可將這種物理學上描述的慣性稱之為「理想態慣性」或「純慣性」。「純慣性」是非消耗性慣性，是「永遠」不受外來因素干擾的非抵抗性慣性。

　　但是，在現實世界中，這種純慣性運動是幾乎看不到的，大量看到的，是被各種阻尼所阻止而逐漸慢下來或改變運動狀態的情形。

　　「不純慣性」的運動過程，是物質運動克服阻尼做功的過程，也是慣性與阻尼結合的過程，有時是多種慣性和多種阻尼在相互損益中融合的過程。不純慣性運動有時看起來也像純慣性運動那樣，有著保持靜止和均勻運動的表現，但實質上，它們只是多種慣性和阻尼相互作用的平衡態或算術疊加運動，是多種慣性向量融合的、時刻都有外來能量補償的複雜慣性系或「不純慣性」。因此，這裡所謂的「不純慣性」，其實是假的慣性，是被視覺謬誤的「表觀慣性」。

　　我們正是看中了這個克服各種因素後，仍能保持表觀慣性的「慣性」。事實上，「表觀慣性」只用了物理慣性的名號和表觀現象。以下提到的慣性，除非特意表示是物理慣性，基本上說的都是這種「表觀慣性」。

2・生物慣性

　　有一種運動很特別，它以生理時鐘為節律，以欲望或目的為指向，以大量不純的多級慣性運動為動力，透過吸收能量，克服無數環節的阻尼做功，表現出有限抵抗自然的能力，保持整體目標指向基本不變的「慣性」表徵。

2.3 然後是「生物慣性」

由以上「慣性」助推形成的生命系統的特點是：越是微觀，越具有順應自然的表現，呈現為純的、簡單的物理運動，如固定肌細胞反應、細胞膜離子交換等；越是宏觀，越具有反自然的表現，表現為其運動軌跡具有欲望和目的的指向性，如跑步運動、心理活動、科學探索等。這種慣性既可以透過基因編碼來繼承，也應可透過編碼之外的基因外在多級結構的摺疊形式得到繼承。後一種繼承作為對生命表觀性狀的繼承，其機制在 2018 年《細胞》雜誌（*Cell*）發表〈亞核小體基因組結構揭示了不同的核小體摺疊基序〉[029] 一文中，透過闡述亞核小體結構的摺疊方式、位置、方向、距離等秩序與表觀遺傳學有對應的關係，給予了潛在說明。

總之，由於這種慣性及其引起的情形，只有在生命系統中才能發生，故將其稱之為「生物慣性」（一種集合概念）或生物慣性運動。

「生物慣性」運動相比自然的物理慣性運動複雜得多，屬於「複雜慣性」。

3・支撐「生物慣性」的兩個必然機制

生物特質的存在和維持，必須依賴相關機制的支持，其中最主要的是「阻尼克服」和「慣性裹挾」。

1）生物要實現「彈性恢復」，必然存在「阻尼克服」

生物的慣性運動隨時會受到各種阻撓和干擾，本書特將其稱之為「生物阻尼」（見本書 2.4）。「生物阻尼」作為對「生物慣性」的抑制因素，在生命域是普遍存在的。

「生物慣性」要得到持續和繼承，必須克服「生物阻尼」。這個克服的過程，可稱之為「生物阻尼克服」，簡稱「阻尼克服」。生物運動就是從不

---

[029] OHNO M, ANDO T, PRIEST D G, et al. Sub-nucleosomal Genome Structure Reveals Distinct Nucleosome Folding Motifs[J]. Cell, 2019, 176(3)：412-413[2021-07-11]. https://doi.org/10.1016/j.cell.2018.12.014.

第 2 章　生命的萌發：或許它本該如此誕生

斷承受阻尼、實現「阻尼克服」，達到生物慣性持續的過程。這個過程在宏觀上表現為生命的不斷持續和組織的「彈性恢復」。

「阻尼克服」是需要消耗額外能量的，所以，生命要實現「阻尼克服」的可持續性，就要不斷地進行能量補充。

克服阻尼進行能量補充後的生物運動，看起來像是保持均勻的「一直往前」的慣性，實際上，生物運動初始包含的那些物理慣性並沒有得到保持，而是被各種阻尼和「彈性恢復」能量「消化」掉了。終期運動著的生命，早已不同於初始的慣性組合，它已變成全新的慣性系（即此時的它已不是過去的它）。

在「它不是原先的它」的程序中，以上被「消化」掉的、先前慣性運動所「包含」的那些物理慣性，其實並沒有被消滅，而是以新的形式被分散繼承到另一些新慣性運動中去了。慣性的分散繼承形成了而後各式各樣的因果關係，這個過程完全遵守質能守恆定律。

為什麼生命成為全新的慣性系，它的宏觀，或者說宏觀生物慣性運動，卻表現出前後如此相同和一致的狀態呢？這是因為生物的慣性繼承和「阻尼克服」的矛盾鬥爭，發生於不可見的微觀層面。

儘管微觀層面的鬥爭和變化非常激烈，但該層面的運動難以一下累積、並展現到宏觀的可視層，這使宏觀生命短期內看起來沒有大的改觀；另一個讓宏觀生命沒有發生大變化的是，中間物質層面的「阻止」作用。如基因作為遺傳記憶（即生物慣性）的物質承載者，它的保守性會阻止量子層面的不規則運動擅自對其性狀的改變。在這種阻止作用中，基因等大分子物質暗暗地與量子層面的能量運動，有著重要的互動或「較量」，在生命深層實現「阻尼克服」。問題是，這些作用都是難以觀察到的。

儘管生命中的「阻尼克服」隱性存在，但它們卻能以多種形式維護生命各個層面的組織結構，助力生命的「彈性恢復」。

2.3 然後是「生物慣性」

由以上闡述可以看出，生命宏觀的「彈性恢復」，就是微觀的「阻尼克服」的作用過程。「阻尼克服」在隱性中發生，慣性恢復在不同宏觀層面顯現，離開了「阻尼克服」，生命的「彈性恢復」不會存在。即「阻尼克服」是「生物慣性」能夠持續的必要條件。

2）生物要實現「阻尼克服」必然存在「慣性裹挾」

以上議論中，談到了「生物慣性」的保持過程存在能量補充，事實上，「生物慣性」的保持過程不僅存在能量的補充，也同時存在物質補充。這是因為阻尼被克服的同時，承載阻尼的物質會受到「慣性改造」而加入新慣性運動行列，形成「慣性裹挾」，使慣性運動的物質規模不斷增大，就像山坡上的草屑阻擋不了山上滾下來的巨大雪球，反而被雪球劫走一樣。特別是受到持續能量補充的旋轉運動，越是中心附近的物質，越受「慣性改造」和「慣性裹挾」的影響，從而形成物質的附加累積。這種由「慣性改造」和「慣性裹挾」引起的能量和物質積聚現象，可稱之為「慣性吸納效應」，簡稱「吸納效應」。

「吸納效應」不僅使物質因累積而擴大規模、產生「成長」，而且還是產生包括生命在內的複雜結構的原始動力。

「吸納效應」的「成長性」得到科學觀察的支持。例如，美國科學家在對奈米粒子的動力性觀察中發現，給予奈米粒子簡單的慣性動力，就可以形成類生命現象。援引自美國密西根大學化學工程、材料科學和工程教授 Sharon grotz 領導的研究中說：「在解決奈米粒子自我組裝時發現，如果粒子邊朝一個方向移動，邊獲得能量，它們就會相互影響，形成群體，且旋轉起來的粒子會自我組裝。」[030] 很明顯，這是一個「吸納效應」，實現了物質從無序到有序的「自組裝」。

以上有能量持續支持的「吸納效應」，可歸納為以下流程：慣性運

---

[030] 佚名·自旋奈米粒子會自組裝成「活著的晶體」[J]·光學精密機械，2014（1）：9-10.

第 2 章　生命的萌發：或許它本該如此誕生

動 —— 遭遇阻尼 —— 持續能量補充 —— 阻尼受到慣性改造 —— 慣性裹挾 —— 事物在「慣性裹挾」中得到生長。

可以看出，「阻尼克服」導致了「慣性裹挾」，為生命的產生，奠定了物質和能量基礎，是生命成因的原始模型。在後面的解讀中將會看到，它們也是生命欲望、習慣等的生成模型。

4・生物性「裹聯」與「解裹」

就像將線織成網或纏成團，然後將其鬆開、散去，這種纏與散的過程，在生命中有類似的發生。

「生物慣性」形成初期，其內在諸事物關聯性較弱，隨著慣性運動的持續，「慣性裹挾」作用會日益顯著。習慣性生物化學反應流程會在不斷重複中得到深化，表現為慣性系內的物質、能量不斷累積，其內部事物的連結會逐漸增強，最終會達到系統性的強關聯。由「慣性裹挾」形成的系統性強關聯現象數不勝數，有習性的形成，如癖好、成癮等痼癖習慣的形成；有世界觀的形成，如信仰執著、意志強化；有生命和社會形態的形成，如特殊思想和行為的生命、特殊的社會形態等。本質上，當下種種面目的人和種種社會現象，都是由「生物慣性裹挾」引起的強關聯現象的產物，這種強關聯現象，可簡稱為「生物性裹聯」或「裹聯」。「裹聯」現象在生命域是普遍存在的。

顯然，生物性「裹聯」所形成的現象不全是有利的。如果發現自身、他人或社會被某種壞習慣帶入了不良的慣性，進入了強關聯的「裹聯」程序，想要改變，就需要從脫離和中止這種習慣開始做起，甚至要與原先的習慣作逆向操作，否則一切努力將都難以達成。這種脫離或逆程序，稱之為「解裹」。

「解裹」類似於戒斷，需要耗費巨大的努力。神經學家馬克・李維斯

(Marc Lewis)說：「成癮是一種病態的學習模式，透過病態學習，大腦中與愛、性、進食相關的區域，發生了不可控制的變化」，為此，他還提供了其所謂的上癮學習模型。[031] 這個上癮模型顯然也是「生物性裹聯」模型，而「解裹」或戒斷，就是要從李維斯說的這種病態、上癮的學習模型中解脫出來，解脫過程不僅需要反向的心理與行為，還需要近乎「病態」的執著與堅持。

5 ·「慣性裹挾」造就欲望

人沒有欲望，就沒有任何對生的需求，就不存在獲取生存的條件和資源的動因；同時，人沒有欲望，就沒有對死的任何恐懼，生命就不會在危險面前發生躲避，更不會為延續生命做出任何努力。可以說，沒有欲望就沒有生命延續，自私的欲望是生命存在和自我升級的原始動因，是欲望催生了生命和社會的生機。

然而，欲望又是如何形成的呢？

種種情況顯示，欲望作為一種原始需求，並非來自自由意志，而是來自客觀慣性的衍生，是「慣性裹挾」造就了欲望。

1）慣性中的「歸位位能」是欲望的原始動力

在陀螺的慣性運動中，沿著陀螺旋轉慣性的軸向存在離心力和向心力的對立鬥爭，離心力的「脫位」位能總是受到「歸位」位能的約束，兩種位能鬥爭的均衡，產生或保護著陀螺旋轉慣性軸的穩定。與此類似，維護生命自身穩定的欲望指向，也在歸位與離心位能的鬥爭間產生，在欲望指向的形成中，主觀意願微不足道。

在生命活動的不同範疇和環節中，「歸位」性約束非常普遍。例如，生物組織在做功後電位去極化了，在細胞內外離子活動及庫侖力作用

---

[031] 林落.上癮是不是病？[J].科學新聞，2017（12）：40-41[2020-01-15]. http://qikan.cqvip.com/Qikan/Article/Detail?id=674324098. DOI：CNKI：SUN：KXXE.0.2017-12-015.

第 2 章　生命的萌發：或許它本該如此誕生

下，就又會形成極化的「歸位」位能；肌體運動量加速，耗水、耗能和耗氧量超過一定閾值，就會產生口渴、飢餓、加大供氧等需求；宏觀上，當世界物質耗費加速，造成環境破壞和「溫室效應」等，整個人類社會就會產生「回歸」調整的欲求……由此可以看出，種種看起來有著「自主性」和「主觀性」的調節，都可溯源至「生物慣性」系的離心與回歸。

這裡所說的離心與回歸，又分別對應著阻尼和「阻尼克服」，或慣性的「裹挾」與「解裹」。可以說，從簡單生物功能到複雜生命功能的形成；從個體的運動到社會運動，其實都是一系列「阻尼克服」和「慣性裹挾」所支撐的生物慣性系維持過程。

以上可以看出，「生物慣性」是造就一切需求和欲望的客觀動因。慣性造就了欲望，欲望又催生了主觀意識。

2)「慣性裹挾」增強和擴大欲望

某種強大的「慣性裹挾」一旦形成，它就像從山頂滾動而下的巨石，勢不可當。附著其上的物質和它們所關聯的能量，就會被一同裹挾、順勢而下，顯現出一種對其他相關事物的「主導」；被這種慣性勢力擠走、壓垮的生物和草木，激起的塵爆、轟鳴和飛鳥，則呈現出對這種「主導」的被動性回應和聯動。

「慣性裹挾」能量越大，被裹挾的內容和層面就越多，聯動的鏈條和形式就越長和越複雜多樣。對於生命，裹挾內容的擴大、鏈條的拉長、聯動形式的多樣化過程，就關係著欲望增強。

在此過程中，與之相關的特有化學反應會發生，化學反應過程會衍生特別的物質和酶；某些特有物質的運動，又會催生特有的感覺和感覺系統，進而生成特有的注意愛好和個性化的邏輯思維……最終，「慣性裹挾」導致了眾多有特殊欲望的生物慣性體系的形成。

2.3 然後是「生物慣性」

特別是，慣性的感覺、注意和邏輯思維模式，會強化高階的社會性欲望。高階的欲望會把持對事物對錯的判斷，會根據慣性欲望的期待和趨勢去取捨，取捨中會遭遇各種阻尼並與其鬥爭，鬥爭的難易會衍生出種種個體情緒和社會情緒……

事實上，生命過程中的吃喝拉撒睡、喜怒哀樂愁，都與慣性欲望運動及其取捨難易度相關。生命那些看似自主性的、有秩序的調控與回饋，其實都產自於「慣性裹挾」的強力壓榨和驅使。換句話說，「慣性裹挾」的動能挾持和延續欲望，賦予了欲望的指向和目標，是種種欲望的頂尖「意志」，為欲望的增強提供滔滔不絕的力量。

3）生物慣性運動的「自建性」為欲望提供反叛自然的動力

石頭總是向下滾，而人卻能夠逆勢往山頂上搬東西。

生命和欲望總表現出對自然的反叛，是誰賦予了這種反叛的能力和特性？根源還是生物慣性力量的做功。

欲望對自然最大的反叛，是每條生命都反抗自然對它的消耗和由此帶來的死亡。如果說所有這類反叛都是主觀的，那麼沒有意識的原始生命呢？它們是怎麼「知道」恐懼和不甘於死亡的？如果說原始生命也有恐懼這種高階情感，那就很不符合現代生物學從化石鏈物證中讀取的資訊了：生物由低等到高等演化的順序證明，早期的原始生命，如生物大分子、海藻、三葉蟲等，沒有情感。

有一種機制似乎更能合理地解釋生命反叛能力的來源。這種機制是由「慣性裹挾」引起的「向心自建性」，簡稱「自建性」，這種「自建性」應該是「自私」傾向的來源，或是原始的自私。因為，「慣性裹挾」使慣性系擁有向自身增加能量、擴大自身物質規模的自建能力，它能使系統處於「自建性」大於「自毀性」的狀態。

「慣性裹挾」可從兩方面為生命生長發育提供「自建性」。一種是透過

基因攜帶的、上一代自建的程序性生物慣性勢力，產生「遺傳性自建」；一種是本代在環境互動過程中的刺激與反射產生的「獲得性自建」。

在「遺傳性自建」中，生命總能依靠遺傳作用，以「反相機制」（見本書 5.3.2）對種種刺激實現本能性的反應，且這種反應總是展現出對環境的反相性質的反叛。生命幾乎能在它的各個層次和環節發生反相反叛：如遇冷會產生生物熱與之反叛（反冷）；遇熱它會加速熱代謝與之反叛（反熱）；還有痛與反痛（如分泌腦內啡）、感染與反感染（免疫反射）等。這些都是生命在使用遺傳「反相機制」來實現生命系統的穩定和「自建性」。

「獲得性自建」則有另一種情形：當生命與外界因應遇到超過原有能量和物質供應能力時，它會加大對能量和物質的呼叫，而新增一些物質和能力。如皮膚經過強刺激後，會長出厚厚的繭；有人透過超強鍛鍊，可把脖子或韌帶拉得很長；有的透過超強用腦，會新生更多腦神經、變得更聰明等，這些都是「獲得性自建」推動的物質和功能變化。

可以說，整個生命是「遺傳性」和「獲得性」兩種「自建性」行為的建構體。

總之，生命和欲望對自然的反叛，來自「慣性裹挾」的「自建性」。

2.3.2　生物慣性決定生命總程序

畫家會樂於審視色彩和結構搭配，小偷的眼睛喜歡盯著別人的錢包，這些都不是他們的偶然之想。

人們對某種事物的格外喜歡或不喜歡，或者對某種事情的特別不耐煩，都是思維習慣和行為習慣造成的。特有的習慣形成特有的性格，性格和意識均由「生物慣性」產生。

先是慣性生成了原始的生物質，進一步因其「生物慣性」運動，孕育

2.3 然後是「生物慣性」

並產生了生命這個巨大系統和它的意識現象,最終,意識活動又引導生命自身開展了反抗自然的社會生產活動和科學創造等,實現一個大的循環。那麼,是否具備「生物慣性」運動對生命和意識的奇妙塑造,生命就不會受環境影響而自由運動了呢?顯然不能!

正像河流中的逆流,生命只能用宇宙賜予並儲存的有限能量,發揮局部的、短暫的反叛作用,卻不能脫離宇宙大勢的終極約束。在質能守恆定律的作用下,生命反叛和偏離自然越多,自然給予反彈的壓力越大。尤其是遠距離的宇宙能量巨大且影響深刻,是最具決定性的力量。

著名物理學家恩斯特·馬赫(Ernst Mach)認為:「慣性來源於物體與宇宙其餘部分的相互作用,不僅關係著質量運動」。他暗示,來自生命本體之外的「宇宙其餘部分」,比起本體那一點反叛作用,要大無數倍。

那無數倍的能量,會按時間程序依次逐漸抵達,持續影響生命的總程序及生命周圍的一切,最終,一切將服從那些先後到達能量的約束。

例如,對一個生命旅程形成影響的有:過去作用過的能量、正在因應著的能量和尚未來到的能量。尤其是那些尚未來到的宇宙背景能量,如天體演變形成的量子輻射、引力作用等,它們以光速疾馳,早已行駛在路上,且一定會按它發出能量的大小,次第到來。一切局域存在的事物,必然會屈服於那些宏觀宇宙能量的盛威。「人法地,地法天,天法道,道法自然」(老子《道德經》第二十五章),宇宙慣性之道終不可違。

縱觀過去、現在和未來,所有的變化都受控於整個宏觀宇宙的掌控;所有現象,都是宏觀宇宙整體慣性運動的一個片段。宇宙的總慣性運動決定著包括生命在內所有區域性事物的分慣性程序。

2.4 當然少不了「生物阻尼」

前面談到的「生物慣性」，其實已包含阻尼在其中的作用。之所以再提及，在於更清晰地看清生命原始成因的概貌。

一般認為，阻尼是本體受到的物質和能量的阻抗、排斥，或者是「阻礙物體的相對運動，並把運動能量轉化為熱能或其他可以耗散能量的一種內耗作用」。[032] 在消耗動能的過程中，阻尼使洶湧的慣性分化為大小不一的漩渦和「湍流」，把慣量透過阻尼的黏滯轉化為熱能。

然而，本節與前面一樣，還是不討論「阻尼」內在的包括量子機制的物理細節，只是從綜合角度談阻尼問題，還是只借用阻尼的名號或「殼」，以做探討框架級連結之用。故此處的概念，也不同於物理學上的阻力或阻尼概念，只將其作為「生物慣性」的總「對頭」來了解，特指對「生物慣性」不斷阻止、抵消和化解的那些生物過程或阻礙勢力的總稱，稱之為「生物阻尼」（這是一個集合概念）。簡言之，「生物阻尼」是反「生物慣性」力量。

怎麼概略地表述阻尼和「生物阻尼」的作用呢？

如果說物理的慣性是宇宙本體的本性，那麼物理的阻尼就是透過反作用對本體之用。事實上，包括電燈、雷達、太陽能板等在內的種種有用性，無一不是透過阻尼反抗慣性和消耗能量轉換成的作用。阻尼作為能的使用方，所呈現出的某一種阻尼形式，必然對應著對某種能的特定方式的「利用」。與物理性阻尼作用類似，「生物阻尼」也是透過與「生物慣性」鬥爭及對能量的消耗和利用，產生了生命的種種功能。

生物阻尼非常特殊，它不僅有對多種能的消耗和「利用」，其與生物慣性的對立鬥爭，還引起了一些更重要的現象發生。

---

[032] 盧小青，王志偉，姜濤．阻尼合金材料在核電站運用 [J]．科技創新與應用，2017（11）：9.

2.4.1 「生物阻尼」的基本特性

「生物阻尼」現象在生命內部和生命周圍是廣泛存在的。「生物阻尼」作為「生物慣性」的制約方，無論是在生命的宏觀層面，還是微觀層面，都存在著與其慣性之間的對立，表現出衝突與反衝突、滲透與反滲透、極化與去極化、發散與反發散等不同形式的矛盾。可以說，凡是有「生物慣性」運動的地方，就一定有同樣普遍的「生物阻尼」存在；同時，作為阻止「生物慣性」持續性的因素，阻尼的作用形式，包括直接接觸的作用、不直接接觸的作用（如宇宙射線和引力等因素）等，顯示出阻尼對「生物慣性」具有全方位的對立作用。

宏觀阻尼是微觀阻尼的累積。一切宏觀阻尼所形成的物質和能量關係，都是由無數微觀阻尼運動累積形成的。如果沒有微觀阻尼的支撐，從宏觀到微觀的物質體系，就會因失去相互制約而坍塌。

阻尼的本質是量子化的制約關係。各層次對立、制約關係中的微觀阻尼，是由基本粒子電動勢累積形成的。因此，所有阻尼現象，本質上都是量子級的比較電動勢，即量子級阻尼。由微觀量子級運動形成的集團性質的量子級阻尼，屬於宏觀的量子阻尼。宏觀阻尼因能影響物質運動和影響事物的結構，具有少數微觀量子所不能實現的、對宏觀生命物質的組織性。

2.4.2 生命及周圍事物都是因應、阻尼和慣性的綜合運動

生命受周圍能量運動的制約和支配，形成了生命特有的慣性系，進而，生命又以自身的生物慣性與外界的自然運動慣性做不懈的抗爭。如

第 2 章 生命的萌發：或許它本該如此誕生

在與環境互動中，形成並載有特有生物慣性的生命，為了維持其體溫的穩定，又會與自然界四季交替溫度變化進行不懈的抗爭。在這種鬥爭中，生命的慣性透過反叛自然又轉化了角色，變成了事實上的大自然運動的阻尼。由此可見「生命 —— 自然」系統，已成為多種規模、多種能量轉化的形式，以及生物慣性與生物阻尼交織與轉換的複雜「慣性 —— 阻尼」系組合。

直到現在，應該不難發現，前面所謂的因應、生物慣性和阻尼，都是框架，是放了太多已知、未知和不確定性事物的「容器」，而這些框架或「容器」，本身也邊界模糊，是沒有具象的概念性事物。相比分科的「純」分析，它們從裡到外，是多麼的綜合與不純。

仔細審視，這些不純的「容器」，曾在眾多學科中，經歷無數遍的「切割」、「抽取」、「分離」，變成一些確定性的、有具象的事物。例如，當因應被神經醫學抽取，會形成具象明顯的刺激和反射、興奮與抑制、傳導與回饋等概念；被生物化學和分子生物學抽取，會是受體與抗體、促進與拮抗、甲基化與去甲基化、轉錄與轉錄阻斷等的關係。

如果再仔細一點，我們還會發現這樣的情形：被片狀抽取前模糊的「母體」概念，包括或涵蓋了抽取後全部清晰的子體，如刺激、反射、傳導、興奮、抑制等，但抽取後的子體卻不能完全組合出被抽取前的「母體」本質。子體總是在涵蓋性上，或多或少欠缺一點，這意味著分割抽取後的部分，難以還原成原始模糊性的綜合。事實上，也正因原始的模糊和不純，及不純間的合作運動，才形成了綜合的原始生命。

總之，生命在包含量子機制的複合性的因應、生物慣性和阻尼等集合要素的疊加、交織運作中，得到了發生。

# 第 3 章
光與節奏：
光量子如何為生命注入時間感

導讀：時間感是不是一種幻覺？光與時間感有什麼關係？這些疑問涉及時間感是怎麼來的等問題。本章透過闡述光與生物節奏、心理時間及物理時間等的關係，揭示出一個隱藏較深的祕密：隨著時間精確度的不斷增加，時間的性質會發生質的改變，甚至會斷絕與地球和生命節律的「血緣關係」！而這一切改變，是從量子級的自然光對生命節奏的賦予，到人類對光量子性質的認知和利用過程中逐步發生的。

第 3 章　光與節奏：光量子如何為生命注入時間感

生命在時間中誕生，在與環境因應中刻上時間印記，成為時間的產物和媒介。

生物節奏（或節律）是生命最早的時間功能，它決定著原始生命的興奮與抑制、生長與休眠。生物節奏又衍生出時間感。生命節奏的功能和時間感，無形中支撐著生命的活動與取向，支持著記憶的清晰和邏輯的條理性……生物節奏與時間感，既是誕生生理時間、心理時間、物理時間等時間家族成員的「母體」，也是助推生命形式由低階向高階過渡的重要泉源。

也就是說，生物節奏與時間感既關係著生命覺醒的過程，也反映著時間與生命的本質，若對其缺乏清晰認知，就難以釐清生命演化的脈絡。這意味著，認為時間是人類特有幻覺的說法，其實在擾亂人們對與時間密不可分的生命本質的挖掘。

對於生命的溯源，時間感很重要，生物節奏更原始，為此，我們不得不從生物節奏的形成開始整理頭緒，並對爾後的時間感及其衍生情況做一些大致分析。

3.1 生命機器的授時系統 —— 環境光照節奏

　　生命陀螺一旦啟動，其生物慣性便會帶來無休止的欲望，世界因此熱鬧非凡。慣性作為動因，讓生命產生並持續運轉。然而，新的疑問又由此衍生：既然慣性可以為生命活力提供源源不斷的支持，可為什麼生命活力時強時弱，早晨和晚上有很大的不同？生命的生物慣性運動為什麼變得忽快忽慢、斷斷續續、強弱不一？這種節奏屬於什麼性質的事物？它又是怎麼形成的呢？

　　不難發現，快慢不同、一張一弛的節奏，存在於任何生命的活動過程中，任何生命都具有一定的節奏。常識告訴我們，在質能守恆的宇宙環境中，生命的節奏絕不會無緣無故發生。大量的觀察和實驗顯示，生物節奏與環境的自然能量節奏密切相關，生物節奏的規律性來自外界有規律能量的促動，是自然節奏促生了生物節奏。

第 3 章　光與節奏：光量子如何為生命注入時間感

3.2　先是自然光助推了「生長節奏」的產生

　　陽光對真核生物、藻類這種最簡單的原始生命的生長具有決定作用，藻類透過直接接收光能或藉助水體對光能強吸收後的增溫，得以生長。陽光充足，藻類長得快；不足則長得慢，這是最原始的生長節奏。

　　從藻類到複雜些的植物，其生長節奏一直與光照節奏正相關。它們都是以接受光能為前提，然後在水和空氣的協同下，完成光合作用，實現物理能向生物能的轉化，分子生物學稱之為「卡爾文循環」（Calvin cycle），催生有機物如糖、蛋白和基因等的生發。這種由光能帶來的受益性，使具有光合作用的植物和微生物，有了跟隨光能強弱的週期反應，從而使生命產生了與日照週期合拍的生長節奏。

　　這就是說，生長節奏及其節奏的物質媒介，都是生物在與特定自然環境節奏（如地球自轉週期）的因應中，形成的節奏衍生物。或者說，該衍生物是某種生物質與某種物理能量節奏長期「合拍互動」的生物慣性保持和記憶，可簡稱為「合拍衍生」。說得簡潔一點，「合拍衍生」是一種特有環境能量律動在生物質中的等效反映。

　　「合拍衍生」機制告訴我們，地球光照變化在促成生長節奏產生中發揮頭號動因的功用，自然節奏孕育生長節奏。「合拍衍生」機制作為一種規律，還提醒我們，不同物理節律中的生命，其生長節奏一定有所不同。生長節奏只是生物對某種自然節律的回應性「而已」，這種回應沒有固定模式，與人們印象中永遠均勻流動的「絕對時間」相去甚遠。

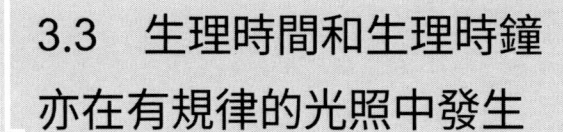

3.3　生理時間和生理時鐘亦在有規律的光照中發生

　　光照變化的強烈週期性一直對生命的節奏有重大的影響，且助生了生理時間。

　　對後期產生的動物來說，光作為量子級資訊，比起其他形式的資訊，能更快地回饋決定存亡的利弊（如遠處的食物和危險），它可在更大程度上決定大自然對後代生命的優勝劣汰選擇。與此相適應，生命中與光照強度變化相關的生物節奏物質、感光性細胞和生理功能會得到優先發育，以光的捕捉與影像辨識為目標的視錐細胞及視覺，將得以誕生與演化。同時，與獲取太陽能為主的動物體內代謝和出沒覓食習慣等複雜生理節律，得以產生和「定型」。

　　所謂「定型」，是指雖然一些連續不見日光的日子，會對動物已有的生理節律產生暫時的影響，但是，因這種情況比例不高，有規律的日照占主流，那些受到更長期正常日照節律訓練所建立的穩定關聯，超越了短時間的影響，仍保持與原先地球執行規律「合拍」的穩定習性，仍能按「日──地」運轉規律啟動其生理節律和相關活動。如雄雞會按時報曉，各類動物會如期飢餓、覓食、疲勞、睡眠和甦醒。這些習性，使動物在殘酷的環境中能得到更好的生存和傳承。因「合拍」而得到保留和傳承的，不僅有表觀上宏觀的生命體，也有其內在微觀的生化反應流程及節律性的物質媒介，如節律細胞和載有節律的基因片段等，還有與地球自轉「合拍」的有規律行為和習性，這些保留和傳承，都在不斷強化生命的生理節律。

　　生理節律對各種生命現象有著廣泛的作用。不僅生命體的睡眠、甦醒、心率、月經、內分泌週期等受生理節律的支配，而且，對於某種動

第 3 章　光與節奏：光量子如何為生命注入時間感

物，其細胞成長和運動的速度、感覺和反應的速度等，也都受生理節律的支配。由生理節律支配的反應速度，也是形成生物鏈的重要因素，如貓比老鼠反應速度快得多。生命內在生化反應速度等生理節律，決定了動物行為節奏，行為節奏決定了捕捉動物與躲避危險的反應速度，最終，行為節奏和反應速度既決定了某種生命特定的生存方式，也確定了牠在生物鏈中的位置。生理節律還促成了社會形態的形成，從原始人的各種工作、祭祀活動，到今天人們的工作起居，時時處處呈現生命運動與日地（光照）規律所形成的生理節律的合拍。

由以上分析不難看出，主導生命生理活動的生物節律，其實是與地球運動規律這種時間週期相統一的時間節律。也就是說，該節律是生理對時間的反映，即生理時間。

與生理節律一起產生的是生理節律物質，生理節律屬於生理時間的宏觀表現，生理節奏屬於生理時間的物質媒介；前者常被人們稱之為「生理時鐘」現象，對於生理節奏，人們也因從微觀層面發現了生理時鐘蛋白，而找到了生理時間的物質依據。

例如，1984 年，三位諾貝爾獎得主傑弗里・霍爾（Jeffrey Hall）、麥可・羅斯巴什（Michael Rosbash）、麥可・楊（Michael Young）成功分離出了 period 基因。接下來，傑弗里・霍爾、麥可・羅斯巴什發現了被 period 基因編碼的蛋白質 PER，它會在黑夜累積，在白天分解。這使得 PER 在 24 小時內呈現週期波動，與晝夜節律同步。[033]

其實，對生命中時間節律和生理時間機制的探索成果，並不限於以上提到的諾貝爾生理學或醫學獎得主對 period 蛋白的發現，還有一項偉大的發現，同樣值得全人類的自豪！它是兩千多年前由古人發現並建立

---

[033] 宋婷・2017 年度諾貝爾生理學或醫學獎 [J]・生命科學，2017，29（12）：4. DOI：10.13376/j.cbls/2017161.

3.3 生理時間和生理時鐘亦在有規律的光照中發生

的生物節律理論 ——「子午流注」[034]。《黃帝內經》等醫學典籍不僅詳細記載了人體經絡的循行路線，而且用「子午流注」闡明經絡中能量峰值運動與日地運轉規律的緊密關聯，「子午流注」學說，完全稱得上是對人體生理時鐘功能和媒介的重大發現。

以上談到的是生理節律與自然光照規律的「合拍」以及「合拍」物質媒介的生成，共同賦予了不同生命的生理節奏，使生命載有「生理時間」。但這些只討論了地球光照與生理上的關聯，還遠不是生命與時間關係的全部，接下來將探討涉及其他時間成員的產生機制，請注意生命在擺脫這種生理時間連結中做了些什麼。

---

[034] 楊美娜，韓金祥．試論中醫「子午流注」的科學內涵 [J]．中醫學報，2014，29（11）：1596-1598.DOI：10.16368/j.issn.1674-8999.2014.11.041.

第 3 章　光與節奏：光量子如何為生命注入時間感

3.4　心理時間在繼承光照節律中發生

　　生命的「時間感」（請注意，這裡說的是時間感，而不是時間）是同步於生物節律的，即「時間感」是與生物節律同步形成和出現的。「時間感」關係到環境能量、生物節律等一系列事物，是解析時間家族諸問題的門徑。

　　心理時間與生理時間對光照週期有著強烈的依賴不同，是超越生理層面的意識層面的時間感。心理時間可透過回憶，將時間感拉到很久以前，也可以透過瞻望，將時間感推送到未來；可能因為正在經受痛苦的折磨而感覺度日如年，也可能因為享受快樂而對時光流逝渾然不覺。因此，心理時間是脫離外在光照變化、超越地球自轉參照的時間感。

　　心理時間感的特點是，速度不定，方向不定，以一個虛擬的「當前」為參照，在此基礎上或加或減，或加速或減速，並能實現該感覺的累積。

　　心理時間感是心理虛擬的感覺，其強度與虛擬它的生物物質多少、密度正相關。心理時間感涉及的經歷、對象、內容越多，所耗費的能量和記憶物質就越多，心理中的「時間帳本」就越厚，回顧起來就越覺得時間漫長；反之，心理時間感就短。例如，兒童的心理感覺系統很靈敏，記憶能力強大，對周圍事物感受豐富，單位時間內形成的記憶物質很多，心理上的「時間帳本」很厚，當他們回顧過去一年的經歷時，大量的章節歷歷在目，意識檢索過程會因記憶物太多而變得緩慢，從而在心理上感覺一年的時間很漫長。與其形成鮮明對比的是，由於老年人感覺系統鈍化，形成的記憶物質逐年減少，心理上的「時間帳本」逐年變薄，當他們在回顧和檢索過去一年的經歷時，可供意識「翻閱」的內容寥寥無幾，心理上的一年時間就像彈指一揮。

3.4　心理時間在繼承光照節律中發生

雖然心理時間一定程度上超越了生理時間和「日——地」物理節奏，即光照節奏的約束，有了一定的發散度和自由度，但心理時間並不能徹底脫離身體感受。也就是說，心理時間不能離開生理時間節律形成真實、獨立、穩定的感覺體系。例如，雖然心理上「覺得」時間過得很長或很短，但很快就會被生理物質實在性的「錨定」作用，拉回現實。又如，雖然剛剛在心理上「神移」到了童年，但並沒有真正得到生理上穩定稚嫩的感受。

從以上分析可以看出，無論生理時間還是心理時間，都是主體與環境因應中的孕育，都不是獨立於生命之外的事物和幻覺。德國哲學家馬丁·海德格（Martin Heidegger）以研究存在論著稱，他的著作《存在與時間》被稱為最具特色，亦最具意義的貢獻，在他的時間觀中，「時間不在人們之外，時間與生活不可分離」。其意思是，時間就是人類對存在經歷的感受，時間無法脫離於感受而單獨存在。

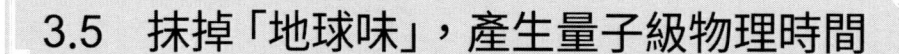

第 3 章　光與節奏：光量子如何為生命注入時間感

3.5　抹掉「地球味」，產生量子級物理時間

然而，確有衍生於感受而又有獨立存在意味的時間在產生，擾亂了人們對時間本質的認知。

如果說，前面的生物節奏、生理時間和心理時間等來自生命與自然光的因應互動，是地球光照週期直接孕育出的一手的、有生命味的時間感，後面的時間則是二手的，與生命氣息相去遙遠的「冰冷時間」。後面的時間是怎麼來的？將怎樣影響生命？這關係生命智慧覺醒的深度。

1・物理時間在對量子的認知和利用中產生

生理時間產自於生理節奏，心理時間是以生理時間為參照的時間感，兩者都與生命的感覺強烈相關，或者說，這兩種時間還都屬於感受性時間。

感受性時間屬於原始性的感受。之所以原始，是因它與原始的光照節律相「合拍」。在陽光暴露晚一點的地區，花朵綻放、動物出巢、人類原始活動等也會晚一點。這種原始時間感不甚精確，是「粗糙的時間感」，原始的生物節奏，或者說不同層次的生理時鐘物質，支撐了這些粗糙時間感的存在。

隨著人類智慧的提升，另一種擺脫了感受性的時間，越來越深刻地滲透到人類的各種活動中，並逐漸占據支配地位。這種從「有機時間（特指與人的感受相連結）」向「無機時間（特指與人的感受不相連結）」分離的程序，是從一些科技發明和應用開始的。

幾千年前或更早，火把和油燈的發明及其大規模使用，部分解除了黑暗和夜間的困擾，使人們的活動規律發生了從日光支配型，向不依賴

3.5 抹掉「地球味」，產生量子級物理時間

日光就可以社交和工作的非日光或人工光照支配型活動的轉變。這事實上是不遵守生理時鐘規律的開始。後來，各類光源、各類銀幕的相繼發明和使用，使人類在球場、道路、家中等時空位置，不分晝夜地活動、回應。這些行為日益深刻地擾亂、侵蝕著由日出日落作息規律發展而來的生理時鐘功能，人們開始發生時差反應，睡眠失調……不過，這些都還是對生理時間和生理時鐘依賴的部分擺脫。

對生理時間的大幅度擺脫，開始於對不斷追求時間精確度的各類計時儀器的發明，如日晷（渾天儀）、沙漏、機械鐘、石英電子鐘、原子鐘、全光學原子鐘、脈衝星鐘……這些發明，使時間的計量單位變得越來越小、時間精確度越來越高。目前時間的精確度已達到阿秒級（1阿秒=10^{-18}秒），時間性質由此發生了質的變化，或者說純物理時間的出現，似乎取決於這些儀器。

秒，既是地球角度的一個分量，也是與感覺緊密相連的一個分量。在秒以上，時間還有分、時、日、月這些量級，時間既與地球上的光照週期相關，也很緊密地銜接著人的生理和心理感受。隨著儀器對時間的分辨單位越來越小，時間單位遠遠超越了人類感官所能感受到的極限。人能感受到60進位的分和秒，往後1,000進位的毫秒（1秒=1,000毫秒）就感受不到了。當時間分量小於人能分辨的範圍時，它們雖然「精確」，卻在實質上已與地球轉動的光照週期失去了連結，或說失去了地球性，同時失去了與此緊密相關的生理性和心理性，也就等於失去了時間的生命感受性，生命既感受不到這些微觀時間量度的數量級變化，甚至也感受不到它的指數級變化。

用物理時間支配生命活動，人類並未察覺到有什麼不好，反而悠然處在被「儀器時間」支配的方便之中，人類越來越相信和依賴沒有生理性的「儀器時間」，越來越不相信「自己的生理時間」。人類輪班工作或跨越

第 3 章　光與節奏：光量子如何為生命注入時間感

洲際活動，實際上是改變生理時間去適應「儀器時間」，儘管這些「反向適應」帶來越來越多的生理紊亂，但是人們還是努力去做，越來越甘心做機器時間的奴隸。

擺脫了感受域的時間，在精密儀器的助力下，時間的解析度繼續不斷細化，以適應在航太探索、微觀觀察及各種高速網路活動的需求。這些需求實質上是機器對機器之間的同步需求——一種無生命連結的「冰冷」需求！

時間會繼續細分，越來越趨近一個常數。這種常數一般是 1 秒與微觀量子級物質，如銫原子、銣原子等的量子級振盪頻率的比值。也就是說，在時間解析度不斷細化的過程中，時間內涵已經悄悄經歷了根本性的改變！時間已經從生命與自然界光照互動的節律現象，蛻化成為沒有感性介入的量子振盪「常數時間」，這種常數時間表現為單純的頻率之間的比率關係，即「頻率關係」。實質上是一種獨立於直接感覺之外的客觀時間，即「物理時間」。

2・時間內涵被抹去「地球味」，誕生了量子級時間

容易令人忽視的是，時間日益精確化的程序，不僅是遠離感覺域的過程，而且是其悄悄抹去「地球味」的過程。

抹去地球味其實是一個大事件。這個程序的表象變化是：時間單位發生了逐漸趨向於無窮小的量變。這個程序帶來的質變是：時間概念從生理性過渡到了純物理性，產生時間的基礎或「祖先」也由來自地球自轉週期變成了與地球毫無關係的原子或量子振盪週期，於是時間與地球失去了「血緣」關係。

是什麼促進了這種質變？一個隱形機制偷偷造成了這一切：時間的

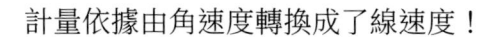

3.5 抹掉「地球味」，產生量子級物理時間

計量依據由角速度轉換成了線速度！

起初的生理節奏和生理時間誕生時，時間主要與光照的強度、角度和週期相連結，被切割成時、分、秒的原始時間，實質都是用地球自轉週期一晝夜的24小時切割得來的，每一個時間單位，本質上對應著地球的一個角速度。但是，到了物理時間階段，時間的內涵卻捨去了角度，成為速度與頻率的關係，這種變化非同小可！

用光速定義時間的事件，似乎與真空光速不變理論和普朗克時間（Planck time）理論同步發生。

在光速不變理論中，主要使用了觀察者、參照物和光運動速度三者之間的關係。當參照物與光速同向同速運動時，若參照物就是觀察者，他將感覺不到時間的流動，或者說時間速度為零。這個將時間與光速緊緊連結在一起的認知，幾乎輕而易舉地令所有人相信「時間等於光速」。

普朗克時間進一步強化了時間等於光速的概念。在普朗克時間＝普朗克長度（量子尺度）／光速的計算公式中，將光速作為常數進行引用。簡單來說，普朗克是用光速計算出光子經過一個量子所用的時間，用光子的自身長度，除以它自身的速度，從而成功確立了宇宙中的這一最小時間單位──普朗克時間。然而，普朗克得出這個 10^{-43} 秒普朗克時間的前提，是他把光子的大小假設為定值、把光速速度當作常數。普朗克所引用的光速，背後隱藏著的那個秒，只和光速緊緊連結在一起，與地球自轉已沒有瓜葛。普朗克時間既是時間概念，也同時是一個距離概念，是「光速不變」、「時間等於光速」基礎上的衍生物。

但是，如果換一個角度重新審視這個「時間等於光速」的假設，將會發現等於光速的時間，與地球生物節律時間不僅不同，而且是非常大的不同！

時間等於光速，我們稱之為「光速時間」，包含了速度，包含了視覺，

第 3 章　光與節奏：光量子如何為生命注入時間感

卻沒有包含生命當時形成生理時間的「地球味」光照週期和強度的感覺。

「光速時間」悄悄置換了三樣東西：①將光速替代「地球味」的光週期，實際上是用速度替代了角速度；②用光速替代時間，甩掉了適應地球週期的那種生理性週期感；③用光速替代時間，實際上是把「光速時間」中所使用的觀察者，偷偷等同於視覺。

而實際上，視覺並不是觀察者感受時間的唯一資訊通道。除了視覺，生命對重力場變化、磁場變化等感受，對體內生化程序及各種能量交換程序的感受等，都連結著人的時間節律感，即時間感。這意味著，失去視覺，生命（如盲人）利用其他感受，照樣可以感覺到時間。這些視覺之外的「其他感受」，是地球運動週期賦予生命的時間節拍，有著對時間的「心算」功能。而用視覺替代觀察者，則是將觀察者其他形式的時間感作用通通抹掉了。

正是透過以上那些替代，時間內涵發生了質的變化，時間變成了光量子的速度常數——光速。而這個時間速度，又透過其廣泛應用過程，被反覆解析、演化，成為與光的波長、光子運動的性質密切相關的事物。時間的取值方法，已改為與原子振盪相關或與光的直線運動相關，而不是與地球自轉規律或其轉動的角速度相關。當人類用光速得來的各種精確度反過來測量生命時（如測量基因等），實際上是在用光的線速度作標準，去反測生物時間。就在此過程中，時間被徹底抹去了「地球味」，人類把完全脫離地球關係的「光速時間」，當作唯一標準的「科學時間」，實際上是純物理的「量子時間」。

雖然，這種透過儀器間接得到的時間，將為人類征服宇宙提供更強力的支撐，也代表了人類認知的深度，但時間冰冷了，它的內涵改變了。

縱覽時間與生命的演化發展史，先由量子級的陽光照射節奏支配生

3.5 抹掉「地球味」，產生量子級物理時間

命，向生命載入了生理時鐘，產生了生命特有的時間感功能；後來生命又用時間感功能反過來了解時間，並改造時間內涵，將時間的律動，賦予他所支配的工具和儀器；未來可能還會直接操縱時間的變化。這個巨大的循環升級，正是生命智慧發展的重要代表性內容，是生命覺醒中不可替代的一股歷史程序。

在這個歷史程序中，形成時間感和定義時間關係的，是自然光的量子級作用，及對光子量子特性的認知和利用。從地球日夜更替的陽光，到生命時間感的湧現，再到精確授時訊號的傳遞，都是量子級資訊的多重作用在做功。離開量子級資訊的作用，則不存在時間的產生。

事實上，融資訊、能量和物質三者為一體的量子資訊，不僅決定了時間的產生，還決定著生命活性和智慧的升級，推動了一系列生命演化的浩繁程序。對量子資訊和由此產生的生物量子機制，我們應給予最深切的關注。

第 3 章　光與節奏：光量子如何為生命注入時間感

第 4 章
資訊啟動：
量子機制作為生命運作關鍵

　　導讀：靈魂模樣的現象靠什麼資訊機制支撐？形成生命靈敏反應的資訊是什麼性質，該種資訊來源於哪裡？對於這些問題，本章按「自上而下」路線設定的「先找生命不能分科的綜合性源頭發生於什麼」之方法，從能形成高速反應，具有超越物質的統御性、通配性等角度，審視形成生命資訊機制的綜合性源頭，認為只有集物理、能量和資訊於一體的量子級生物資訊才具有以上特性，同時從多個角度和層面，構思量子級生物資訊的成因、來源和屬性。並表示，以後各章將以量子級生物資訊機制為原理或線索，討論和分析更多生命現象的成因和機制。

第 4 章　資訊啟動：量子機制作為生命運作關鍵

　　有智者說：「無論我們考察動物的行為，還是細胞中複雜的物理和化學過程，或是有機體結構和功能的發育，我們總會得到相同的答案——正是某種靈魂似的東西，隱藏在這些生命現象的背後，操縱著生命活動。」[035] 沒錯，這種「靈魂似的東西」時時刻刻支撐著整個生命的活性，勾連著生命的內外世界，主宰著生命的一切。日益清晰的是，與生命共生了億萬年的、隱藏在生命現象背後的「靈魂似的東西」，似乎是一個巨大的量子部落。

---

[035] 貝塔郎非．生命問題：現代生物學思想評價 [M]．吳曉江，譯．北京：商務印書館，1999：12.

4.1 邏輯上，只有量子機制方可勝任生命資訊的處理

1・生命間的「群協同」運動現象離不開量子資訊機制

人們見過數千隻鴿子在空中盤旋，或見過成千上萬條魚整齊地群體行動，當牠們突然轉向時，似乎有某種默契：角度、方向、間距、速度、加速度一樣，花樣整齊、從不失序，行動優美和諧，場面壯觀。

不僅鴿子和魚，細菌的同步行為更讓人嘆為觀止。科學家們發現，沒有視覺和聽覺的細菌，竟然也能「心靈一致」地實現同步「快閃」變幻。[036]

是誰向這些生命群喊統一的號令？是誰讓牠們互不妨礙地整齊行動？雖然沒有發現常規的指揮，但在牠們之間一定有口令。人們不得不思索，在整齊行為或「群協同」現象的背後，或許共享著一種近似 Wi-Fi 的資訊場或者是「近場通訊（near field communication）」機制。

而原理上，形成「近場通訊」，多與量子級的電磁波及量子級的相干和糾纏等量子級機制相關。

2・人體內的資訊處理離不開量子資訊機制

當教師走進教室，在同學們隨著口令禮貌地起立和坐下的瞬間，每個同學的身體內部會不可避免地發生訊號風暴。例如，聽覺會實現從聲波到神經訊號的轉換，其訊號會衝擊固定反射的遺傳模組，並激發出對應的生物資訊，資訊回饋轉化成控制訊號，又經神經和遺傳模組，傳遞

---

[036] 佚名・細菌也有「快閃」行為 [J]・廣州醫科大學學報，2017，45（1）：44.

第 4 章　資訊啟動：量子機制作為生命運作關鍵

到肌肉和各肌肉群，對動作訊號做出相應的理解和回應……在這樣一次次常見的神經反射週期內，人體中會不可避免地發生風暴般的資訊運動。

在以上回應中，每條肌肉纖維和每個細胞一邊精確行動，一邊接收、回饋和發出指令；不同的受體（這裡是泛指，可能是人體細胞中 6,000 多種受體中的多種）和配體互動運作，DNA 快速解旋，各種酶、激素、神經傳導物質飛速運動，從而實現從有機大分子到無機物質的精確排程。就在這起與坐的一瞬間，成千上萬、甚至數十億條不同的指令，會在宏觀到微觀之間分解匯合、解析遞呈。

如果把以上簡單的起立和坐下動作，換成羽毛球競賽的一組搶球動作，所發生的數據將更加驚人。在一個瞬間要完成判斷、移步、揮拍；腰、腿、手要以適當的角度、力度配合，需要與此相對應的訊號機制作保障。身體內部各微觀組織、微觀生化反應、各層級間的資訊傳遞、翻譯解析、效應回饋等都要精準匹配；尤其是要做到從宏觀到微觀處處調控得準確、即時、恰到好處……其內在資訊運動的數據量和數據風暴強度又要多好幾倍。這意味著，想達到從獲得羽毛球資訊到動作回饋之間毫秒級反應，其「大數據」流的傳輸和運算，單靠神經反射弧那種僅有 0.3～120 公尺／秒的線性傳遞能力，顯然是無法勝任的。

而事實上，人類顯然又是極其勝任的。人類從無到有、從古至今延續下來，且後代存活得很好。這會讓我們想到，嚴酷自然環境的優勝劣汰，只是人類活下來的表觀邏輯，只有其內在資訊的反應速度遠超過侵害方的速度，才是可以生存立足的內在依據。

也就是說，在人體對資訊的處理能力上，需一部分達到神經傳遞速度，另一部分需遠超神經傳遞速度，如量子級的「近場通訊」，方可滿足其生存之需。即只有具備量子級別的資訊處理能力，才可以實現動物的生存。

4.1 邏輯上，只有量子機制方可勝任生命資訊的處理

人體有量子化資訊活動的邏輯還有很多。如大腦通訊只有量子化，才可以應對超過數億資訊元素瞬間併發的互動；只有量子化的機制，才可以實現身體內部資訊所必需的低延遲、高頻寬、高通量；只有量子化對映機制，才可以迅速得到機率化的運算結果；只有量子化機制才可以完成每秒遠超過 T 級容量的大腦資訊檢索、寫入和讀出。即便單純完成視覺回饋，要在 1/24 秒的視覺辨識速度內完成資訊源與記憶本底資訊比對，判斷三維移動物體的性質、動量和速度，實現即時測距和焦點調整，沒有量子級別的資訊機制支援，也是難以辦到的。

以上邏輯構成了一個多元的制限集合，可以把人體資訊機制大機率地鎖定在量子機制的框架之中。

量子有什麼特性？宏觀的量子級生物資訊與微觀的量子有什麼不同？這太深奧了。讓我們藉著科學前輩提供的泳圈，一起慢慢去試水吧！

第 4 章　資訊啟動：量子機制作為生命運作關鍵

4.2　量子有什麼特性

如果說實驗室的量子技術讓我們覺得深冷而高遠,那麼陽光、電流、紅外線這些量子級的事物就不再陌生了吧?事實上,量子現象無處不在。

量子既是最小的能量單位,又是最小的物質單位。量子是一個非常特殊的概念,特殊在不能僅用一個單獨的「是什麼」來描述,必須用一對相反的「是什麼」來描述。例如,量子具有物質的顆粒性,同時又具有非物質的波動性,即波粒二象性,而且有一種叫「疊加態」的存在形式。

通俗地說,所謂「疊加態」,是指在某一時刻,量子總是在這裡呈現一個機率,剩下的機率在其他地方呈現。例如,同一時間,一個量子可能在 A 處存在有 36% 的機率,在 B 處有 18%,在 C 處 9%,其他的無數處合計起來有 37%。這與宏觀物體在空中執行(如拋石頭)的任一位置總是 100% 的存在,完全不同。如果不把那些零散的分布表現「加起來」表述,就無法完整說明一個量子的特徵。「分散態的相加」這個表述,可以讓人更容易理解「疊加態」的原意。

以上談到的分散機率,並不是因為量子速度很快,一會兒跑到這裡呈現一個機率,一會兒跑到另一處呈現另一個機率,而是中間不花時間的「同時」,在各處有著分散的呈現,即狀態不連續。

為了實現對量子的完整表述,人們只好用量子在某一物質狀態或能量狀態的出現可能性來描述。可能性就是機率,也就是量子只能用機率來描述,或者說量子是機率事件、機率函數、波函數、「離散變化的最小單位(數學專用)」……等。這些名詞都是對同一量子事物本質的表達,就像一個人同時有乳名、學名、舊名等一樣。但整體而言,微觀量子在某局域是一個「不確定性」事物。人們會說:「量子疊加態這種既存在又

不存在的不確定性的確非常神奇,那麼,宏觀的物體及生命體能否呈現量子的疊加態或不確定性呢?」不能。

量子力學創始人之一薛丁格在其 1935 年發表的《量子力學的現狀》第 5 節〈變數是否被抹去了?〉[037] 中,用一個悖論思想試驗,否定了既死又活、宏觀的疊加態貓的存在性,說明了疊加態是量子層面特有的現象,宏觀的物體是不會存在疊加態那種不確定性的。

人們又會問:「生命中的生物資訊有確定性嗎?」有的。因為生命中的生物資訊具有明確的指向性,明確的指向性就是確定性。

生物資訊中有量子活動嗎?如果有,生物資訊的確定性又是怎麼回事呢?

回答這些問題,需要先從量子級生物資訊說起。

---

[037] SCHRÖDINGER E. The Present Status of Quantum Mechanics[J]. Die Naturwissenschaften. 1935, 23(48):8[2021-11-12]. https://homepages.dias.ie/dorlas/Papers/QMSTATUS.pdf.

第 4 章　資訊啟動：量子機制作為生命運作關鍵

4.3　量子級生物資訊

然而，說量子級生物資訊，還需要從資訊是什麼說起。

1・資訊是什麼

說生物資訊的事，似乎是惹了個大麻煩。因為僅僅在「資訊是什麼？」這種最基礎問題的理解上，就非常不統一。

例如，對資訊的概念，有的從定性角度來說，資訊是對不確定性的否定[038]，那顯然是確定性的意思；有的從資訊有用性角度來說，「資訊是事物及其屬性的集合」[039]、「資訊是音訊、訊息、通訊系統傳輸和處理的對象，泛指人類社會傳播的一切內容」[040]；有的乾脆說「資訊就是資訊」[041]，不是別的；除此之外，還有更多。繁亂的概念，讓人莫衷一是。問題出在哪裡呢？

之所以對資訊有那麼多不同定性式的認知，或只從資訊的作用角度，而不是從實質角度去解釋，便會造成諸多矛盾，這顯然與當時對資訊的物理本質還沒有釐清相關。

實驗物理科學家們觀察到了實實在在的資訊。

實驗物理學家觀察到的那些資訊是什麼呢？是量子。他們用量子來進行資料傳輸、進行資訊處理……未來還將用量子機制解釋一切。量子為何有如此全能的作用？因為量子是資訊的最小單位、資訊計量的最小資訊位元，也是物質、能量和資訊相統一的集合；量子可反映所有事物

---

[038] 張汶靜，陳振宇．資訊的確定性對否定表達的制約 [J]．語言教學與研究，2016（5）：76-87．
[039] 鄧宇，鄧非，鄧海，等．資訊定義的標準化 [J]．醫學資訊，2006，19（7）：1143-1146. DOI：10.3969/j.issn.1006-1959.2006.07.016．
[040] 何貴寶．論新媒體的資訊傳播特徵 [J]．資訊週刊，2019（37）：219．
[041] 布隆伯格．資訊就是資訊 [M]．北京：工商出版社，1998：1-12．

的資訊儲存、交換和傳遞過程；量子是資訊從量到質的代表，可以說量子就是資訊本體。

其實，電子郵件和紙及其他物品上承載的、可以眼觀的所謂的資訊，在各種電線電纜和設備上傳遞和轉換的資訊，及聽覺、視覺、味覺等經換能轉換為神經電訊號的資訊，其最基本的活動，都是量子級的。用量子的屬性來反觀以上對資訊定性式的概念，都有著更深、更實質的契合。

量子的基本特性，可回饋性地讓人對資訊概念做出統一性的認知：資訊是兼具可被有序儲存、有序傳遞、有序交換等屬性的量子級現象。例如紙上的文字是油墨或其他物質，屬於靜態性的物質，但還不是量子運動。所以，紙上的文字還不算是真正的資訊，否則任何物質都將被定義為資訊，而使資訊無法單獨被定義。只有在文字經光的反射或發射，能被人看見、被物接收到（如被儀器探測到）時，才能形成資訊和資訊交換。擴大一點來說，不能經電子、光子等量子的有序性載流，不能實現事物之間量子級資訊傳遞和交換的，都不宜稱之為「具有基本性的」資訊。

有了以上認知，我們就可以進一步了解量子級生物資訊。

2・量子級生物資訊

簡單地說，所謂量子級生物資訊，就是按生命模式、有序運動的量子級資訊。

量子級生物級資訊，是一個綜合性概念，是包含量子活動在內、多資訊成分的、有規律的資訊位元合作運動。

因為沒有不包含量子運動的生物資訊，所以量子級生物資訊亦可簡稱為生物資訊。

第 4 章　資訊啟動：量子機制作為生命運作關鍵

量子級生物資訊是由生命產生、連結和調控生命自身物質和能量的訊號或資訊，有著能被儲存、傳遞與交換的屬性，是複雜資訊成分的資訊集合。量子級生物資訊集物質、能量和資訊於一體，包含量子級活動成分，但不全是量子成分，是能夠實現量子迅速運動或跨距運動的資訊，是與生命體內的各種生物質和能量合作，主掌生命的秩序、活性與功能的資訊。

從能夠被發射性傳遞且能夠被交換的角度來看，量子級生物資訊可能包含電子、光子、質子、中子、電荷等量子級訊號物質，也可能包含離子、原子和自由基等比量子大，且與量子級活動較直接、能實現穿越或跨越式傳遞的微觀物質。但不應包括那些不能離開「原位」或不能被發射、傳遞和交換的大顆粒性物質。

由以上說明可以看出，基因、錯合物及大範圍的生物物質（如細胞和神經等）和生物組織（如肌肉等）雖然有傳遞、承載和發出生物資訊的功能，但因它們自身不能被發射出去，只能說它們是資訊的媒介，而不是資訊本身，更不能稱為量子級生物資訊。如基因之所以能實現各種分子層次的變化、編組、表達等，是因其內部和外部都有量子級資訊活動推動；基因的資訊之所以能被人類讀取，科學家之所以能用基因編組來儲存資訊，也是透過光或電量子等作為媒介，如將光子打向基因，經反射才可實現。而在這些過程中，基因本身並不能像量子級資訊一樣被發射與交換，這使基因屬於資訊媒介的範疇。

量子級生物資訊具有巨量的資訊位元，且其中的資訊成分具有協同性。相比單個量子資訊位元的不成規模，量子級生物資訊中，參與合作的資訊位元則不可勝數。事實上，生命的大範圍性狀、宏觀的生物功能及微觀基因的運動等，均由這種複合性且有序的量子級生物資訊所操控，沒有巨量資訊位元的有序性運動，生命的活性將難以達成。

4.3 量子級生物資訊

量子級生物資訊只與生物現象相關。例如，量子級生物資訊運動與生命能量和物質的輸運、累積及耗散相關；與生命情緒的緊張與放鬆、興奮與抑制相關；與生命和智慧演化等生物級現象相關。量子級生物資訊可產生和助推各式各樣的生物屬性和機制，遠遠不同於單個量子那樣與生命屬性和機制毫無關聯，或關聯甚少。

量子級生物資訊具有複雜成分，能形成綜合性的生物特徵。與整體量子數可以計數的純的同態宏觀量子運動相比，量子級生物資訊是包含同態和不同態量子的複合運動，其不同種類、數量和規模的量子級資訊位元，與相應生物質媒介相連結，可直接呈現出生物活性等綜合性生物特徵。

量子級生物資訊能以成批、成組、成規模性的集團形式運動，這種形式的運動，能幫助推起生命的智慧性活動。量子級生物資訊可呈雲狀、簇狀、束狀及雜合狀態，還可以聚散、定向、穿越等形式做運動，這種成組、成團的量子級生物資訊運動，有助於形成智慧運動。例如，視神經按每秒不大於 24 幀擷取光媒訊號會形成視覺，注意按位元組或群集讀取資訊可形成理解，意識對身體的回饋性操控也是按組、按階段進行的。總之，量子級生物資訊總是成組、成團的形式對應或反映生命某一智慧現象。

量子級生物資訊可透過「湧現」過程，助推形成生物功能。與單個量子在某一局域的極不確定性機率相比，量子級生物資訊具有顯著確定的大機率現象。比方說，有一隻蚊子在一定時間內、在同一間屋子裡飛，牠在其中某一小空間呈現的機率是低的、不確定的。但是，上萬、上億隻蚊子在裡飛，那麼某一小空間中蚊子的存在，就有了確定性和大機率的實在性了。這個比喻也適用於對量子級生物資訊的描述：雖然單個自由量子的位置資訊具有不確定性機率，但當無數量子位元和量子簇及承

第 4 章　資訊啟動：量子機制作為生命運作關鍵

載它們的訊號分子被生命的某一局域所約束，做有限制性的運動，且資訊位元增加到一定規模時，就達到了資訊的有效性或確定性，即成為量子級生物級資訊。大機率性的量子級生物資訊能量密度高，其與生命物質的互動，可「湧現」為可觀的生物特性和某種生物功能。例如，從基本粒子運動到溫度感的形成，從電子運動到生物電和對肌肉組織運動調控，其功能的形成都是在量子級生物資訊與生物質互動中「湧現」的。

3・為什麼要引入量子級生物資訊概念

量子級生物資訊或生物資訊作為一個集合概念，與生命和意識深層機制相契合。換句話說，一旦脫離集合的概念，將難以反映生命和意識運動的真實情況。

例如，在討論感覺、比對、注意等意識級活動，分析與意識活動相關的記憶、情緒和情感等資訊特性時，都不能繞開量子級生物資訊參與智慧活動這種假定，同時也很難用其他更方便、直接的概念反映這種參與假定。

4・量子級生物資訊的主要特性

(1) 宏觀性。是指有大量資訊位元參與的、總是以集團形式發揮作用的、規模性資訊運動。

(2) 多組分性。是指參與合作運動的資訊成分具有不固定的類型和比例、參與時的合作程度不同、各自的疏密程度和能量強度也有不同等。

(3) 有序性或協同性。生物資訊的有序或協同性，規範著生命從宏觀呼吸到細胞呼吸、從抑制到興奮、從意識機制到遺傳機制的一切生物

節律和有規律的生物性運動，決定生命物質空間的結構序和能量變化的時間序，是生命活性和內在秩序的支撐。協同性包括生命與環境和宇宙總秩序的資訊互動。

(4) 共享性或通用性，即多用、多能性，包括多域共享性和跨級通用性。一是多域共享性：同一組生物資訊既是生命能量域中重要能量組分，又是生命資訊域的重要組分，同時還在物質結構的形成與變化中扮演角色。二是跨級通用性：生物資訊可單屬於生命的某一級，也能隨時屬於生命多個級別中的一部分，它參與各類組織、化合物、分子團等的聚散和相變，它在所謂的「精、氣、神」不同層次生命能量和資訊形式轉化中，充當著核心角色。

如果說 ATP（即三磷酸腺苷，是生命活動的能量媒介）能被喻為生物體的「能量貨幣」，那麼集資訊、能量、物質性為一體的量子級生物資訊，則比 ATP 更底層、更基本、更具通用性。量子級生物資訊以一當萬的共享性和通用性，使它在生命中能以最基本的形式，發揮最廣泛的統配性作用。

(5) 功能「湧現性」。是指當量子級生物資訊的密度、分布及能量強度等達到一定規模或程度時，能助推某種生物功能或現象的發生。例如，量子級生物資訊不同的能量密度、分布和強度，可催生不同程度的痛、麻感覺等。

(6) 有模糊的中心和邊界。是指在一定的空域和時域內，量子級生物資訊雖無嚴格確定的邊界，但有模糊的中心和模糊的邊界，比如由它形成的感覺和注意等，範圍是有限的，中心和邊界是模糊的。

生命中有量子資訊嗎？如果有，屬於什麼樣的物理形式？可能產自於生命的哪些活動呢？

第4章　資訊啟動：量子機制作為生命運作關鍵

4.4　生命中存在多種形式的量子資訊

有許多觀察和研究顯示，在生命域存在著不同形式的量子資訊。

1・生命存在「電子基態」的量子資訊

不僅細胞、基因、酶、乙醯膽鹼的動力源自電荷運動，幾乎所有生命運動的動力，都可以歸結為電化學、電生理運動。著名的腦科學家深有感觸地說：「歸根究柢，神經系統最基本的，或者說是唯一的直接表現形式是電變化，離開電變化就無法進行直接觀察。」[042] 而電變化、電生理、電化學過程，都是失去和得到電子的活動，都可以歸根為量子級的活動，意味著那些試驗和觀察，其實也屬於量子領域的工作。

長期以來，生物界和醫學界，在以電學理論和方法對生命電生理現象的研究、觀測和操控中，針對的目標是集群電子對生命的作用或生命中的量子現象，其技術方法也是對巨量的電量子的應用，本質上就是量子級生物資訊理論和技術的範疇。

例如，有的透過觀察視交叉上核（SCN）放電變化，研究生物節律；有的透過觀察海馬迴神經元放電變化，研究學習和記憶機制；有的透過觀察下視丘神經元放電變化，研究體溫調節機制；有的將電機理應用到人腦的晶片植入、語意翻譯、智慧應用等領域；甚至有的科學家直接觀察到電架構崩潰引起組織死亡的神祕過程，說細胞凋亡「每分鐘 3 微米（0.003 公厘）的速率，像波紋一樣觸發連鎖的串級反應。」[043] 形形色色的電機理研究和應用，涵蓋了對大腦的狀態評估、功能定位、損傷定

---

[042] 孫久榮・腦科學導論 [M]・北京：北京大學出版社，2001：11.
[043] CHENG X R, FERRELL J E, JR. Apoptosis propagates through the cytoplasm as trigger waves[J]. Science, 2018, 362(Aug.10 TN.6402)：607-612. DOI：10.1126/science.aah4065.

位、變異鑑別（如癲癇、中風、腫瘤等病灶）、指徵鑑定（覺醒、麻醉、昏迷、腦死亡）等各個方面。

請注意：①以上這些用生物電為原理的觀察、翻譯、介入和利用，事實上都屬於量子級的方法；②以上觀察和應用涉及的目標，其實都是一些量子現象。尤其第②點，說明生命中廣泛存在著「電子基態」的量子資訊。

2・生命存在與「磁」關聯的量子資訊

磁現象與量子現象緊密連結。

磁現象不僅與基本粒子之一電子的量子態，如量子數、角量子數、磁量子數和自旋量子數等 4 個量子數密切相關，而且與基本粒子之一光量子（簡稱光子）緊密連結。如光子被標準模型理論認為是傳遞電磁相互作用的基本粒子，光子直接參與多種基本粒子代際間的分解與組合過程，在組成所有物質的電子、上夸克、下夸克、微中子等第一代粒子中，在高能量實驗中創造第二及第三代粒子的過程中，及第二、三代粒子在短時間內衰變成第一代粒子的過程中，都有光子參與。同時，磁還與電相互作用，生成電磁現象，這些實質性的關聯，都使磁與量子現象密不可分，使磁現象成為與量子機制共存的現象，甚至可以說磁現象就是量子現象的一種反映。

實驗和觀察顯示，人體是一個生物磁非常活躍的場所。

一篇名為〈生物磁受體蛋白 MagR/IscA 研究進展〉的文章稱：「體內實驗顯示，透過外磁場刺激啟用化 MagR 能調控相關磁基因表達，影響神經活動及行為定位。」[044] 另一篇報導〈磁遺傳學：使用磁受體蛋白，用

---

[044] 汪紅霞，向遠彩，張義國·生物磁受體蛋白 MagR/IscA 研究進展 [J] 生物化學與生物物理進展，2016，43（12）：1115-1128. DOI：10.16476/j.pibb.2016.0190.

第 4 章　資訊啟動：量子機制作為生命運作關鍵

磁刺激方法遠距離非侵入地啟用神經元的活性〉[045]，闡述了磁對蛋白的遙距離作用。與以上主要是接收機制有所不同的是，目前肌體遙控技術中實現的弱磁感應「肌電訊號採集」[046]，顯然利用了生命的磁發送機制。

基於生物磁活動與量子機制有著本質上的關聯，以上所發現、應用的磁和磁受體相互作用，說明了生命中存在與磁相關的量子機制或有「磁基」的量子資訊。

3・生命存在「光基」的量子資訊

光量子的活動場景很多，不僅微觀量子學領域觀察與控制的單光子目標是量子運動，自然光、紅外線、紫外線、雷射等都是量子運動，生命與外部的光和熱互動引起的生物學變化和生命自體的光和熱運動，本質上也都屬於光量子的運動。

關於生命內外光量子的互動，〈光遺傳學：神經疾病治療的未來〉[047]一文中說，德國某研究團隊宣布發現了一種與人類視覺視蛋白有關聯的新微生物視蛋白 Channelrhodopsin-1（ChR1），該蛋白組成的離子通道，可以透過其配體視黃醛在光照時的形變來開啟和關閉。2003 年，該研究組又報導了另一種視蛋白 Channelrhodopsin-2（ChR2），ChR2 啟用產生的電流，甚至足以使神經元產生動作電位，且 ChR2 的啟用和去活化非常迅速，足以在毫秒時間上控制神經元的電發放。

---

[045] LONG X Y, YE J, ZHAO D, et al. Magnetogenetics： remote non-invasive magnetic activation of neuronal activity with a magnetoreceptor[J]. Science Bulletin, 2015, 60(24)：2107-2119[2020-03-12]. https://www.sciencedirect.com/science/article/pii/S2095927316302407?via%3Dihub. DOI：10.1007/s11434-015-0902-0.

[046] 楊瑞・肌電訊號採集與分析系統的研製 [D]・華中科技大學，2009：1-6[2020-02-12]・https://kns.cnki.net/KCMS/detail/detail.aspx?dbname=CMFD2011&filename=2010212056.nh. DOI：10.7666/d.d085963.

[047] 胡嚞・遺傳學：神經疾病治療的未來 [EB/OL]・GREENTEK・腦科學研究（2016-11-24）[2019-12-16]. https://www.gtsensor.com/research/shownews.php?lang=cn&id=270.

4.4 生命中存在多種形式的量子資訊

以上這些資訊，披露出在常溫狀態下，生物體內顯著存在一種從接受自然「光照」（光量子）到「神經元發放」（電子）的量子機制。這意味著，以上發表的成果也相當於常溫下生命存在光基量子機制的實驗報告。

事實上，人類用巨量的量子之光（包括自然光和雷射等）開展的生物學研究不計其數，用光和熱學原理觀測生物熱輻射和熱交換這種量子級技術的研究與應用也數不勝數。生命存在內源的光熱輻射和存在內外互動的量子級光熱效應等，昭示著生命中存在著「光基」的量子資訊。

4.5 多種生命活動中蘊含著產生量子資訊的潛力

在以上討論中列舉了生命中電基、光基、磁基等量子資訊或量子機制存在的可能性，然而，電、磁、光等量子是如何被生命產生、創造出來的呢？還需要給出有依據的解釋。

從量子力學對導體導電原理的解釋上看，有序量子機制的形成，需要突破一些苛刻的條件。特別是在固體中，原子內的電子和其他量子要脫離基態、實現自由運動，首先要受到高能粒子的激發或強磁場作用實現躍遷，突破量子勢壘和禁帶，進入導帶，最終實現能量的傳導和發射。沒有高能粒子或強磁場的作用，自由量子不會脫殼而出，生命要實現成組團的量子級活動，更是非常困難。

在非晶體的液相、氣相、離子態等物態混雜的生命內環境產生量子級活動，需要突破的「勢壘」和「禁帶」，可能要小一些、窄一些，但也需要突破生物大分子、組織、細胞等層層巢狀和阻止因素。同時，生命中的複雜噪音環境，是對量子有序化運動的巨大破壞力量，生命要實現量子級資訊活動也非易事。

若如上所說，則生命中根本不會存在量子現象，然而，實驗和觀察又的確發現量子資訊現象隨同生命活動在大量發生。那麼，生命中的量子資訊現象是如何湧現出來的呢？對此，有如下幾方面的猜想。

1・或來源於神經運動

有科學家發現，大腦活動時，「單位面積腦皮質中，數千個錐體細胞同時產生神經衝動，從而產生集合電流，產生與電流方向正切的腦磁場。」[048] 該報告似乎把腦錐體細胞描述成「彈射」出腦磁場（類似量子波）的裝置。

另一批科學家則用共振原理解釋神經「彈射」產生意識的過程：2018年12月5日發表於《科學人》雜誌（*Scientific American*）的〈嬉皮是對的：一切都和振動相關〉一文中，加州大學哲學家亨特（Tam Hunt）和心理學家斯庫勒（Jonathan Schooler）提出了一種「意識共振理論」。他們認為：「說到底，所有物質只是各種能量場的振動。當不同的振動物體在某個時候彼此靠近時，它們開始同步振動。這適用於大腦神經元、螢火蟲集會、月亮與地球等等。這種現象被稱為『自發性自我組織』……大腦中的數十億神經元共同啟用，從而做出一個決定，同時形成我們對外界的體驗……隨著共振擴散到越來越多的要素，意識實體變得越來越大，越來越複雜。」[049] 這種共振理論，實際上是潛在地把神經分子的物質波與神經承載的電荷脈衝振盪，都歸入了共振範疇，即意識產生於振盪模式的神經「彈射」過程。

意識共振說最終歸因於：分子域的大腦神經，透過統一振動、方向一致性的「彈射」，直接發出和湧現出量子級意識資訊波。

2・或源自酶和激素活動

生命在遇到危險或高度壓力的一瞬間，會產生平常沒有的爆發力。現代生理學告訴我們，這種生命的爆發力，是透過激素的作用引燃的。

---

[048] 趙華東，吳晶，魯震·腦磁圖的基本原理及臨床應用 [J]·河北醫藥，2005，27（2）：132-133. DOI：10.3969/j.issn.1002-7386.2005.02.034.

[049] 葉子·人為什麼會有意識？一切可能都與振動有關 [C]// 科學與現代化，2019，078（1）：13-17.

第 4 章　資訊啟動：量子機制作為生命運作關鍵

那麼，激素又是靠什麼機制產生爆發力的呢？

激素作用過程顯然有一種讓能量激勵升級的作用。突出的是，該過程包含某種「產電」機制。

例如，促成了激素分泌到生物電運動。經酶作用，分別從人體的腎上腺、胸腺和性腺等內分泌細胞製造並分泌出來的激素，可在毫微克，即 10^{-10} 克極低濃度與受體結合，幾乎瞬間，在整個生命中穿透性地發揮著調節效應，其生化效應的迅速性和作用的廣泛性，令人嘆為觀止。其中的迅速性和穿透性原理已很清楚 —— 是電荷（即量子級）運動。這意味著，酶和激素在「合夥產電」。

實驗顯示，在激素為量子級生物電的產生做出貢獻的過程中，酶發揮了速度極快的助推作用。例如，酶促反應之一 —— 乳清酸核苷 5'—— 磷酸脫羧酶，由它所催化的、從底物到產物的反應，只需幾十毫秒，而不加酶要達到同樣效果，則需要數千萬年。生物學家們發現，「一個酶分子在一分鐘內能催化數百至數百萬個反應物分子的轉化，催化反應的速度可迅速到百萬分之一秒（微秒），甚至十億分之一秒（毫微秒）。」[050] 為什麼酶的催化產物動力學速率甚至高於分子擴散速率，這種現象無法用目前公認的理論來解釋。有的用量子穿隧效應作解，有的談到與質子的運動相關[051]，還有的則透過實驗觀察，提出了質子傳遞機制及底物的質子化狀態，決定了不同的催化反應機制。[052] 由於質子屬於量子域範疇，顯然，這些機率性解釋都指向了量子域。

以上分析讓我們有了這樣的認知：調節生物能量的激素，在生物電爆發性釋放中產生急先鋒作用，酶以直接參與代謝和助推激素分泌的形

---

[050] 毛振奇·催化反應最緩慢的酶 [J]·生物學通報，1985（3）：7.
[051] 潘曉亮·量子力學和分子力學結合方法在酶催化研究中的應用 [D]·吉林大學，2012：(摘要) 1.
[052] 趙媛·量子力學結合分子力學方法在酶及核酸鹼基研究中的應用 [D] 廈門大學，2015：(摘要) 1.

式,在人體生物電(電量子)的產出中發揮著基礎、骨幹和助手的全面作用。

也就是說,酶和激素活動,應被視為量子資訊的重要產出源頭。

3. 或源自生命內的熱運動及黑體輻射

黑體輻射作為熱輻射或紅外輻射,是一個普遍發生的量子物理現象。因為,溫度超過零克耳文(−273.15℃)的物質,都存在黑體輻射。由黑體輻射發出的紅外線作為光波的一部分,是兼具能量性(波動性)、物質性(顆粒性)和資訊性的事物,具有量子性質,屬於量子現象。

生命體溫度遠遠超過零克耳文,黑體輻射顯然是生命內外時時刻刻發生的事情。這意味著不需費力地創造,也不需要突破嚴格的量子勢壘,因熱輻射的作用,在生命內外就廣泛充斥著自由量子活動,即存在著大量非協同性量子運動。

更關鍵的是,生命組織對熱能的利用及對熱的極其高超的有序化運作,其實是對包括紅外線在內的量子活動的重組織。這意味著,在生命對熱的操作中,伴隨著量子資訊的產出。

4. 或源自生命物質的結構力錯位

生物物質的結構力不是絕對均衡的,而是可以產生破缺的。這種破缺可以由生命內部物質的磁矩運動所形成,也可由外環境宇宙輻射或引力擾動所造成。例如,力的擾動,可使物質微觀結構形成短暫的能量不對稱缺口,為自由量子的產生提供了機會,可稱之為「錯位機會」。也就是說,只要「錯位機會」存在,自由量子逃出物質結構力約束的機率就會

第 4 章 資訊啟動:量子機制作為生命運作關鍵

存在,與此相關的自由量子群也應會存在。

下面這段話,應該被認為結構之間的變化會釋放或吸收量子,並形成量子現象:「一種構型轉變為另一種構型,就是量子躍遷。如果第二種構型具有更大的能量(是較高的能階),那麼,外界至少要供給這個系統兩個能階間的能量差額,才能使轉變成為可能。它也可以自發地變到較低的能階,透過輻射來消耗多餘的能量。」[053] 這段話顯著的意思是,高階有序的結構儲存更多的量子能,隨著高序能量結構形變中的量子躍遷,可以釋放量子能。這段文字可謂是對以上提到的「錯位機會」效應中,更具基礎的原理性注解。

重要的是,生命中不僅存在大量的「錯位機會」,更有著生命對自身結構的重組和修復。也許那些修復過程,正是形成有序量子資訊的過程。

---

[053] 薛丁格‧生命是什麼 [M]‧羅來鷗,羅遼復,譯‧長沙:湖南科學技術出版社,2007:47.

4.6　理論界對生命中量子資訊的存在性有著深度認可

量子運動的「過程資訊」不能被儲存，與此巧合的是，意識的運動過程也不能儲存，它們都只能儲存結果。例如，人類能回憶起以前思考的結果，但不能回憶起當時思考的過程。這個司空見慣、淺顯有趣的現象，卻反映著意識活動的特性與量子資訊運動特性相吻合。

一些有遠見的物理學家，對意識可能的量子化機制有著深入的思考。

一篇名為〈量子大腦的新自旋〉[054]的科技文章介紹道，奧利弗·巴克利獎得主、加州大學物理學家馬修·費雪（Matthew Fisher）在2015年《物理年鑑》上發表論文提出，磷原子的核自旋也許充當人腦中的初級「量子位元」，使人腦像量子電腦一樣運轉。後續的實驗讓費雪更加確信。這個過程中，磷酸鹽自旋之間的相互作用，使它們相互糾纏，這種糾纏影響神經傳導物質的釋放和神經元間突觸的放電，並在大腦中發揮作用。

在意識量子化可能性的認知上，當代著名的數學物理學家羅傑·彭羅斯，一直堅持從量子力學的方法來處理意識問題[055]。其他物理學家對生命中存在量子機制，也表示高度認同：「量子力學第一次把觀測者的意識與物質的演化結合起來。」[056]「所以我們高度懷疑，或者說高度相信，儘管還沒被科學最後證實，量子力學必然參與這個意識的產生。」[057]

---

[054] OUELLETTE J. A New Spin on the Quantum Brain[J]. Quanta magazine, 2016-11-02 [2019-02-12]. https://www.quantamagazine.org/a-new-spin-on-the-quantum-brain-20161102/#comments.
[055] 陳向群·意識的微管引力說：彭羅斯關於意識的物理學解讀 [J]·科學技術哲學研究，2020，37（02）：27-32. DOI：CNKI：SUN：KXBZ.0.2020-02-005.
[056] 胡定坤·2020年新年科學演講：潘建偉揭祕量子資訊革命 [N/OL]·科技日報，2020-01-14[2020-03-12]. https://baijiahao.baidu.com/s?id=1655710224486551691&wfr=spider&for=pc.
[057] 潘建偉．「漫話量子」：量子年夜飯（一）[EB/OL]·知識分子，2017-01-20[2017-07-01]·http://www.zhishifenzi.com/news/physics/1813.html.

第 4 章　資訊啟動：量子機制作為生命運作關鍵

　　雖然以上這些科學家的態度或看法，基本上是站在微觀量子學的角度，但是其涉及的內容，卻是生物資訊現象或量子級生物資訊現象，如神經和意識等，因此，他們認可和支持生命中存在量子級生物資訊機制。

　　綜合以上多角度的討論，可得出這樣的認知：在生命神經活動、酶和激素活動、熱利用過程及結構錯位修復過程中，均蘊含著生成量子資訊的潛力，它們可能為生命內不同形式的量子資訊的形成，提供不同模式的產出和供給機制，同時，科學界對生命中存在量子資訊機制也有著深度的肯定。

　　生命中的量子資訊與生物質的互動，屬於量子級生物資訊，量子級生物資訊是形成各種生命功能的基礎。這種基礎性還表現在哪裡？它是怎麼連結起生命功能的？對此，我們在之後的章節中還會有更具體的討論。

第 5 章
活性啟源：量子機制形塑生命反應

　　導讀：活性的本質是什麼？生命的自動調節和適應能力是怎麼形成的？對於這些問題，本章按「自上而下」路線設定的「以生命趨中機制所形成的自適應官能基為採信單位，粗篩資訊」之方法，結合上一章對量子級資訊機制討論得出的認知，解析生命「活性」的來源，初步釐清生物慣性與「活性」的關係，得出「中值機制」是生命自組織和自適應能力的核心機制的認知，並以此為原理，對免疫機制的成因進行猜想和分析。

第 5 章　活性啟源：量子機制形塑生命反應

　　人類的各種覺、喜怒好惡等情緒及生物鏈的複雜多樣性，呈現出種種「活性」，「活性」表現多彩多姿、讓人著迷。然而，認真追究活性的本質，卻近似於一種錯覺。因為，組成生命「活性」的是一些根本沒有活性的、固定的、程序性的「死的」慣性運動。

　　生命正是這種既「死」又「活」形式的綜合性運動事物，直到高階的意識機制，也未脫離這種綜合性運動的本性。

5.1 活性是什麼

對於活性，有不同的理解。有人認為活性背後有神祕力量，把活性的來源絕對化；有人則認為活性是由理化過程過渡而來的，活性是相對和有限的。

5.1.1 「相對活性」與「絕對活性」

所謂「相對活性」，是指生命在物理規律支配下表現出的生物慣性或有限的能動性。在內部和環境慣性的共同作用下，生命物質在中觀和宏觀層面會產生特有的、維持內穩的自組織和自適應「湧現性」，呈現出與非生命物質不同的、與自然抗爭的活性反應現象（即生命功能）。

所謂「絕對活性」，是指生命不受內外慣性約束，可突破空間和時間的限制，可「獨立地」實現精神和行動自由的特性。

本質上，「相對活性」是生命與客觀世界慣性相連結的現象，「絕對活性」是脫離客觀世界慣性運動的現象。「相對活性」屬於客觀實在，「絕對活性」不屬於客觀實在，而是錯覺。

對「相對活性」和「絕對活性」的認知，最終還會影響到意識是否存在真正自由性或是否存在「靈魂」的認知。

5.1.2 產生「絕對活性」錯覺的根源

為什麼說把活性當作一種徹底的自主性運動，是一種錯覺呢？

因為，生命中的活性是由一些內在非自主的物理性連鎖運動和外部

第 5 章　活性啟源：量子機制形塑生命反應

能量的擾動所形成，人們對活性的誤解，大都與不了解形成活性的這種原理相關。

1・對生命能量性的忽視，導致看不清「活性」

如果把事物的穩定不變性稱之為「死性」，把事物的動態可變性稱之為「活性」，則任何事物都同時具有「死性」與「活性」。

「死性」與「活性」矛盾的特性與微觀量子性質相關。「死性」就是事物本體的物質性或顆粒性，「活性」就是事物內在的能量性或波動性。生命雖然是宏觀事物，卻是由兼具顆粒性和波動性的基本粒子所組成，因此秉持了物質性的「死性」和能量性的「活性」。

事物到底是「死性」為主，還是「活性」為主，與人們更加關注該事物的哪個層面相關。

對生命來說，人們如果過度關注生命相對穩定的組織結構，就等於只關注生命的靜態物質性；如果進一步再把生命組織結構的運作也視為純物質的運作，注意力一刻也離不開生命的物質性時，人們對生命的認知，就已進入「非物質性不可」的慣性軌道。這時，人們已把對生命能量性（波動性）的注意或興趣抑制住，把生命徹徹底底當成純物質性的事物，把生命看成了純死的事物組合。

事實上，人們對生命的各種靜態觀察及為適合顯微鏡觀察而凍結標本（對生物組織凍結固化會便於觀察）的過程，正是導致把生命看成「死性」物質的認知過程。

由於人們的視覺和認知有一個天生的慣性或「怪習性」，無法同時認可是與非，這使得視覺在專注看事物的靜態性質時，其實還在否定動態性。因此，當把生命認定成純物質性時，就看不清其能量性或活性了。

2・對生命的程序性認知不足，
會形成對「活性」的誇大或貶低

生命中無數反自然的、小程序的生物運動，形成了對抗自然的、宏觀的活性表現。或者說，小程序的能動性是宏觀活性的來源。如果對此不甚清楚，就會誇大對活性的認知，而事實正是如此。

例如，認為免疫機制中存在徹底的「活性」，是因為對免疫中的生化程序過程不甚了解。免疫作為生物反自然的抵抗運動，看起來有非常「活」的現象。而事實上，免疫細胞、免疫物質等在發揮作用中呈現出的物質結構變化，在免疫反應和免疫應答中表現出的特殊功能，都是由客觀能量的慣性運動催生出的客觀生化程序。無論免疫機制的生化程序多麼複雜，其最初的動因，都是原始的物理慣性。

然而，由於生化或免疫反應很分散（如配體與受體間的接觸是分散的）、反射流程等程序性鏈條都拉得很長（如生化反應鏈很長），這導致很難直接看出這些程序和鏈條的全部行蹤與軌跡，會讓人覺得生化或免疫過程具有某種未知的自主因素在支撐。這時，人們就會把未知的因素想像成神祕的作用，實質上是對生命程序性中「動」的作用的誇大；而一旦了解某一程序的純物理原理後，人們往往又會全面否認其中的活性因素。

3・對跨距因應機制認知不深，會「神化」活性

當以物質實體觀察為觀察習慣時，會將注意力過度投入物質與物質間的直接關係。例如，物體（或一份物質）與遠距離的一份能量相互作用，由於看不見之間的能量連結，就會產生神祕感。古人大多認不清這種關聯，往往更相信有「神」在各種事物間發揮作用。

科技的發展讓人們越來越意識到，物質間因有能量連結，可以發生跨距作用。當一堆磁粉做出一些有趣的變化和運動時，人們能夠用已知

第 5 章　活性啟源：量子機制形塑生命反應

的物理知識，意識到那不是磁粉自主在動，而是另有磁場力在與之「合作」。但是，當生命被跨距的、非磁力的能量作用發生一些有趣的運動時，由於人們在已知的物理知識庫中找不到依據，不知道是什麼與生命在「合作」呼應，就會把不理解的成分，全部歸功於神的作用，本質上是神化了「活性」。

事實上，在更微觀的量子層面，生命物質的確如一堆「磁粉」在配合包括萬有引力在內的各種背景能量，並形成一些被「神」支使模樣的「活」現象，但那些背景能量，終歸是更大範疇的宇宙能量慣性運動，而不是神。

顯然，被貶低、誇大和神化了的活性就都不值得討論了。為表達方便，以下提到的活性，均指的是「相對活性」。

5.2 生物慣性是形成「活性」現象的動力

5.2.1 生物慣性的連續性湧現出「活性」特徵

人們認為能夠擺弄玩具、駕駛車輛等行為,是自己具有完全自主的能力,甚至認為,可以「隨心」所做的事情,都是自己在獨立自由地掌控。這種感覺,源於人類意識中有一個凌駕於其他客觀事物之上的「獨立的自我」。

而事實上,並不存在獨立於宇宙物理規則之外的自由或自我(見本書第 7.4.2 節)。因為「自我」本身是能量慣性運動現象,所謂的「自我」對事物的掌控,其實是人的「生物慣性」系與被掌控對象的慣性系之間的慣性耦合作用。

撇開生命的複雜性,生命的旅程就像一個不斷被抽打、糾正危險、保持慣性旋轉的「陀螺遊戲」。陀螺不斷被加力、糾正、保持慣性的過程,是保持慣性與慣性破壞之間矛盾平衡的過程。生命慣性運動中因有矛盾平衡的持續,才展現出「活性」。

生命的慣性運動和慣性破壞之中的任何一方,都可分為若干具體的、涉及眾多方面的矛盾運動,正是眾多矛盾因素的綜合、連續性運動,才讓生命看起來具有自我決定的活性;若只取矛盾的一方,或只看矛盾的諸因素中的一個要素,則看不到活性。

(1) 矛盾中諸因素在綜合、連貫運動時呈現「活性」。例如,只有慣性與慣性擾動、擾動與擾動抵抗各要素在對抗性連結時,或在連續性鬥爭時,事物才會呈現出「活的」那種整體性、巢狀性和時間的不可分割性。不可分割性,呈現出生命的活性。

第 5 章　活性啟源：量子機制形塑生命反應

所謂「活的」整體性和巢狀性，是指生命內外的事物均以不同標準的形式、巢狀式運動著，相鄰層次及跨層之間都存在不同程度的關聯和影響；所謂「活的」時間不可分割性，是指生命的慣性、擾動及擾動抵抗的物理過程，在時間上是連續的。其中，連續性是活性的根本。

(2) 對矛盾的諸因素實施分別觀察時，「活性」被分解消失。單獨考察矛盾中的諸要素時，會發現，每一處的慣性運動，都是純物理力的慣性接續運動；每一處的力的擾動，都是力與反作用力的物理作用；每一個擾動抵抗的閾值，是純物理的能量數值。這意味著，分別觀察具有「分解」作用，會使「活性」消失不見。之所以出現這種局面，是因為分別觀察中的「分野」過程，是對時間連續性的分割，也是對觀察對象內在資訊連結的瓦解。這相當於在事物連續的資訊性和能量性中，打入了許多「空」或「零」般的死亡性「楔子」。

對於生命，無論曾累積多少連續性，也經不起一個死亡「楔子」的瞬間隔斷。從物理角度來看，一個斷裂的、凍結的瞬間，可使連結性、連續性頃刻為零；數學也一樣，任何集合與空集的交集，都是空集，即「零」有讓一切化為烏有的威力。由於零的阻隔，任何展現「活」的發散性運動趨勢立刻中止；生命的內外連結、生長和遺傳繼承等，通通不可持續。任何生命現象，都無法跨越一個死的零而重新活過來具有生命。

由於分解性的觀察具有向一切連續現象插入零值「楔子」的作用，發揮了與物理解剖刀一樣的分割效用，使多種連續性矛盾運動崩潰的同時，讓所有活性紛紛消失不見。反過來說明，保持活性的前提是慣性不被打斷。

抽象地說：某種活性，是表現其活性的慣性系諸元素的充分性（即空間屬性）、連貫性（即時間屬性）、連結性（即資訊屬性）均達到一定程度時，才具有的特性（即「湧現性」）。簡單地說，活性存在於慣性的連續性之中。

5.2.2　生物慣性的鏈式反應呈現「活性」

活性對自然的抵抗有很長的內在生物慣性鏈條。

活性鏈條中，有從生化反應級到生理級，直到意識活動的一系列質變過程，其鏈條各環節間的關係，有無機物互動不可比擬的複雜性。由物質、能量和資訊相互編織起來的不同流程、不同形式、不同長度的生物慣性作用鏈條，連結微觀 DNA 表達中的「啟動子」和「終止子」的上場或退幕，關係著中觀的生命代謝、拮抗、免疫等現象的發生，也決定著宏觀身體和意識的運動。

活性鏈條能夠有效儲存多樣的生物慣性，並以拉長「時間差」的形式，實現「生物慣性」的弛豫性釋放（即滯後的釋放）。即以歷史能量慣性（如生命遺傳的慣性）與當前能量慣性（如環境的慣性能量）的重重疊加，實現對自然的抵抗。正是由時間差和能量差形成在不同場景抵抗自然的活動，使生命顯得更具有「反叛」般的活性。

5.2.3　生物慣性的「造物」過程展現「活性」

生物慣性運動包括「造物運動」（特指生命的生、長、繁殖、衰老正向過程）的正向加速和減速過程。正向加速表現為從微觀物質到宏觀物質間能量的級聯性釋放，逆向的減速表現為級聯性收斂（如能量儲存或細胞自噬等）；正向加速呈現出某種活性增強，逆向的減速呈現出活性降低。

例如，在正向「造物運動」中，生命透過能量的逐級耗散，可實現「活的生長」，生命的宏觀運動，會逐層驅動從熱量代謝、到粒線體能量消耗等深層能量的釋放，最終啟用 DNA 的解旋，實現基因轉錄等「活的過程」。已經電生理學和基因工程學證實的是，DNA 解旋過程有耗散量

第 5 章　活性啟源：量子機制形塑生命反應

子能的過程[058]，所以，包括基因轉錄在內的造物生長，最基本的動力還是量子能的耗散過程。事實上，是量子能耗散過程促成了生命一步步醒來，並進一步點燃意識，啟動生命體的各種運動，引起更多方面和更大範圍的能量耗散……加上「生物慣性」中特有的補充，使生命體這部機器，越來越能帶動更費力（如短跑和攀岩）的載荷，實現「造物運動」的慣性加速。這個正向造物的過程，讓生命看起來更具活性。

在逆向的「造物運動」或「逆造物運動」中，生命會以休息、睡眠、恢復等形式，實現從宏觀到微觀的能量耗散減少。此時，各種耗能載荷會因逐漸降低，而使從外到內在的運動和代謝逐漸減緩，最終會使基因轉錄慢下來，甚至出現停止和逆轉錄。或者說，這個過程，造物慣性會減速，而儲能和補充會增加，生命的活性看起來會「降低」（其實只是活動性的暫時降低）。

也就是說，耗散能量的正造物和收斂（儲存）能量的逆造物兩種生物慣性運動，是展示生命豐富多彩活性的過程。

但是，並非慣性一股腦推出活性，在以上慣性運動中，還蘊含著一種「中值機制」，將物理慣性轉化為生物慣性，並使生命載有「靈性」。

---

[058] 羅遼復·拓撲量子躍遷和 DNA 解旋 [J/OL]·內蒙古大學學報（自然科學版），1995（04）：496-499[2016-02-12]·https://d.wanfangdata.com.cn/periodical/ChlQZXJpb2RpY2FsQ0hJTm-V3UzIwMjIwNzE5Eg5RSzE5OTUwMDM3NzI3MxoINHlsODFucnQ%3D. DOI：CNKI：SUN：NMGX.0.1995-04-022.

5.3 包含量子機制的「中值機制」是活性的「靈魂」

生命內雜亂的自由量子不會自動組織成有序的資訊，而是有某種能力在做功。什麼才具有這種能力？當然離不開生命組織。這意味著，生命組織有一種將混亂資訊理順成有序資訊的「編輯力」。

生命中眾多的能量、物質和資訊混雜在一起，如何「編輯」與整理？是舒服與痛苦在其中發揮著巧妙作用。舒服與痛苦不僅能用放鬆或「停下來」等宏觀命令批次地開關微觀「閥門」，讓攜帶負熵的物質媒介（如血液）湧進來，對亂的物質予以大替換，而且能用某種標準（如時空上適中的中值）發現和衡量能量的偏離和危險程度，並對其實行糾正。

例如，當生命遭遇寒冷、酷熱、病痛等不適時，身體便會向大腦發出「告急訊號」，透過這些訊號來反映不舒服的類型、範圍和位置等，核心是反映不舒服。不舒服與「中值」相關，相對於舒服，不舒服就是對「中值」的偏離，追求舒服則是對偏離的糾正。

「中值」是什麼？為什麼偏離「中值」就會出現不舒服？這個問題關係到生命物質的「自動化」反應，所以，討論活性就應該討論「中值」和舒服問題。

5.3.1 「中值機制」及作用

1・「中值」是什麼

「中」的概念很廣泛，這裡的「中」特指在時空上的適中。「中值」則是指適中之處，或中正之屬性。

第 5 章　活性啟源：量子機制形塑生命反應

　　人們不喝太熱或太冰的水，水溫適宜才去喝；人們在講話或交談中，總能保持一定的語速和音調，並努力發出一種適宜的聲音；人們會選擇強弱適中的光線條件閱讀；人們會用不大不小的步伐和適宜的速度行走……人們每時每刻都會以自身或他人適宜、舒服為標準，選擇行為和生活方式。

　　人們或許並未留意支持這些「適宜」選擇的微觀依據是什麼，然而，微觀中卻隱含著這些適宜性選擇的原理和奧祕。

　　與適宜與否緊密相連的，是一個龐大的生命標準體系，該體系由大量的標準元素組成，每一個標準元素又是由許多組量子級別的能量閾值形成，如細胞膜內外電位閾值、從靜息電位到動作電位的轉換閾值等形成。生命標準體系的能量閾值，在宏觀上發揮著穩定生理指標的作用，在微觀上約束著含有量子位元的生物能量，在一定閾值區間內振盪運動。由於能量閾值具有相對穩定的能量振盪區間，且中間值具有一定的生理穩定意義，在此將生命標準體系中的閾值稱為「生理中值」，簡稱為「中值」，將生命中存在的「中值」集合稱為「中值系統」。同時不難看出，生命中的「中值」及「中值系統」，本質上是量子化的。

　　事實上，適中性的「中值」，不僅有量子振盪加閾值約束這種形式，也不僅在生命體中存在，而是在任何有規律的系統中都存在，且規範著系統的穩定。如太陽引力太小或地球繞太陽公轉太快，地球就會飛離；而引力太大或繞速太慢，地球則會被吸附到太陽上去。地球之所以能持續、有規律地繞太陽運動，是因它們之間存在速度和引力「中值」；月球與地球之間的情況也一樣。同樣地，地球自然資源的供給能力與人類的耗費之間，也存在這樣的「中值」……以上這些說明「中值」具有廣泛的存在性。

　　「中值」的穩定作用，源自於「中值」可規範某種系統一系列恰到好處的速度、強度、變化率……如果沒有穩定作用，系統內各部分之間，就會因不協調而出現損壞、失控，以致崩潰，也就是失穩。

由此可以看出，「中值」是維持生命或自然系統穩定的、一系列最有利的條件，由「中值」組成的「中值系統」，是包括自然環境在內的諸多系統穩定的基石。

2・「中值」還是適宜生存的預設值，展現為「舒服」

生物對外界能量的選擇是如何完成的呢？如一頭牛，是怎樣知道哪些草能吃，哪些不能吃呢？又是怎樣知道該待在溫暖或涼爽的地方呢？

顯然，動物不會關心食物的營養成分，只關心食物好不好聞、好不好吃；也不會關心發熱的原理，而只關心所在的地方溫暖或涼爽與否。從能量角度來看，動物吃不吃某種草，待或不待在某個地方，主要依據就是舒不舒服，危不危險。靠著對舒服的選擇能力，生命不僅可以篩選合適的物質、適宜類型的能量，還能篩選合適的物質品質和適宜的能量強度。而「舒服」、「合適」，正是一些「中值」或「中值組合」。

應可看出，舒服是生命體維持其良好存在的預設值。眾多生命正是依據自身舒服這種預設值，做出適宜生存的各種選擇和行為。

實質上，舒服是生命對其系統內物質結構、能量狀態、資訊運動三方面情況的「滿意」反映。即舒服中隱含著生命存活的最佳指徵，也暗含生活的準則；舒服是生命存續的需求，也是生命的本性和欲望的來源。正因如此，生命從誕生到現在，一直到未來，永遠不會失去對舒服的需求，並將一直以精神和身體舒服為宗旨，不斷做出追求與奮鬥。

3・「舒服」與「不舒服」共同組成了「中值系統」

舒服並不是獨立存在的，所有的舒服都是與不舒服相比較而形成的。事實上，有眾多的不舒服伴隨並圍繞在舒服周圍，同時，那些眾多的不舒服，還具有不同的程度和類型。

第 5 章　活性啟源：量子機制形塑生命反應

　　不舒服的程度，源自物質和能量對「中值」偏離的程度。當身體與外界發生因應時，其內在的物質和能量，就會被外界物質和能量所擾動或異化（如遺傳基因受核輻射，會發生基因突變或異化），相當於其內在原有理化性質在向外傾斜、變性；當外在擾動或異化程度逐漸增加時，機體內原有的平衡就會被打破，身體就會開始有不舒服訊號發出；當偏離達到超越內部系統所能承受的閾值時，肌體就會發出更強烈的訊號，生命就會感覺瀕死般恐懼和難受。

　　不舒服的類型，源自偏離「中值」的模式。在生命「中值」核心的兩側，存在著偏離區，是「中值」向兩側偏離振盪的「空間」，這種「空間」並非僅指球形或長形的幾何形式，而是包括物理指標或生化指標等在內的、與生命感覺相關的所有形式。因此，「中值」核心的量子級能量振盪，並不是一種可見性的振盪，而更像是某一中性感覺核心（舒適區）在向眾多形式的異樣感覺的偏離性振盪，即一種隱性的振盪。每一個帶有這種核心、偏離區和振盪運動的小系統，構成了一個「中值單元」；不同分布形式的「中值單元」，構成了不同預設值的「局域性中值系統」；而全部的中值單元和系統，又構成了整個生命的「宏觀中值系統」。當承載著以上不同形式的「中值」或「中值系統」的生命組織和能量受到擾動時，就會形成不同偏離形式的組合，湧現出不同類型的不舒服。

　　從以上分析不難看出，舒服和不舒服的程度和類型，發揮著監控身體變化的功能，共同組成了生命維持自穩定的「中值系統」。

4・生物「中值」的設定

1)來自生命與環境的量子級「約定」

　　每種生物的視覺、聽覺等，都有一個能力所及的範圍。在可見、可感知的範圍內，處於最高和最低兩個閾值越中間的部分，感官感受越舒

5.3 包含量子機制的「中值機制」是活性的「靈魂」

適,解析度越高,會形成一個感覺「優勢區」;在「優勢區」的兩側,越靠近上或下閾值的臨界,感覺就越模糊,一旦越過閾值,就什麼也感覺不到了。我們把閾值內的、能夠感覺到的可感範圍和優勢區,統稱為「中值區」。生物的每種感覺都有特殊範圍的「中值區」。

例如,受視覺「中值區」限制,有的動物主要在白天觀察與覓食,有的則主要在夜間;有的動物眼睛視力很差,會靠聲波探測與捕食。這些行為特點都與動物有不同的視覺可感範圍或「中值區」相關。

從生物演化角度來看,動物的可感範圍和「中值區」來自大自然的選擇。不同的可感範圍,為動物搶奪生存資源,提供不同的能力,並形成生物鏈。反過來,在生物鏈中的求生活動,又強化了動物的特殊能力和出沒習慣,增加了動物相應感官的可感範圍或「中值區」。

也就是說,那些有利於特定時間出沒的感覺能力,都是在漫長的、無形的自適應過程中逐漸形成的,是動物與自然鬥爭、最大化利益和效能獲取過程的傑作,是在與自然抗爭中折中、最佳化的結晶。即自然選擇在每種動物「中值系統」的形成與設定中,發揮著重要作用。

在環境的選擇下,處於不同食物鏈位置和不同時段出沒的動物,都有不同的感覺能力和範圍等「中值區」,都被環境賦予「有限的」感受能力。這意味著,每種動物的感覺不會是全能的,一種動物能力的局限性部分,正是另一種動物生存的必要空間,如白天活動的動物,在夜間的視覺感受能力差,事實上為夜間視覺感受力強的動物「留出」了生存空間。也就是說,每一種被自然「設定」了「中值系統」和特殊感覺範圍的動物,都貫徹了捨棄全能、「抓大放小」的規則,即某種動物感覺和所占有的,不是周圍食物鏈的全部,而是其中的一部分。事實上,動物也只有遵循這種規則,才能實現整體付出最少、獲得最多。

綜上所述,不難看出存在於動物肌體和機能中的「中值區」、預設

第 5 章　活性啟源：量子機制形塑生命反應

值，更像是生命與大自然形成的某種形式的協約。即為生物「中值」作設定的，是生命系統在與環境互動中形成的最佳契合或「約定」。

由於「中值」是量子化的，來自環境的訊號，或直接是量子化資訊（如光資訊），或經感覺受器官換能轉化成量子化的生物電流，因此，生命與自然的這種「約定」，本質上是量子級的約定。

2）由內在能量密度所決定

「中值」的設定，最終由生命內部的量子級能量和資訊的密度所決定。

例如，每種刺激或擾動，代表一定的資訊和能量強度，只有強度突破被刺激方內在的固有閾值時，被刺激方才能形成反射。而任何大的反射，都是由細小的「刺激 —— 反射」所組成。而刺激和反射的媒介，無論是生物大分子還是信使級物質，其活動終歸是包括電荷在內的量子級運動。這意味著，「刺激 —— 反射」閾值是一些量子級資訊閾值，而量子級閾值的設定，才算是「中值」設定的最終完成。

「刺激 —— 反射」閾值是如何被設定的呢？

首先，形成刺激和反射的，不會是單個量子，而是包含巨量量子活動的生物資訊運動；其次，巨量量子或在媒介中以某種相對穩定的拓撲空間分布（如電荷成簇狀分布），或與媒介一起拓撲序變換；最後，假定以上空間分布或秩序變換，在未受擾動之前，屬於最佳的「中值」狀態，受到擾動則會偏離「中值」。

當刺激或擾動的能量密度突破一定閾值時，原有的「中值」就會因發生偏離或破壞而形成新的電荷分布；如果新的分布得以穩定，就會形成事實上的新閾值或「中值」的「設定」。

特別是無數以上「中值」的重新「設定」，會以新的機率或「湧現性」形式，形成生命新的功能。

宏觀上，在以上「設定」中存在如下情形：當某種擾動（如進食、運動或感染）使身體某種能量密度過剩或短缺，使該種能量總值偏離「中值」太遠時（表現為各種程度的不舒服），與此有敏感關聯的粒線體、DNA 等微觀物質的表達，就會減速或加速（「中值」位置開始移動），肌體便可應付強度更高的生理和體能活動，實現抗擊病菌和病毒侵襲等免疫運動的勝利。如果以上過程經常發生，生命就會演化成為一種新的、穩定的「中值系統」。

5・「中值」的性質及特點

(1) 「中值」是量子級的。

(2) 「中值」的存在形式是分散式和隱態的，其存在是客觀的。「中值」的設定與重新設定，也是一種客觀程序。

(3) 「中值」在各種生物中是普遍存在的。在生命體各部分、各組織、各層次中，均有維持其良好存在的狀態「中值」，即標準指標。

(4) 「中值」的閾值區間展現了生命系統的最佳需求，即生存目標。例如，人體最適宜的溫度、心率、血壓、血液指標，及舒適的視覺、味覺、皮膚感覺刺激等，都以某種「中值」的形式，對應著人類某種最佳需求。

(5) 任何「中值」都由中間值和上下兩個閾值構成。兩側閾值會因擾動發生，相對於核心值的外圍量子「振盪」；核心值的變化，會形成「中值移動」；閾值的變化，會形成新的生理訊號或數據。

6・「中值系統」的作用

1)「中值系統」是生命的深層「標準」，「中值移動」是生命演化的動力

（1）「中值」決定生命運動的始與終。身體在與外界因應中，到底在什麼時候、什麼條件下做始與終和調整，靠的是「中值」提供依據。「中值」判定各種生理活動範圍和程度等「是否安全」；校正生命從微觀到宏觀、從遺傳到現實眾多生理活動「是否正確」；是生命內部名副其實的「標準集」。

（2）「中值」引導生物慣性流程。生命是不同生物慣性流程的組合，每個流程又是由一系列更小的動作片段所組成。那些在生命各流程、各片段中自我嘗試錯誤、自我比對、自我糾正的神奇功能，都是圍繞「中值」容許的閾值範圍來實施和實現的。

以舒適與否為生命目的的「中值」比對和匹配，不僅引導著生命各生理層次物質形式的生物慣性運動，而且引導著情緒、興趣等能量形式的生物慣性運動，甚至引導著利益取捨等意識或社會層次資訊形式的生物慣性運動。

（3）「中值移動」可引導演化。作為有一定閾值區的「中值」，並不是一成不變，而是經常被改變的，閾值區會向活動頻率高的一側移動。例如經常受熱，身體的耐熱閾值會越來越向溫度高的一側移動。「中值」的任何移動，都對應著生命自適應過程，即都是在為生命的整體演化做累積，因此可以說，「中值移動」引導演化。

2）生命透過「中值」自穩定機制解決「大數據」問題

生命自穩定面臨複雜的「大數據」問題。巨量且種類繁多的細胞，有對營養、抗體等物質的高度個性化供需需求。這些供需不僅包含數量，也包含質量數據，其精微至極又連續不斷的供需過程，會導致每秒從細胞到分子，乃至更微觀層次的因應數據發生量，達到天文級別。生命對這些資訊的調控，不僅涉及數據，而且涉及像算力、演算法、傳輸能力等要素的調配。這一切的綜合處理，可以稱得上是發生在人體中的、名副其實的「大數據」。

5.3 包含量子機制的「中值機制」是活性的「靈魂」

如果「大數據」問題得不到處理，生命系統隨時就會有崩潰的危險，而生命中的「中值系統」，卻似乎能以最簡捷的形式，助益問題的圓滿解決。

例如，預先「設定」好的「中值系統」，對於各種擾動資訊，具有巧妙的蒐集和因應能力。任一微小的「中值」體系中，核心和兩翼，因為都存在電荷簇，而有量子磁矩。量子磁矩會隨著擾動發生的量子位元重新分布，而產生與「中值」核心相對的磁矩變化。磁矩的方向和大小變化，會隨著參與其中的微觀物質（如神經傳導物質等帶電物質）的規模增大或減小，形成更大範圍磁單位變化，從而形成改造「中值」閾值的訊號機制。正是這種機制，為系統最終的自適應「維持穩定」提供保障。

大規模磁單位的合作運動、貢獻訊號的細節過程可能是：在大分子到量子層之間的物質域，有大量攜帶不同電荷分布的非生物質、生物質、基因、信使等物質和能量團活動，會形成一定的量子位元和磁單位機率密度；在相對「穩定」的稠密區，將存在機率化的磁強度和磁矩；這種磁強度和磁矩等，會形成磁矩集合；磁矩集合在與基因、信使等大分子團互動中，會分別發生生物慣性和阻尼效用，這相當於基因等和磁矩集合相互都得到了某種感應或「感受」。例如，當這些磁矩集合與基因忽遠忽近地接近時，就會對基因或基因團的固有「中值」模式形成不同種類和程度的擾動；擾動的大小是否與距離平方成反比，是否存在某種邊際效應等微觀量的關係，都不是最重要的。重要的是，當磁矩集合相互的密度、規模及庫倫作用力達到一定程度時，一定有峰值產生，並會突破基因等大分子中的能量閾值，形成基因的開關、摺疊等互動反應。閾值突破的情形，會形成不同級別的累積，繼而形成不同級別的中觀訊號回饋。

當以「中值」偏離程度為數值的中觀訊號增大到一定程度時，就會衝

第 5 章 活性啟源：量子機制形塑生命反應

擊相對宏觀層次的物質結構組織，從而讓某些神經末梢感受到；神經末梢會依據衝擊強度大小，得出與偏離正常「中值」大小正相關的某種類型和某種程度的刺激資訊；神經末梢將「感受」到的資訊，透過其固有通道逐級上傳，實現更宏觀層次的感覺資訊蒐集和處理。

簡而言之，在「中值」附近存在磁矩集合，其偏離振盪幅度越大，「中值區」就會傳出越不舒服的訊號。磁矩集合透過訊號類型和強度，蒐集綜合巨量的微觀資訊。

更具作用的是，以上「中值」運動過程，其實是自適應機制，該機制具有將大量微觀訊號分級篩除的作用。一些微觀不舒服和微觀痛苦訊號，因不足以開啟上一級媒介的能量閾值而被隔離；部分進入神經的訊號，因被「動物腦」（如交感和副交感神經中樞、小腦和腦幹等爬行動物舊皮質）等原始固定模組處理而不再上報；最後，只有那些固定模組處理不了的、少量的、大的痛苦和不定因素，被上傳到了主觀意識。

在「中值」自適應變化機制中，層層閾值、層層篩選過程和具有一定資訊處理功能的神經和組織，分別完成了大腦主觀難以勝任的繁雜工作，使看起來繁雜而又艱鉅的「大數據」問題，得到化解和處理。

「中值」的自適應變化過程，其實是一種自適應模型。在這個模型運作中，大量的微觀訊號活動，既能被準確、有效地處理，又不被主觀意識所覺察，從而為主觀能夠專注於重大事項挪出了時間，為大腦實現更具全域性和策略意義的意識活動，提供了方便。

需要注意的是，為這些巧妙數據處理機制提供支撐的並不是「智慧」，而是原始的、毫無智慧的物理「中值」。

3)「中值」定義生命的意義和目標

事實上，無論是生命對吃喝拉撒睡等生理需求滿足的索取過程，還是生命對精神生活滿足的追求過程，乃至社會性的生產、活動和探索過

程，都可歸屬為生命為了達到和維持自身最佳舒適狀態，而對自身和外界環境進行調適的過程。簡單地說，幾乎所有的生命活動都可歸為追求舒服，舒服是一切生命的核心需求。對舒服的追求，誕生了美的追求及相關藝術和奢侈品，甚至，所見的大部分人工建造，均與利益方對身體和精神舒適性追求相關。

也就是說，揭開追求人生意義的面紗，其下存在著一些赤裸裸的舒服需求，而每一種舒服下面，則是一些原始的「中值」閾值。毫不誇張地說，所謂的生命意義，就是對「中值」的追求，因為「中值」定義了生命的目標和意義。

4)「中值系統」以「隱態範本」的形式維持著生命穩定

如果一個人所有的感覺和指標正好都是最佳的，那他的狀態就可稱得上是一種範本，或可作為其他人生命狀態是否最佳的參照標準或「範本」。

然而，由於每個人的物質結構和感覺系統都有很大的不同，其最佳狀態並不能用他人的狀態來套用。特別是每個人的最佳感覺並沒有固定的模式，但人們卻實實在在地感受到自己的最佳狀態，這意味著每人都有自己的一套最佳參照範本。

那麼，個性化的最佳狀態範本是怎樣的存在呢？這與它們的「中值系統」構成相關。

能呈現出最佳狀態的「中值系統」，並不是由一個或幾個「中值單元」所組成，而是無數分散在「中值區」和相應點位的集合；「中值系統」也沒有固定的空間分布形式，而是包括動態反應鏈條和過程的集合。當某一生命個體內各個部分、所有動態的物質和能量狀態都處於「中值」位附近，與其生命的「活性」和自穩定相關的能量代謝、免疫拮抗、神經反射、循環機制等流程處於「最理想的工作狀況」；當其全身處於舒服良好

第 5 章 活性啟源：量子機制形塑生命反應

狀態時，就達到了完全的最佳化。此時此境，才算得上是該生命個體的最佳狀態範本，也才是對該生命「中值系統」的真實反映。

因此可以說，「中值系統」其實是一種綜合且抽象的「範本」，它是無數最具保護性和維持作用的生命分支運動、分支流程、分支狀態的總和。

最佳狀態「範本」具有度量衡作用。最佳狀態「範本」隨時透過舒服的程度，為個性的肌體，從不舒服向舒服調整過渡提供方向、座標和參數依據；它為各種偏離提供回歸目標、路徑和行為模式；它用看不見的 yes、no 開關和「if-then」條件語句發揮規定、標準作用。例如，當生命與內外部因應時，會用舒服這個「中值」性質的抽象「範本」，迅速簡捷地判斷溫度、溼度、發光強度、聲音、氣味、情緒、受力等能量過程對「中值」擾動的程度；用種種偏離量的隱性存在，以類似標量性或向量性的數據性效果，描述、判斷利弊和威脅等級。

最佳狀態「範本」具有高度隱藏性。分布於身體各處的「中值」和大小不一的「中值系統」，像無數無形的天平，時刻衡量著生命的種種遭遇；尤其是組成「中值系統」中不可見的電荷簇，像無數分散存在的演員，隨時會有一部分冒出來擔當不同任務。例如分散的、沒有實體連結的量子級電荷簇，會因某種機制的召集作用，參與到不同功能的協同性運動中；在生命的某些功能處於不執行狀態時，電荷簇也會寂然不動，這些情形都將使本來就缺乏物質連結的它們，很難被普通觀察所發現。尤其是「中值」舒服區，基本上不向外發出感覺訊號，始終處於隱性和蟄伏狀態，這就使得「中值」及其相關的量子活動，好像從未存在過一樣。因此，由「中值」組成的所謂「範本」，具有很深的隱藏性。

5)「中值」應是一切有機「活」現象的基石

生命的穩態既是一種狀態，也是一種目的，「中值」維護著穩態，「中

值系統」是對穩態的表達。一方面，生物體的種種回饋性選擇，無論那些回饋的形式是物質轉運型還是離子通道型，都是面向「中值」產生的；另一方面，生物體的回饋性控制，無論選擇屬於 Yes-No 型、比率型還是別的什麼型，都是相對於某種「中值」而做出的。

推而廣之，社會組織的形成和活動，都可歸為個體生命「中值」和選擇機制向社會範疇的廣義化。例如，各類經濟活動、各種談判、種種利益競爭中所遵循的「納許均衡」等，都是面向生命「中值」的回饋性調控。

可以說，包括量子化機制在內的「中值系統」，應是小到拮抗和免疫，中到生命物質結構的形成，大到社會活動等一系列生命有機活動的核心支撐和參照，是一切生命「活」現象的基石。

「中值機制」作為生命穩態的維護機制，有很多種形式。以下介紹的幾種作用，尤其具有基礎性。

5.3.2　廣義化或擴展了的「中值機制」及作用

1・「反相機制」

生命是一個用「反相機制」維護自身穩定或自身的「中值系統」。

生命所受的擾動是全方位的，要存活，就須對全方位的擾動實施全方位的反擊，透過「反相機制」（類似抵消作用的消弭機制），生命實現諸多反擊性操作。如由感覺引導的眾多回饋機制，幾乎都與此相關。

由於「反相機制」是由負熵驅動，使生命的能量和物質變化，與自然物質中一直發生的衰變方向相反，故稱之為「反相機制」。又由於生命在「反相機制」中使用的相反能量或反制效能組合，與擾動能量或擾動效能

组合几乎是相等的，具有刚好够用、对等消除的作用，因此又可将「反相机制」称之为「反相消弭机制」。

例如，身体接触到过热的刺激，会马上给予反热能的回馈。实验证明，在人的下视丘前部，分布著热敏神经元和冷敏神经元，分别对应著产热和散热反应。当热敏神经元受到血液或外部高温刺激时，会启动散热反应；相反，冷敏神经元受到冷的刺激时，就会启动产热反应。这说明「体温调节的高级中枢是下视丘」[059]，还说明人体靠「反相机制」维持体温。类似地，给眼睛强红光的视觉刺激，会马上产生反红光能量；若用红光照射眼睛，然后拿掉光源，短时间内，视觉中会出现一种残影 —— 与红光反相的互补色 —— 青绿色。

在反相过程中，感觉会自动测量出刺激的种类、大小、时长、强度、区域，并立即「计算出」对等的「反相」能量，反相能量一般正好相当于消除刺激所需要的能量。如果预先储存在感觉受器中的反相能量，不足以应对刺激所需的反相能量需求时，感觉受器就会马上把「差额」向生命中枢「报告」；如果生命中枢透过比较，觉得情况「很紧急」，其中枢就按那些「差额」迅速调剂，供应给被刺激区。由于报告的是正好满足消弭刺激量需求的反相能量，就像你刺激我 +5，我回给你的是 -5，正负相抵，一点也没有浪费和不足。感觉的反相抵消机制，既实现抵抗环境扰动的作用，又达到经济、高效能，形成生命的一种自适应。

正像因应的本质是量子机制一样，生命的「反相消弭机制」也起始并归因于量子机制。量子级的「反相机制」，在低等植物的生命运动中就普遍存在。例如，通常看到的植物大多是绿色的，我们会认为绿色是植物本体的颜色，其实不然。真实情况是，植物的本体因不需要而讨厌地向

---

[059] 刘琛. 人体的发热和体温调节 [J]. 生物学教学，2011，36（10）：69[2019-12-01]. http://www.cnki.com.cn/Article/CJFDTotal-SWJX201110038.htm. DOI：10.3969/j.issn.1004-7549.2011.10.035.

5.3 包含量子機制的「中值機制」是活性的「靈魂」

外反射和拋棄了綠色，並吸收了藍色和紅色。植物拒絕並丟擲綠色光的過程，用量子級的相反能量表達了好惡需求。這種因不需要而反推出相反量子的「反相機制」，應該是從低階生命到高階生命普遍存在的、量子級別的能量交換機制。

對於前面提到眼睛受紅光照射後的殘影是青綠色的「反相機制」，似乎不該只點到為止，這其中還藏著某種更具普遍性的東西。

眼睛先被強紅光照射，移除光源後，視覺中出現青綠色殘影，這涉及補色原理。所謂補色，就是當看久了某種顏色時，閉上眼睛，在遺留的視覺中，有與那種顏色相反的顏色訊號存在。生物學家早就認為這是人的一種功能。人們知道這種現象的存在，也會利用補色原理搭配色彩，帶來視覺的舒服感，但很少討論形成這種現象或功能背後的量子機制。

視覺的補色功能，其實是視覺在用「量子技術」實現自我保護。由於感覺是透過反相機制對抗刺激以維護生命「中值」穩定的，視覺作為感覺的一種，它也應該以反相機制來保護視覺系統。不吸收或反抗光源色的兩種互為補色的顏料，合起來是灰黑色。而視覺所受的光刺激色，如紅色，與視覺產生的補色，如青綠色，合起來也恰好是灰黑色，這既說明視覺中存在反相機制，也說明生命用灰黑色來定義能夠保護視覺系統的「中值」，還意味著補色反應背後存在一種帶有中值性保護作用的中值性色覺。當視覺遭遇有害的非灰黑色的光刺激時，就會立即啟動某種對應機制，產生與之抵消的光色，並中和成需要的灰黑色。身體這種在光譜上的能力，顯然屬於量子層面的反相抵消機制，該機制更像是視覺中存在補色現象的謎底。

除了以上所舉例子中存在量子級的「反相機制」，在生命其他眾多的保護性功能中，也都隱含著類似機制。例如，在生命自發的各種痛與痛

第 5 章　活性啟源：量子機制形塑生命反應

的緩解、怒與遏怒、發散感與收斂感等能量和資訊活動中，在身體自發的「熱則寒之、寒則熱之，實則虛之、虛則實之」（這些自發機制被中醫作為激發體內力量、治病的法則）的對立性反制機制中，都存在量子級生物資訊參與的「反相消弭機制」的作用。

「反相消弭機制」既能在微觀的每一環節中發揮制衡作用，也可在中觀為細胞級的殺滅威力提供動力，還可以宏觀功能的形式實現種種反制性調節。例如皮膚受冰刺激後，反而變熱的過程；人剛進入噪音區難以承受，慢慢覺得能夠承受、適應的過程等等，看來都可歸因於量子級反相消弭機制的做功。綜上所述，我們已不能不說「反相機制」是生命「中值系統」穩定作用的一部分了。

2.「規則和程序化鏈」

生命隨機而動的自適應，並不是隨意和無規則的，而是有規則的。對每一次外界的刺激，生命的內在都使用演化來的規則應對，並實施程序化處理。

在意識的量子級比對（見第 7.3 節）和基因等微觀物質的作用下，生命能夠對擾動帶來的異樣和不同，以及對生命穩態的危險和威脅等級，進行迅速地衡量與判斷。與此同時，生命會採取「先主後次、先急後緩、實則虛之、虛則實之」的原則，自動進行能量救濟或調配。

最符合邏輯的是，有兩種機制促進了生命執行規則的建立。一方面來自生命外部的自然選擇。因為，凡是不遵從「先主後次、先急後緩」規則和程序的生命，均遭到自然環境毫不留情的淘汰，活下來的，正好是遵從規則的生命。它們看起來像是在自覺「遵從」，事實上是被自然選擇淘汰後的幸運剩餘。另一方面是來自生命內部的「中值機制」。它透過一些微觀閾值實現調節，如果超過閾值，生命就會死亡，存活下來的都是

被某種「中值系統」修整後的忠實踐行者。

其中,在「先主後次、先急後緩」規則的實施中,生命往往以臨時關閉次要方面的供給,或以捨棄次要功能為代價,達到「棄車保帥」的目的。例如,一些自癒程序往往伴隨著不太要命部位的疼痛反應,這是生命為了維持更核心臟器的修復,關閉了肢端的能量供給,出現的能量調劑性反應。這時如果採取頭痛醫頭、腳痛醫腳的治療方案,硬性開啟被身體自動關閉的那些不重要通道,就會危害生命核心利益,並打亂身體全域性綜合調理自癒程序。這就不難理解為什麼在激發生命自癒程序以維護平衡穩定方面,中醫的「陰陽平衡」綜合調理觀,有時更具優勢。

也就是說,雖然一些「棄車保帥」類的生命程序的執行,會不利於個別環節的「中值」存在,甚至會損害那裡的「中值」狀態,但從整體來看,生命的這些程序,卻在維護著更大「中值系統」的穩定。

3・「宏 —— 微」動態互控

究竟是宏觀意識在統御微觀細胞,還是微觀細胞掌控著宏觀意識?這是個有待探究的問題。

生命中存在著宏觀自適應和微觀自適應,時刻處於「大管小」與「小管大」的勢力博弈中。這會讓人產生疑問,兩者互相指揮,沒有主次之分,決定權相同,會不會產生矛盾?是不是某一方更具主動性?

要解釋這些疑問,將涉及生命中不同物質層次事物間的跨級連結問題,還涉及生命的功能和結構(形態)之間誰決定誰的問題。這種看起來複雜的問題,可以用以下簡單邏輯予以粗略解釋。

眾所周知,在熱的作用下,水分子的布朗運動會因加劇而蒸發為雲。如果問,是水分子的微觀布朗運動決定了宏觀雲的產生,還是宏觀雲決定了水的微觀布朗運動呢?人們可能會堅定地說,是微觀水分子的

第 5 章 活性啟源：量子機制形塑生命反應

布朗運動更具主導性，它決定了宏觀雲的產生。好！如果把雲換成瀑布，瀑布中的水分子也在做布朗運動，那答案還是微觀的布朗運動決定宏觀瀑布的產生嗎？這時人們可能會持否定態度。人們的判斷之所以有這種變化，是因為覺得瀑布的位能大，其能量更具主導性。其實，以上事例恰好包含了對宏觀和微觀互控機制中誰更具主動性的答案。

事實上，任何事物都處在相互巢狀中，物質相互巢狀，能量也相互巢狀（一般被稱為相互作用或影響），事物在相互巢狀中產生互控，並有條件地更換主導方。當事物的宏觀層次具有更大位能時，表現為宏觀運動決定微觀運動；當事物的微觀內能具有更大位能時，表現為微觀運動決定宏觀運動。而其中的位能大小，都與環境能量相關（如上面事例中的環境，分別有熱和高差的存在），即事物宏觀和微觀的主導性，是受內外環境影響的，是環境條件影響微觀與宏觀不斷衝突和主導方的動態變化。在環境不斷變化的條件下，生命中沒有絕對的主導方；因應環境的變化，宏觀與微觀常處於互作（相互作用）和互控中。生命的自適應就在這種互控中形成。

更深刻地看，生命的宏觀與微觀互相影響和掌控的過程，終歸是為了達到生命需要的平衡，而那種平衡，其實包含量子活動在內的「中值系統」的穩定之中。

不難看出，以上介紹的「反相機制」、「程序化鏈」和「宏─微」互控等，都是量子級「中值機制」的擴展與廣義化，量子級「中值機制」才是更基本的活性模型。有量子活動參與的「中值機制」，可稱得上是生命活性的「靈魂」。

縱觀生命的發展程序，生物慣性和量子級「中值機制」不僅能以一種底層的物理機制，助推出生命的種種有機活性，而且能以永不止息的能力，助推出生命的自組織和自適應，使生命的活性發生新的質變。

5.4　生物慣性和量子級「中值機制」助力「活性」升級為自組織和自適應

世界上最出色的分子模型藝術家之一 David Godsell 感嘆道：「細胞的內部結構異常精妙，所有東西都在適當的時間處於適當的位置。」[060] 事實上，不僅細胞如此，生命中所有物質和能量的自動交換過程也是如此。

生命是依賴什麼，實現如此巧妙至極的安排？

答案是：自組織和自適應。

作為基礎動力，生物慣性不僅決定生命內在矛盾的運動形式，湧現出原始「活性」的徵兆，還進一步透過「中值機制」推動、湧現出更高階的活性──有形的自組織和無形的自適應。有形的自組織屬於物質結構的自動搭建，無形的自適應屬於功能的自動適合。兩者互為依託、相互促成、須臾不離，呈現出物質層面和功能層面的自動契合與完善。

5.4.1　包含量子機制的自組織形成機體

1・自組織現象

自組織是物質從低等秩序過渡為高等秩序的現象與過程。

在了解自組織前，先了解什麼是重組織。重組織可簡單地理解為一種用人工重新編組的過程。例如，在人工製作中，把一團亂麻拉伸調整成順直的麻匹，又將麻匹紡成線，由線織成布，再把布做成衣，這就是將一種

---

[060] 造就 Tolk・生命即藝術：美得驚心動魄的細胞內部圖 [EB/OL]．(2020-05-27) [2021-01-02]．https://k.sina.cn/article_5713422924_1548bea4c00100yhnn.html?cre=wappage&mod=r&loc=3&r=9&rfunc=7&tj=none&wm=3292_9008．

第 5 章　活性啟源：量子機制形塑生命反應

秩序變成另一種秩序的重組織過程。重組織過程是由人工體能和智力直接介入下的組織過程，屬於人工重組織，人類通常將其稱之為製造。

在自然變化中，也存在從低秩序變成高秩序的重組織過程。例如，在物質形態之間，從水蒸氣變化成雲朵，由雲變成雨或雪，以及由水變成冰的過程等；在生命形式之間，由蛹變為蛾、由受精卵變為成人的過程等，都有重新組織過程，這類重組織由於是在非人工介入下自然形成的，故屬於自然重組織，可稱之為自組織或自組織現象。

2・自組織的條件

「幾十年來，生物學家和物理學家一直在推測生命物質的普遍機制，但關於分子過程的研究，主要集中在辨別令人眼花撩亂的大量相關分子上，而不是闡明它們自我組織的機制。」[061]〈探尋生命的物理學〉一文中為此舉例：有人用肌動蛋白和驅動蛋白混在一起形成的「活性物」，研究鳥類和魚類群體行為模式，慕尼黑工業大學物理學家 Andreas Bausch 領導了最早的精確定量試驗之一。他和同事將肌動蛋白和肌凝蛋白混合在一起 —— 前者是形成複雜細胞中大部分骨架的「細絲」，而後者是在肌動蛋白上「行走」，且使肌肉收縮的分子馬達。對於觀察到的這種分子級的「活性」行為或自組織行為，文章說，還沒有任何理論能解釋這種行為。意思是，僅從分子層面研究，還無法揭示自組織的本質。

這篇文章對傳統生命研究思路的針砭絕無惡意。那種僅觀察分子層次現象或僅用分子層次物質的拼接、混搭機制去解析自組織現象的做法，相當於僅用可見性事物去解釋可見與非可見事物共同作用的綜合現象，其目的的確很難達成。

[061] 宗華．探尋生命的物理學 [N/OL]．中國科學報，2016-01-18（3）[2019-02-26]．https://news.sciencenet.cn/sbhtmlnews/2016/1/308491.shtm.

5.4 生物慣性和量子級「中值機制」助力「活性」升級為自組織和自適應

自組織現象雖然表現在分子層以上，但其動力機制卻在比分子微觀多的不可見層次發生。自組織過程更多的是能量和資訊機制在主導。因此，對自組織原理的求證，不應僅從物質層面去探尋，還須從不可見的能量和資訊機制去剖析。

筆者認為，實現自組織，應該具備如下條件：

(1) 要有能量重組（本質上是生物慣性推動下的能量組合）。任何重組都需要某種能量，沒有能量就不存在運動，能量的重組可為自組織提供必要的動力條件。

(2) 要有物質重組，即空間重組。新秩序作為一種新的空間結構，必須以舊秩序空間位置的破壞為代價，只有舊系統被破壞，其中的構成要素才能游離出來，才能變成新秩序中的一部分，也才能為新組織提供物質條件。

(3) 要有資訊重組，即執行規則的重組或生物慣性流程的時序性重組，是重組後得以正常運作的必要條件。

有了以上條件，舊秩序中的能量、物質和資訊運動慣性和運動流程，才能被深度破壞和改變，才能實現舊的慣性系向新的慣性系的重組性變化，也才能形成包括能量、物質與資訊三位一體的新慣性系。

那麼，具備了以上條件，自組織的重新有機整合又是如何具體實現的呢？

一是形成反叛自然欲望的「慣性裹挾」（見本書 2.3.1 4-5），會以「獲得性自建」和「遺傳性自建」等生物慣性勢力，聚集物質、能量和資訊，以打破舊秩序，產生新連結、新秩序和新的生命組織；二是生命能依靠自組織形成的新「中值」或新的最佳連結，保障新系統的穩定執行。可以說，是自組織不可或缺的動力模型—「慣性裹挾」和「中值機制」助推了自組織的具體實現。更具體的，還有在新舊秩序轉換的自組織過程中，存在突破混沌的博弈。

3・自組織深層存在兩股生物資訊勢力突破混沌的鬥爭

更深一層來看，事物在自組織的量變和質變過程中，存在突破混沌的鬥爭。

組織前和組織後兩個不同時段的物質，具有不同的物質結構或物質秩序。每當用某種標準和視角觀察兩物質秩序間是如何過渡時，將發現「過渡」是一種混沌狀態，即物質從一種秩序狀態到另一秩序狀態的質變，都會經過一個混沌的過渡狀態。混沌過渡包含自組織理論的耗散系統問題、協同問題和突變論問題等若干自組織機制。

橫向來看，混沌態是同一層面兩種（或兩種以上，這裡只討論兩種）不同物態之間的臨界層。無論這個臨界層在空間上厚或薄，時間經歷上長或短，都發揮著相變的母體作用，承載著從一事物發酵質變為另一新事物的醞釀，即秩序的醞釀層。

醞釀層作為兩種物態間的過渡層，是新舊兩種能量勢力的博弈戰場。在醞釀層，舊體系的秩序被絞碎，原有秩序中的元素發生游離，為下一秩序的建立提供可能；同時，新物態的秩序，存在對舊物態秩序的排斥和改造，也存在對質變改造完成部分的選擇性吸收。透過對舊秩序的排斥和對新秩序的肯定與吸收，達成秩序重組。絞碎、游離、排斥、選擇、吸收，是混沌這個臨界膜兩端秩序力量相互異化（同時也是相互同化）的鬥爭。

縱向來看，混沌態是不同層面物質結構之間的臨界態。在縱向結構中，原子內的電子運動受原子核的嚴格制約；原子的運動又受分子活動制約；分子活動受到宏觀物質結構的制約⋯⋯往上遞推，還有很多。不難看出，任何點，無論巨微，都受宏觀和微觀兩種秩序（分別對應著內結構力和外結構力）的影響。即任何個體，都是內秩序和外秩序鬥爭的產物或中間態；任何事物都等同於微觀與宏觀秩序之間的混沌過渡態。任何層面的事物，隨時會因內結構力的強大，而繼續留在原有秩序中，或

5.4 生物慣性和量子級「中值機制」助力「活性」升級為自組織和自適應

繼續維持該事物的內結構；也隨時會因外結構力強力爭奪，而逃離原有秩序，充當外結構中的一部分。

由上分析可以看出，自組織過程的混沌過渡，是一種秩序慣性系與另一秩序慣性系之間優勝劣汰的能量競爭。鬥爭的結果，無論是在橫向和縱向空間上，混沌層作為兩種秩序間的分界線，最後總是向鬥爭劣勢方擠壓和移動，使優勢一方所占的空間越來越大；而在能量性質上，混沌層總是新舊能量的算術疊加態，表現出某種暫時的中和均衡。對混沌層是兩種秩序鬥爭均衡態或中間態的認知，老子的表達十分簡捷，他說：「萬物負陰而抱陽，沖氣以為和[062]；另一些人的表達也很經典，如有的說：「生命是非線性地從有序到無序之間的來回擺動。」[063]

更基本的是，在以上混沌秩序鬥爭的中間態中，有基本粒子活動。這意味著，突破兩秩序間的混沌，實現秩序間能量交換的自組織過程，是包含量子機制在內的生物資訊的重構過程。

5.4.2 包含量子機制的自適應形成功能

在生物的漫長演化史中，有些生物逐漸消失，有的一直延續到現在還族群旺盛，這都是「萬物競爭，適者生存」規則作用的結果。特別是在「適者生存」宏觀表象背後，有一系列包含量子機制的自適應功能，在生命內部做基礎性支撐。

---

[062] 張永路．「和實生物」與中華文化的早期生成論 [J]．天津社會科學，2022（03）：154-160．DOI：10.16240/j.cnki.1002-3976.2022.03.016.

[063] 善行無跡．無序 VS 有序—我們身體中的非線性系統 [J]．科學 FANS，2017（11）：22-23．DOI：10.3969/j.issn.1007-4880.2017.11.004.

第 5 章　活性啟源：量子機制形塑生命反應

1・什麼是自適應

　　自適應與自組織是生命「自動化」活性運動的兩個方面，自適應更側重於功能的運動，自組織更側重於結構的變化。自適應是相對抽象的、能量性的運動，是生命透過內外能量交換、實現自我平衡的過程，是與時間相連結的程序性的運動；自組織描述的是實體性的變化，屬於物質性、結構性和空間性的運動。兩者是不可分割的整體。

　　一方面，自適應包含在自組織過程中，並在自組織過程裡發揮作用；另一方面，自組織在自適應功能的運作中產生，透過自適應，得到物質結構的興建與完善。因此，自適應與自組織存在生命同一「活性」程序、同一目的、同一現象之中。

　　特別是，自適應作為維護系統自穩定和秩序的功能，是生命演化出的面對各種干擾的自我修正。例如，自適應可實現對干擾範圍、干擾強度、偏差大小、承受能力等的自我評估，並據此形成對自身能量物質變化模式的修正，推動機體回歸到正確狀態。因此，自適應是生命在與內外環境因應中自我評估、自我修正的自動調適過程。

2・自適應的表現

　　秋天樹木會落葉，人熱了皮膚會排出汗液，均是生命的自適應現象。

　　自適應的表現遠不止這些，它涵蓋範圍廣泛、跨度很大。自適應不僅包含微觀層面的自調整和免疫反應，也包含宏觀感覺和意識層面的反應。如微觀層次的表現有：細胞對酸、鹼、鹽離子等化學物質的濃度變化作出的生化反應、對細菌和病毒侵入作出的免疫調節等。宏觀層次的表現有：身體對溫度和空氣變化、對壓力和疲勞作出的生理反應和調整等。甚至人類對利益得失所做的高等智慧性應對，也屬於自適應的範疇。

5.4 生物慣性和量子級「中值機制」助力「活性」升級為自組織和自適應

3・自適應功能在量子機制助力中不斷進階

　　事實上，自適應本身就是一種功能。生命有多少種自適應現象，就大致對應著多少種功能。如果說，自然和社會迫使生命產生的自適應現象是無窮的，那麼，生命從宏觀至微觀的功能也將難以計數。

　　上面說的是自適應與功能的關係。然而，自適應功能又有怎樣的形成機制呢？

　　產生自適應的機制，並非像自適應功能和現象那麼多，而是少得很。簡單地說，自適應機制主要來自量子級的「中值機制」，這已經在前面的內容中做了詳細闡述，在此不再贅述。

　　雖然「中值機制」在產生自適應機制中發揮主導性的作用，說自適應機制就幾乎等於是在說「中值機制」，但為此不再細說的自適應機制，總歸是「中值機制」的進階，是比「中值機制」更具綜合性的機制。

　　進階後的自適應綜合機制，有與自組織機制同一層面的矛盾運動，並在更高級別的生命活性現象——免疫機制和功能的形成過程中發揮重要作用。

　　由於免疫機制並非自適應機制的「獨家」產物，其免疫生成過程有更多方面的參與，故此，特將免疫機制的產生，作為一個專門問題予以闡述。

第 5 章　活性啟源：量子機制形塑生命反應

5.5　「中值」、自適應和自組織形成免疫反應

從物質角度說免疫機制，往往把免疫的感應、反應和效應三個階段和免疫的監視、防禦、調控作用，直接分解到一系列物質承擔者（如免疫器官、免疫細胞和免疫分子等）身上，或直接分解到特異性或非特殊性免疫等功能和物質生化程序中，這的確很實用，且直抵目的。但是，要弄清楚那些免疫感應、反應和效應的物質承擔者如何升級演化？那些監視、防禦和排除抗原性異物的功能及那些微妙的像有靈魂指點般的物質生化程序憑什麼發生？是什麼機制和動力推動它們準確且不迷失方向地、原始地形成？這必須從物質、能量和資訊綜合發生學角度進行溯源。而「中值」、自適應、自組織等非物質性的能量和資訊程序，或許蘊含著免疫物質「智慧」般運作的基礎性答案。

5.5.1　免疫機制在自組織和自適應的鍛造中成熟

概括地說，所有複雜的免疫功能，都是自組織和自適應過程，自適應是自組織的鍛造過程，自組織是自適應的固定形式。也就是說，免疫功能是生命透過自組織和自適應反覆鍛造的結果。

自組織和自適應機制為恢復生命最佳狀態產生免疫的鍛造過程並非一帆風順，而是一直發生從不穩定的、隨時漂移散失的流程，向穩定、不易散失的流程的挑選與過渡。只有經過長期「修練」（特指由生命自演化過程，不包括人工疫苗的體外培養和基因編輯）的物質變化流程和能量運動過程，才會被延續、保留、固定下來，成為穩定的免疫功能。因此，免疫功能——特別是非特異性免疫功能（與生俱來的先天性免疫功

能）——是無數代生命中遺傳物質的自組織流程（生物慣性）和自適應的變異性累積（生物慣性）「修練」的成果。雖然後天形成的特異性免疫未經長期「修練」，但其偶然的、不固定的形成過程，也有先天生化慣性在發揮基礎性的作用。

以上所謂的「修練」成果，是說免疫應答是更高等的自適應功能，高等的免疫應答比形成它的初級自組織和自適應更具清晰的目的性：它更知道該消滅什麼，該保護什麼。

然而，免疫應答的目的性並不是有意識在操作，而是一種自然選擇。

例如，某種結構的抗體正好能夠消滅某種型號的病毒的某種「目的性」，形式上經過了這樣的過程：吞噬細胞攝取抗原資訊，傳遞給 T 細胞產生抗體，再由 T 細胞將抗體蛋白傳遞給 B 細胞（或經血清直達 B 細胞），B 組織使抗體擴增，抗體與抗原結合，使病毒失能，並形成對病毒的二次辨識記憶。而這個過程，其實是在生物慣性作用「衝擊」下形成的免疫力偶然進階。如 B 細胞的生物慣性運動會衝擊出大量、相互不同的 B 細胞抗原肽 MHC1 樣本，其中，只有一組樣本的物質組合恰好可以形成對目標病毒的箝制，該種箝制物質就成了被自然「選中」的「武器」樣本。

因此，看起來像精心設計的、有目的殺死病毒的免疫程序，其實只是物質和能量偶然的組合。

進一步，在偶然「武器」樣本存在的地方，宿主物質會得到存活並形成優勢區，這為免疫功能的傳承打下了基礎。這個過程看起來又像是被特意得到了固定和「打包」封裝，而實際也是生物慣性的促成。

整體而言，慣性、自適應和自組織在以上程序發揮基礎性作用。

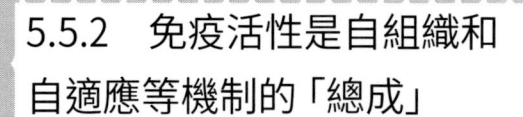

5.5.2　免疫活性是自組織和自適應等機制的「總成」

當人們看到免疫細胞在主動地追殺病原體時，以為免疫細胞具有「智慧般的」機制，其實不然。事實上，就像一套活靈活現的程序，是由許多 if-then 類簡單語句或模組巢狀而成一樣，免疫活性是由因應、生物慣性、自組織、自適應等機制綜合巢狀而成。

簡單地說：

因應為免疫活動提供基礎的資訊素材。作為一種資訊交換過程，因應在形形色色的物質和能量擾動中，為免疫活動的產生和發展，蒐集最原始、最豐富的資訊。

生物慣性為免疫提供持續動力。作為一種勢力，生物慣性攜帶著包括量子活動在內的物質、能量和資訊，推動著包括免疫在內的各種活性運動。

自組織為免疫提供最佳物質組合。該機制作為一種物質交換和結構重組過程，以細胞級或分子級等的物質變化，為免疫提供必需的物質連結和可靠的「硬體」保障。

自適應為免疫提供合適的運動路徑。自適應機制作為一種能量和資訊重組過程，在與干擾源鬥爭中，可在極短的時間裡，以量子級（如電荷簇）的訊號交流，為免疫提供比對、判斷、識別和方向修正（如在抗原肽的辨識活動中，會發生「鎖 —— 鑰」式的量子級訊號交換等），避免因資訊混雜導致免疫混亂，這就使免疫戰爭統一步調、很少迷失。

有量子活動參與的「中值機制」，為免疫提供精準數據。「中值機制」作為生命利益的最底層、最敏感的物理機制，可為極其頻繁、劇烈又種類繁多、複雜的擾動提供修復平衡所需的即時、精確的資訊流，並為免疫抵抗定義目標與任務。

5.5 「中值」、自適應和自組織形成免疫反應

可以說，免疫機制的活性是由更具體的、帶有理化性質的、對生命有保護性作用的多種機制的整合。

5.5.3 意識也產自於免疫

把免疫反應與智力反應當作兩種孤立的事物來看就不對了。事實上，免疫反應與智力反應之間有著深刻的淵源。其中，智力反應脫胎於免疫反應，是免疫反應的高階形式；免疫反應是智力反應的源頭和基礎。從溯源的意義上來看，它們都是自組織和自適應的重要部分和表現，都是「生物慣性」的衍生。

相對於免疫機制，智力反應關聯的資源更多、過程更複雜。智力反應開啟於生物慣性運動，繼承了「中值」保護、反向調節等免疫微觀機制，升級、演化成宏觀的神經中樞反射和意識活動反應機制，成為比免疫反應更高等的應答反應。沿著這個線索可以看出，神經和意識活動就是高等的、反擾動的免疫反應。

就像有翅膀的螞蟻與沒有翅膀的螞蟻，雖然其運動的方式有著跨界的不同，但都脫胎於同樣的繁育基礎。運動形式有跨界不同的意識與免疫，也都脫胎於同一基礎——「生物慣性」和自適應。其中，經免疫脫胎而成的意識活動，更像有翅膀的螞蟻。意識所表現出的那些特有的運動形式和機制，雖讓人覺得有那麼多的不同和不可思議，但事實上，意識承載著免疫機制的所有特性。至於意識的「翅膀」是怎樣的？又是怎麼飛起來的？這顯然涉及一切更具巧妙的量子級生物資訊的轉置和有意思的細節。那些細節關係到生命的深層機制，因此，要深刻探究生命問題，必須對意識的形成過程與相關的量子資訊機制結合起來，進行深入的探討與分析。

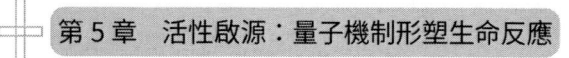

第 5 章　活性啟源：量子機制形塑生命反應

第 6 章
三種「覺」：感知的量子生成模式

　　導讀：生命靠什麼機制獲取最初級的資訊？生命存在跨距感知嗎？對於這類問題，本章按「自上而下」路線設定的「以資訊湧現程度為功能輪廓，找出功能及形態間的共享和巢狀關係」之方法，從量子級生物資訊機制角度，闡述了意識的初級形式──覺的成因及運動特點，對覺的三種形式──潛感覺、直覺和顯感覺（即感覺）的形成機制、屬性和作用等，做了嘗試性分析，同時猜想在覺的形成中，存在著資訊醞釀、「大者優先」等有趣過程。

第 6 章　三種「覺」：感知的量子生成模式

覺是生命實現資訊互動的橋梁，沒有覺做紐帶，生命內部和生命群體都將是一盤散沙。

從量子級生物資訊機制角度來看，覺屬於意識的範疇，是生命主體在因應互動中得到資訊並有所感知的過程，是以避險求生為目標和方向，以能量交換和轉置為採信過程，以負熵消耗及量子態資訊的能差為指標，以潛感覺、直覺和顯感覺為表觀形式，為「造物運動」慣性提供資訊保障的生物資訊因應機制。

如果不清楚覺是由目的性而發生的功用，不清楚各種覺統屬於量子級資訊活動，就會認為不同的覺各自為政，且容易混淆相互之間的作用關係。

6.1 對於覺的曾經困惑

曾經，有科學家嘗試用物理學觀點對感覺進行要素化解析。例如，恩斯特·馬赫在《感覺的分析》一書中說：「正是透過感覺，物體世界變成了我們能夠抓得到的東西」，「一定量的活力，在一個時間單位內，通過電流的橫切面，是什麼過程和分子運動促進那個活力，我們卻不知道。同一個電流強度，有極其不同的過程作為基礎。直到今天，我還不能排除這個思想，並且一定會證實實質上相同的思想（出現）。」[064] 電流當然是電子運動形成的，因此，以上觀點可稱得上是對感覺的量子化機制所做出的早期猜想。由於受當時技術的限制，馬赫坦誠地說：「不過，還是達不到本質」。

也許，正因把生命中的生物電活動只當作電流或能量去理解，而對電子的量子級資訊屬性缺乏了解，才使人們對感覺，乃至意識的機制，在很長一段時間難以深挖下去。人們也只能繼續沿用觀察和眼前的習慣，用生命中的種種可見性，來推導感覺（覺的三種形式之一）的本質。例如，可能把感覺理解成純能量的電流，或把神經的物質運動當成感覺，並把神經當作「輸油管」或「電纜」般，是輸送神經物質和電流能量的通道。

誠然，包括大腦皮質在內的、能看得見的神經，的確像是為感覺和意識提供物質和能量的「輸油管」、「電纜」管線。而事實上，管線及其運輸的物質和能量，只是一些媒介形式，其中的資訊和資訊形式，才是最關鍵、有用的。尤其明顯的是，在腦海裡燃出多彩「火焰」，以影像形式顯現的意識，其主要有用的是資訊和資訊形式，而不是能量和物質形式。也就是說，可見的實體神經管線與時有時無、不定態運動的感覺和

---

[064] 馬赫·感覺的分析 [M]·洪謙，唐鉞，梁志學，譯·北京：商務印書館，1986：285.

第 6 章　三種「覺」：感知的量子生成模式

意識，並不是同一個範疇的現象。神經是物質界事物，可繪製成線路；感覺和意識是物質、能量和資訊的綜合運動過程，是難以用簡單的線路圖來表示的。但事實上，人們卻常用繪製輸油管路線的方式，去認知感覺組成和意識機制。

用繪製的神經結構和測試通路中電流的有無，實現對感覺機制的經驗性分析，實用意義的確非常巨大。這種經驗性分析，用截斷試錯的方式，明白哪根神經管哪裡，從而能做出相應的病因判斷和連通性治療，但也容易因過度注重物質性連結作用，而忽視無形且重要的資訊形式。例如，不通過神經通道連結的直覺和潛感覺資訊，就常被視為是可有可無的。

為了更全面地分析覺的機制，這裡先試著對覺的發生歷程作一下簡單回顧，然後再對不同類型的覺，從量子級生物資訊層面，做一些整理與解析。

6.2 生物資訊機制視野中覺的發展歷程

覺的發生與發展，與生命從低階向高階的發展緊密相伴，在生命內外的物質、能量與資訊互動運動中，得到錘鍊並不斷升級。

先是非腦的因應機制期，屬於低階覺的產生和發育階段。這個階段的覺，蘊含在由量子級生物資訊慣性運動催生的自適應、反相抵抗和免疫等原始功能和現象之中。這些原始的功能和現象，包含著原始的潛感覺和直覺。

然後是專門化的神經和專門化動物腦的發育過程。在此過程中，因應機制升級成專門的感覺系統，如產生了被明確分工的視覺、聽覺等，和自適應能力更加強大的注意和比對。在此過程中，原始的潛感覺和直覺繼續存在，它們作為覺的重要成員，始終保持著對不同資訊的發現力。

在持續的「造物運動」慣性推動下，各種覺的資訊秩序級別和功能階級有了新的變化，產生新的組合，並有了質的飛躍，形成了活躍於生理基礎之上、更加靈動的大腦智慧，生命進入了自我意識階段。

從原始生命到高階智慧生命的不斷飛躍、進步中，覺的產生具有基礎性作用。

第 6 章　三種「覺」：感知的量子生成模式

6.3　覺的屬性

　　生命受內外環境的刺激，會使原有處於穩態或「中值態」的細胞、組織、電荷簇及電生理狀態等偏離中值，物質和能量運動開始相互受阻而產生覺。同時，細胞受擾動會積微成著，產生生物電活動，會以量子級活動湧現出不同的覺，生物電消耗活動會整體上降低生命系統秩序。

　　由此可以看出，覺是一種量子級的「湧現性」，源自量子「中值」的偏離，不同形式的「湧現性」會形成不同模式的覺，覺的實現過程消耗負熵。

6.3.1　覺是量子級生物資訊的「湧現」過程

　　覺中包含「意思」——一種包含生物電作用在內的量子化資訊。覺因有眾多特殊的「意思」，而能完成不同的資訊職能，本質上，覺就是意思。覺中的「意思」，或稱之為覺意思，具有雙重性：一方面，覺意思是客體能量與主體的因應程序，另一方面，它是一定程度的「湧現性」。

　　「湧現性」，是指組成事物的要素達到一定的量，方可顯現的現象。覺是透過不同規模（如總量和密度）和不同運動形式的量子湧現過程而實現的，分別對應著覺的強度和類型。強度的湧現，如紅外輻射達到一定程度時，才可湧現出某種機率的溫度覺；類型的湧現，如能量性資訊呈發散性運動時，可湧現出施放或膨脹感。美國科學家亨特和斯庫勒 2019 年共同發表的觀點，明顯支持覺由累積所湧現的這種見解，他們認為，人類擁有的是「宏意識」，給予我們自我感和存在感的複雜意識，是基於「許多宏意識要素的共振」。在大腦各個物質層面單獨發生的振動相對簡單，但結合起來後，變得極為複雜，讓我們擁有了自我意識。[065]

---

[065] 葉子·人為什麼會有意識？一切可能都與振動相關 [C]/·科學與現代化 2019，078（1）：13-17.

覺的湧現過程是不受主觀支配和制約的客觀程序。例如，不同人種對同一種美的事物，不經翻譯，都會有共同的感覺體驗；受到同樣的針扎或刀割，幾乎有同樣的疼痛感，而所有這些感覺都不受主觀支配，說明覺的湧現過程是客觀的。

覺還是一個客觀時間過程。人們在描述各種覺時，雖沒有單獨描述時間，其實覺包含著時間程序，時間貫串在所有覺之中。

6.3.2 量子級生物資訊的能差和向量運動決定覺的強度和類型

生命之所以有不同類型的覺，還因為覺的過程是其量子級生物資訊的向量運動受到不同強度和類型的阻尼，這裡的阻尼，特指事物變化中的衝突對立方。其中，強度和類型分別對應著阻尼的能差和向量。

1・能差大小決定覺的強度

能差，尤其是阻尼能差，是形成各種感測的客觀物理量。沒有能差，就無法形成探測，現有的一切探測設備，都是透過阻尼能差的比較來實現的。例如，對風速和水流速度的探測，是透過感測器承受風阻和水阻，進而計算相應的物理形變和相變實現的；探測光和磁的光敏裝置、磁敏裝置，是透過對光和磁的阻尼差實現的；同樣地，生命中的覺，也是由阻尼能差形成的。

阻尼能差的大小，形成覺的「大小」和「有無」。從有覺到無覺之間，存在著無數阻尼等級，等級間的能差越小，覺的變化越小，反之則越大；相隔時間越短，能差越大，則覺越強烈；反之，則覺越弱。覺之所以還有「空無態」，是因其能量靜止到了無差別界。因此，能差與覺的強度正相關。

第 6 章　三種「覺」：感知的量子生成模式

對能差反應最敏感的，是生命中的「中值單元」和「中值系統」。能差越大，對生命體的擾動越厲害，其中量子簇的振盪偏離則越大，形成的覺會越強烈。這也就是說，覺是生命中量子級「中值」對偏離度的反映。

關於刺激強度（即偏離度）與感覺強度之間的關係，德國生理學家韋伯（Wilhelm Weber）發現了費希納定律（Fechner's law）。該定律認為，同一刺激的差別量，必須達到一定的指數比例，才能引起算術級別的差別感覺。這個比例是個常數，用公式表示為 $K=\Delta I/I$，其中 K 為常數或韋伯率，I 為刺激強度，ΔI 為感覺差別的等次或閾限。但是，該常數只是理想值，真實的情況並不穩定。例如，過度的刺激反而會使感覺和敏感度均降低。

人們一直難以理解為什麼過度刺激會發生違背費希納定律的現象。從生物資訊機制角度來看，這種現象中的神奇之處源自注意轉移。當注意不再為擾動區域賦能時，能差會出現下降，覺的程度就會降低。也就是說，儘管有過度刺激會出現敏感度降低的情況，但並未真正違背能差與覺強度正相關的費希納定律。

2・阻尼向量決定覺的類型

能量和阻尼都有向量性（這裡特指方向性），與此對應的覺也是有向量的，不同向量的能量和阻尼衝突，對應著不同類型的覺。例如，有的生物資訊呈現收斂性運動，有的呈現發散性運動，有的呈現平行運動等，它們會分別產生收斂、發散、序列的覺。

不同向量的阻尼會形成不同的形狀感和空間感。例如，有什麼樣的五官和體型的人，因其不同空間尺寸和體積對應不同阻尼，主觀上就會有什麼樣的形狀感體驗。

阻尼類型在決定覺的類型過程中，也決定著「我」的存在感（一種綜

合的存在感）。阻尼在身體各處存在，形成身體各處的阻尼覺，無數內部和外部阻尼覺累積出整個「我」的覺。即「我」是分散在全身各處阻尼覺的集合。沒有阻尼，就沒有覺，也沒有「我」，「我」與阻尼同在，特殊的「我」，是一種特殊的阻尼集合。

6.3.3　覺是模組化的量子級因應機制

所謂模組化的量子級因應機制，是指透過演化，生命中覺的量子級生物資訊「湧現」過程實現了模組化。

1・同一生命的不同器官都是不同「湧現性」的覺模組

「湧現性」被模組化，表現為生命資訊的因應實現了功能和實體的專門化。例如，由 31 對皮節和肌節神經組成的固定神經通道及其功能，12 條主要經絡通道及其功能，以及以上通道及功能所指揮、調節的內臟和組織等，都是生物資訊機制專門化、模組化的表現。事實上，眼、耳、鼻、舌、大腦等器官組織，都是覺的量子資訊機制運動催生的功能媒介和實體產物。反過來說，每一個器官之所以能迅速產生，或大概，或細膩，或有百分比的感受，都是因這些器官所包含的成千上萬的感測纖維或組織、生化鏈條和生物質元素等具有生物能向電能的換能作用，都載有量子級資訊「湧現」的功能，都是不同量子活動「湧現性」機制的模組化。

2・不同動物具有不同「湧現性」的覺模組

覺既然是一種「湧現性」，味覺或色彩覺，也一定是某一種「湧現性」。但不同動物對同一氣味或色彩感，顯然不是同一種覺，這意味著，不同種類的動物，具有不同的覺「湧現性」。

第 6 章 三種「覺」：感知的量子生成模式

例如，對同一光源，由於不同動物視覺器官不一樣，採集光的機制、效率不一樣，對光的敏感性不一樣，形成的視覺也會不一樣。特別是夜間與白天覓食的動物，對光的強度、色彩，顯然具有不同的內在感覺定義。

從不同動物對某些波長的光具有特別喜好或厭惡來看，說明動物是根據對自身生活有益的慣性需求，透過舒服和難受來定義色彩感的。如波長 700 奈米的光，在人的視覺產生「紅色」感覺時，正是人的生命體對「紅色」的特殊「感質（即感受質）」[066] 定義。夜間動物對 700 奈米波長的光的感覺與人也許不會一樣，但感覺到底是怎樣，只有牠們知道。因為覺的湧現性的「感質」，不僅無法跨類傳遞，甚至無法在同類間真正傳遞。

這意味著，由於生成覺的過程來自不同的、個性的「湧現性」，不同動物相互的覺模組也有很大的不同。

6.3.4 覺的過程消耗負熵

覺對不同種類、強度、位置及持續時間擾動的採信、測定和回饋過程，是透過消耗負熵實現的（這將在後面的內容中進行有針對性地闡述）。

---

[066] 朱耀平·感受質、意識體驗的主體性與自我意識 [J]·浙江大學學報（人文社會科學版），2014，44（1）：125-133.

6.4 覺的作用

似乎只用反射弧就可描述覺的作用，其實不然。反射弧只表達了透過神經傳導的顯性感覺過程，還遠不能包括全部覺和覺的全部作用。覺不僅在宏觀上與生命的整個發生、發展過程相連結，也在中觀和微觀上為生命內穩和平衡（即自建、自維持、自適應）提供精確嚮導和數據保障。

6.4.1 用痛苦指數報警威脅

覺是對危險的防禦性反應，顯示所有的覺都具有報警的意味。

1・覺用痛苦程度報告擾動程度

生命用分布在各感覺受器中的微觀「中值系統」所受到的擾動大小來判定危險程度。帶有量子閾值特性的「中值系統」，因遭受不同擾動，會給出不同「偏離」程度的量子訊號，物質偏離「中值」越遠，形成的訊號能值就越高；受擾動的「中值」單元越多，形成的訊號規模就越大。不同強度、不同規模的量子訊號，經傳導、匯聚，在神經中樞得到宏觀評估，就會得出「舒服」或「痛苦」等不同梯度的定性感受。也就是說，覺的大小和強度，代表著危險的緊急程度，覺越強烈，警訊越緊急。

2・覺用不同類型的痛苦感報告擾動類型

僅具有強度屬性，對生命的防禦還遠遠不夠，覺還需要報告更細膩的屬性——擾動類型，它屬於空間向量性運動。

第 6 章　三種「覺」：感知的量子生成模式

不同的痛苦類型，其實是不同的空間反常感，對應的是面狀分布或體積分布的量子位元被擾動後的能量向量變化。例如，不同程度的冷、熱、酸、麻、收縮、擴張等感受，各對應著一套特殊的能量偏離運動數據集——態變化。每一種態變化又包含無數微小的能量運動向量偏移值和速率變化值。這些數據的後期處理，對神經中樞來說，卻似乎很簡單。神經中樞可透過一種天然的機率評估機構——「機率機」，大腦中資訊的對撞式作用（見本書 7.3.2），得出痛苦類型。

6.4.2 用「反相機制」雙向調節

覺具有雙向預警和雙向調節作用。覺的雙向機制是透過從痛苦向舒服靠攏或逼近中實現的。舒服為「中值」中心，而痛苦則處於「中值」的兩側，覺的雙向機制，也就是從「中值」兩側向中心的靠攏或逼近。

構成「中值單元」的量子簇，其能量的「左偏」還是「右偏」，都代表不同的痛苦類型。例如，相對於適宜的中值性溫度，向「左」的過冷或向「右」的過熱，會表現出相反的痛苦感受。

這種相反的感受，其實就是雙向預警和調節的依據。當身體感覺過冷時，會啟動「反相機制」產熱，以便靠近「中值」；相反，身體感覺過熱時，為了靠近「中值」，會加速熱的疏散、實現降溫。生命會在評估不同側偏離程度和模式的同時，透過「反相機制」實現雙向調節。

在雙向調節程序背後，是生物資訊的阻尼和熵的運動。例如，在壓力與反彈、收縮與擴張、通與不通、嘈雜與靜雅、混亂與有序等反相調節中，存在著阻尼和熵的平衡作用。

6.4.3　為生命運動提供精確數據

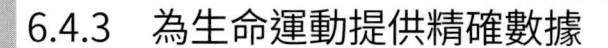

生命的少、壯、老程序，吃、喝、拉、撒、睡、生殖等基本活動，意識的運動及情緒的喜、怒、哀、樂表現等，都需要相應的能量和物質的資訊保障，這些資訊保障都是在生命動態運動中實現的。覺為這些程序提供非常準確的數據和依據。

覺是怎麼做到的呢？

1・以舒服覺為生命定「基準」

「舒服感」是十分重要的生命功能。它雖是一種籠統的機率，卻承載著生命自我建構的能量標準、物質標準和資訊標準等眾多參數。本質上，是一種生命最佳狀態的振盪（即「中值振盪」）資訊，是指導組織重構和建設的數據集。

生命一直用「舒服」作為自我建設的最高標準，去判定來自內源或外源的無機質、有機質、能量或人工移植來的「活體」（如異體細胞、組織、器官等）等是否合格，無時無刻都在用是否舒服鑑定自身物質和能量的組態是否最佳。在宏觀層面，生命會用舒服及其衍生出的美好感，引導自身追求最佳的溫度、光照、空氣、口感、相貌等條件，甚至還用其引導求偶和繁殖；在微觀環節，舒服能以潛感覺的形式，指導物質和能量以最佳形式進行匹配與交換。

2・以痛苦覺引導生命的精確修復

在生命的運動中，舒服覺與痛苦覺是相互比對、緊密配合的搭檔。不同的是，舒服覺提供「建設」標準，痛苦覺依據標準測定偏離的程度；相同的是，兩者都使用同一「遺傳中值」為參照。在這個參照下，代表

第 6 章　三種「覺」：感知的量子生成模式

「中值」和完美的舒服，只有一種模式，而偏離「中值」的痛苦模式卻有無數種，如物質缺失或位置偏離形成的損傷等。然而千萬種不同的痛苦，正是實現修復需求的最巧妙形式，不同的痛苦，是一些不可替代的個性化請求與召喚，助推著生命物質層和能量層的精確搶救與修復。

尤其特殊的是，發生在生命中的微觀擾動和損傷，往往十分分散、複雜，使那些需要重建和恢復的「現場」，有著無限多樣的分布，為此發生的動態物質能量調運，還會產生難以估量的資訊流。

由於痛苦從諸多複雜現場湧現而來，使痛苦與待修復「現場」既同出一處，又有著同樣的分布性，所以痛苦所呼喚的物質和能量需求，與「現場」具有天然的匹配性。這也是生命可跨越數據障礙，瞬間處理天文級別數據的原因。

由此可見，舒服覺和痛苦覺是多麼偉大，而它們的失聰會有多麼的糟糕。

6.4.4　促進生命演化

覺的頻繁預警和調節等活動，會促進專業化覺模組（如視覺系統等）的誕生和升級，並促進生命不斷完善和高級化。

覺模組的誕生程序是對分散的功能「打包」、固化的過程。在這個程序中，身體把因應、阻尼、中值、反相等機制及其相應的物質、能量調運等流程通通整合、固定、連結起來，「打包」成一套綜合性的本能，如眼睛鑑別光影、肺交換氣體、腸道分解食物等。由於被「打包」了的覺模組有固定的資訊通道和反應形式，所以本能的表現很奇特：一方面反應迅速而準確，一方面反應的程序卻很呆板。

覺模組（如眼睛）雖然是物質上高度分化，功能上高度專門化的系

6.4 覺的作用

統,但它並非誕生後就一成不變,而是遵循「用進廢退」的原則,不斷向更專門化進行升級與變化。例如,人腦使用強度比動物大,因此人腦無論容量還是抽象思維能力,都比其他動物強得多;其他動物對視覺和直覺的使用強度大,因此在這些方面,動物比人類強得多。

第6章 三種「覺」：感知的量子生成模式

6.5 覺的種類

對覺的分類關係到對覺的本質性認知。

古人經觀察與體驗，將覺歸結為6種，稱為「六觸」，即眼觸、耳觸、鼻觸、舌觸、身觸和意觸；而現代生理學則把意觸排除在外，認為覺只有5種。之所以對第六覺的態度有這麼大的不同，是因古人相信不可見性的意識直覺也是真實的、是第一性的；現代生理學則認為物質可見性才是真實和第一性的，不承認僅憑感受得到的「第六覺」。這種情形，也許在意識的量子級生物資訊性質被徹底揭示時，才會得到根本的改觀。

其他關於覺的分類的矛盾，大多也與缺乏對覺的生物資訊屬性的認知相關。例如，有人把覺分為外部感覺和內部感覺兩種；有人把覺分為外部感覺（包含視、聽、嗅、味和皮膚覺）、內外感覺（包含平衡、重力、運動等覺）、內部感覺（包含時間、疲勞、情感、呼吸、飢餓等身內和臟器感覺等）、抽象覺（包含注意、概念、想像、愛、夢等）4種⋯⋯不難發現，在對覺進行的分類中，有的用發生的位置或功能表現混同於內涵，有的則出現概念間的相互包含，就像在歸類狗有哪些品種時，先將其所處的區域（靜態的位置）分類，又按其凶猛程度（動態的功能）分類，然後又將以上所分混雜歸類一樣，基本上是以表徵現象去分類，卻始終沒有按照覺的資訊機制去分類。對於這些模糊與混亂，在此無暇一一辨析，相信隨著以下的討論，讀者將自會鑑別。

從生物資訊角度來看，覺的種類可以劃分如下。

按照資訊傳遞形式，劃分成三種覺：縱向傳遞的覺，如生命體內由微觀潛感覺到宏觀顯意識之間的資訊競合湧現；跨越傳遞的覺，如生命體之間的資訊跨距傳遞；橫向傳遞的覺，如在物質層面的樹狀、網狀、束狀神經傳導。

6.5 覺的種類

按功能劃分為 6 種覺：視覺、聽覺、嗅覺、味覺、體覺、直覺。

這裡著重從資訊傳遞形式的角度，對覺的一些內在機制和屬性予以討論解析。

第 6 章　三種「覺」：感知的量子生成模式

6.6 縱向傳遞的覺 —— 潛感覺

　　所謂潛感覺，是指資訊未被或不能被主觀意識所察覺，但卻能被生命中主觀以下具有主體性的神經組織和不依賴神經的微觀生物質（如淋巴細胞）等所獲得和感應到（並常能做出互動反應）的覺。

　　例如，在細胞、基因等生物質透過直接接觸，發生化學變化和離子交換傳遞資訊的過程，在化學突觸（chemical synapse）或電突觸（electric synapse）與後神經元之間產生化學連結和電緊張偶聯的資訊過程，或在訊號經神經元傳遞進入脊髓或生物腦，未被注意所拾取、主觀意識未覺知，但卻在主觀以下活動的資訊過程，其中的主體方得到資訊並有所因應的過程，屬於潛感覺過程。

　　潛感覺是潛意識範疇中的隱語，是最原始的覺，是主要呈縱向湧現過程的量子級生物資訊運動。

　　主觀不能察覺、神經機制不能涵蓋、介於純理化運動與顯感覺之間的潛感覺，承擔著生命微觀環節廣泛而類型複雜的因應職能，傳遞著大量生命資訊。潛感覺通常以不同類型、不同層次的訊息團、訊號團或指令集的形式，與生物質媒介混雜在一起，共同形成生命中觀以下級別的「活性」反應現象。

6.6.1 潛感覺（隱語）的存在性

1・生命存活需要有主觀以下的資訊互動

　　生命因能維持物質秩序、能量秩序和資訊秩序而得以存活，其中的資訊秩序尤其重要。無論那些資訊的生成或傳遞的過程在多麼微觀地發

生，是否能被主觀意識所覺察，微觀之間、微觀與宏觀之間的資訊互動，也必須有序發生。否則，宏觀生命和宏觀感覺將不可持續，宏觀與微觀的互動及微觀物質和資訊的存在，都將失去意義。

2．量子化隱語存在於微觀的資訊互動之中

經前面的討論我們已知，自適應等是透過阻尼、能差、「中值振盪」及訊號的「湧現性」等物理過程實現的；又知道這些物理過程導致了不同程度的痛苦和舒服，痛苦和舒服又進一步對生命的微觀到宏觀活動進行精確調節。而實際上，以上這些物理過程導致生理現象的「導致過程」，有著規範的資訊交流，是一些潛在的微觀語言或潛感覺之間的資訊互動，正是常被一些心理學家提及的「隱語」。

隱語不僅大量存在，而且是量子化的。例如，包括基因在內的微觀環節，存在高速和浩繁的數據處理需求，而量子化隱語是這類高強度微觀資訊互動的唯一勝任者。事實上，不限於生物電在內的量子化介質，始終在生命的微觀互動中，發揮著不可或缺的資訊媒介作用。

6.6.2 潛感覺特點

(1) 潛感覺是生命中比重最大的量子級生物資訊活動。每秒有無數潛感覺在生命的各層面發生，並處於升級和備選狀態。在此過程中，權重的競爭與最佳化，是潛感覺升級的基本模式，它具有數量大、碎片化、分布廣的特性。

(2) 潛感覺具有縱向傳遞的特點。潛感覺的傳遞模式，由上（指宏觀，以下同）至下（指微觀，以下同）呈發散性，由下至上呈收斂性。

(3) 潛感覺是生命個性塑造者，又是主觀與客觀運動的連結者。潛感覺

第 6 章　三種「覺」：感知的量子生成模式

由下至上傳遞因應資訊的同時，決定著「念頭」的生成，形成人的行為和思維習慣，實現對人的性格塑造；由上至下是意識行為到最末端物質的承接，實現由主觀運動向客觀物理運動的回歸。

(4) 潛感覺是跨越生理層級最多的資訊活動。從最低階的潛感覺到顯意識之間，存在著若干層級的隱語資訊活動，例如，在組織層面、細胞層面、生物酶和基因層面，都存在著相應級別的量子級生物資訊「湧現性」和「湧現性」之間的互動。

(5) 潛感覺是最易被檢測儀器忽略的能量和資訊活動。比起神經系統傳導的「宏大」電量和能階，潛感覺甚至達不到「痕量」級的存在，其訊號一般被淹沒在背景噪音中，會因達不到儀器探測的訊號閾值而被忽略。

6.6.3　作用及機制

在物質形式複雜、資訊密度極高、噪音干擾強烈的條件下，潛感覺是怎樣實現資訊的高效能且不失真的醞釀與傳遞呢？

1・潛感覺整合和接轉生命資訊

1) 透過「湧現性」實現資訊整合

沒有進入主觀感覺的潛感覺巨量存在。生命自身每一瞬間、每一立方公厘物質都在產生量子級生物資訊，如有生物學意義的電荷運動和紅外輻射等，但僅有極少的一部分被注意所攝取。

巨量的、且有生物學意義的潛感覺，是在像「價值競合」般的程序中，不斷向顯意識過渡的。沒有機會升級為顯意識的潛感覺，並不像是沒有經過調製、頻率較低、毫無組織、無所事事的訊號，而是在進行著

6.6 縱向傳遞的覺—潛感覺

從潛感覺之海向顯意識過渡的、緊張高速的醞釀。其醞釀過程很像一個沒有固定主人的、自由競爭的「鬧市」。當市場開市時，各路資訊參與平等競爭。競爭的規則是「大者優先」：哪個資訊元素或能量過程更強大，會成為那個特定時段的優勝者；無數特定時段的優勝者，形成一個序列，像一串連續的幀，向顯意識不斷進呈。

以上所謂的「鬧市」競爭，就是一種「湧現性」機制，是對資訊進行整合的過程。

2) 透過量子化混合「議事」功能協調全域性聯動

生命內的物質運動是如何做到內容和時間協調統一的呢？這就是潛感覺特有的功能了。

潛感覺有混合「議事」功能。生命內時時召開著眾多能量層和資訊層的隱語「會議」。與社會中人們的會議和工程的單獨舉行不同，生命中的隱語會議是效率很高的混合「議事」活動，是一種「既分時，又分級」的特殊程序。

這個過程之所以不會發生混亂，是因為潛感覺資訊具有比分子小很多的量子位元組合和自適應能力。自適應能力可以使潛感覺資訊內的成員（量子位元組合）以一當百，且具有全息性。量子化潛感覺資訊的全息性，使潛感覺資訊既可有全方位感知、評估、傳播能力，又可兼具運輸、除障能力。潛感覺既具備能量和時間層面的「多方同步能力」，又兼具物質架構層面的分級能力。顯然，只有既同步、又分級的雙重作用，才可實現綜合的生命結構組織和有序的功能活動。這種程序，在對由量子活動引發的蛋白質運動觀察中得到了驗證。例如蛋白質的解旋和多級摺疊，在許多情況下是同時進行的。

3) 以量子化的「抗噪」機制實現資訊傳遞的準確與保真

「現有研究顯示，噪音廣泛地存在於細胞的 DNA 複製、基因轉錄和

第 6 章　三種「覺」：感知的量子生成模式

蛋白質翻譯等重要的生理活動中。」[067] 潛感覺要在如此嘈雜的環境中實現即時、準確和完整的數據交換，必然有穩妥的機制保障，而潛感覺自身的量子級屬性，對實現這種保障，有著天然的優勢。

例如，潛感覺活動中的量子相干、糾纏及潛感覺中的電運動等，就是抵抗噪音的重要形式。其中，有效抵抗去相干的穩定量子糾纏，可以抵抗噪音；以生物組織為媒介的、具有複雜拓撲結構的電荷簇，也因能引導生物質活性實現資訊繼承，而可抵抗噪音。特別是進入糾纏狀態的量子，可附著、寄存於蛋白質這類大分子中，並隨著蛋白質的運動，實現資訊的保真傳播。蛋白質有規律的拓撲變化，又正好幫助了潛感覺資訊調控性指令的投放；已經投放出的資訊，還會與正在廣播途中的潛感覺資訊算術疊加互動。潛感覺保真性資訊活動，滿足資訊的動態傳播與調控。

2・潛感覺整合和調配物質及能量

1) 潛感覺與生物質一同起伏運動

當潛感覺以電荷簇類的形式靜止依附於生理結構中時，是生物資訊在沉默，即潛感覺與物質結構「混搭」在一起，以散的、看不見的形式隱形蟄伏；當「混搭」物在運動時，是潛感覺或隱語在「交談」。事實上，有多少種和多少層可見的物質結構，就搭載有多少種和多少層潛感覺或隱語模式。例如，每一個大物質節點都連結著若干「骨幹連結點」，骨幹連結點下面還有更廣泛的連結點，層層疊套的節點，形成了生命體從細胞到組織，再到器官的網狀連結。與此相對應，每一物質節點，也同時是元素級資訊位元、中觀的類級資訊團、宏觀的對象級資訊系統之間的

---

[067] 張家軍．基因調控網路中的動力學研究 [D/OL]・上海：上海大學，2006：1-12[2019-07-12].
https://d.wanfangdata.com.cn/thesis/ChJUaGVzaXNOZXdTMjAyMjA1MjYSB1k5MDc2NTIaCD-
N6em5obWx1.

6.6 縱向傳遞的覺—潛感覺

資訊接點。當這些資訊接點被閾值觸發時，被觸發的既是物質性的，也是資訊和能量性的。這意味著，當生命中的物質在運動時，同時也伴隨著潛感覺或隱語的運動。

2) 驅動生命體宏觀級別以下的物質運動

生命從中觀到微觀層面模組化、程序化的生理反射運動，以及鏈式生化運動等物質程序，是由看不見的電荷群運動、量子相干等能量和資訊運動所驅動的過程。那些資訊的運動程序，其實就是潛感覺活動，換句話說，生命的物質程序是由潛感覺的資訊程序所驅動的。

例如，當主觀意識在暗示自己放鬆、平靜時，負責具體執行的過程，其實先是由主觀和神經向其下面級傳導指令，最後由潛感覺或隱語更微觀地執行。當人站起來或坐下去時，其實在用潛感覺或隱語調整身體的微觀物質。當主觀意識指揮放鬆某一區域時，其實是透過神經驅動局域性的潛感覺或隱語，間接引導某處放鬆；當主觀意識要求全身放鬆時，其實是透過全域性的潛感覺或隱語作用，實現了全身的放鬆……

特別是當生命在睡眠時，潛感覺仍然能夠「盯住」每一個不舒服的地方，並對該處給予量子級賦能和量子位元調整，使其恢復到正確狀態（即「中值態」）。可以說，潛感覺幾乎驅動著除主觀意識直接作用以外的所有生命過程。

3) 驅動生命的「造物運動」

潛感覺或隱語與生物質的混搭和程序化運動，透過大量的能量閾值和拐點訊號來實現。潛感覺或隱語利用能量閾值和拐點訊號，實現了對形形色色、大大小小、不同層級物質的引導活動；能量閾值和拐點訊號的程序化，使生命展現出物質代謝、細胞增殖、免疫拮抗、遺傳表達等多種程序性的自主程序。如果沒有潛感覺或隱語資訊和效應的程序化連結，生命中物質間的溝通、解析、調製將難以發生，活的生命現象也將

第6章 三種「覺」：感知的量子生成模式

無法達成。潛感覺或隱語驅動物質和能量的召募、聚集、遣散等一系列過程，驅動著生命各處精準的「造物運動」。

4）充當「天人感應」（即環境能量與生命的互動）的橋梁

當人體物質被環境能量作用時，環境能量就會啟動潛感覺，發生「外部能量運動 —— 潛感覺 —— 內部物質運動」的鏈式反應過程。環境能量介入生命的過程，先是外部資訊和能量對生命中生物資訊的影響，進而對人生理程序的影響和生命物質層面的改變。如「地 —— 月」運動之間的引力場變化及宇宙射線的變化等，會對人體的內分泌、細胞分化運動及基因活動產生影響，並進而引起人的情緒變化過程，這其中就存在環境資訊在無形中對潛感覺的影響。這種越過眼耳鼻舌身「五觸」等顯感覺，跨越主觀意識，直接影響潛感覺並作用於微觀物質的程序，被古人稱之為「天人感應」，其中，潛感覺的因應作用，充當了連結的橋梁。

需要說明的是，以上所說的「天人感應」互動，屬於跨距離的資訊傳遞機制，發生在生命微觀層面，不被主觀所感知。但從資訊的傳遞形式上看，又與以下談到的、直接被主觀意識所感知的「直覺」機制，並無質的不同。

6.7 超越性傳遞的覺 —— 直覺

對於直覺，有人認為是指在沒有證據、沒有意識推理或在不了解如何獲得知識的情況下洞悉事物、獲取知識的能力；有人則把直覺視為「直覺思維」[068]；有人乾脆認為直覺是一種未知的機制。人們當下之所以對直覺機制如此模糊，是因對感覺的量子級資訊機制還沒有透澈的認知。

直覺既不同於潛感覺的縱向傳播，又不同於顯感覺的橫向傳播，而是呈跨越性傳播的量子級資訊運動，具特有的運動規律和特點。

6.7.1 直覺的概念和特性

1・直覺的概念

直覺是資訊越過或不經過常規的感覺神經通道，直接被主觀意識或潛意識所感知，或直接對意識和身體發生調控作用的覺。

由於直覺不經過由潛感覺向主觀意識的醞釀和競爭，不經常規的感覺受器或感覺系統，且發生於感覺之前，所以直覺通常被學界稱之為前意識或下意識等。古代，人們將由主觀意識直接感受的覺稱為「意觸」，將其並列為「六觸」中的一種；現代，人們一般也將其稱之為「第六感」。

---

[068] 呂漢東・直覺思維新探 [J/OL]・臺州學院學報，2003，25（2）：10-14[2017-11-21] https://d.wanfangdata.com.cn/periodical/ChlQZXJpb2RpY2FsQ0hJTmV3UzIwMjIwNzE5Eg90enh5eGI-yMDAzMDIwMDIaCGJobGV3b3Vp. DOI：10.13853/j.cnki.issn.1672-3708.2003.02.002.

2・直覺的表現及分析

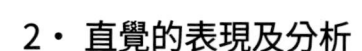

1) 0.5 秒現象

在加州大學舊金山分校生理學系的利貝特（Benjamin Libet）領銜的一個實驗中，研究者發現存在意識反應滯後於直覺的現象。

該實驗介紹，當意識「認為」自己在做出反應時，還有比它更早的訊號在指揮動作。「在大腦感覺皮質施加一個電刺激，如果刺激達到一定的強度，並且能夠持續 500 毫秒，則會被感覺到。也就是說，意識的建立需要 500 毫秒的時間。換句話說，如果你的手被針刺到了，當刺激到達大腦感覺皮質後，還要再過半秒鐘，你才會意識到痛。但是你會說，你馬上就把手移開了。沒錯，你的確是立即就做出了反應，但是等你意識到你做出了反應，則又是在 0.5 秒之後。」[069]（在此稱之為 0.5 秒現象）利貝特進一步總結：「主動運動之前會有一個準備電位（RP），實驗發現，平均而言，RP 比動作早 550 毫秒……」利貝特認為：「無意識的大腦過程引發了主動運動的過程，之後就在實際動作將要開始的時候，意識會說『同意』或『不同意』，而運動就執行或者停止。」這個實驗顯示，主觀是一個事後「諸葛亮」，即主觀之前存在無意識的執行命令過程。

如果說以上現象顯示存在一種超前機制，以下現象則與超距機制不無瓜葛。

2) 跨距傳遞「意識」的現象

英國《每日郵報》（Daily Mail）網站在 2013 年 2 月 28 日的一份報導說，科學家把具有發射功能的微晶片植入不同籠子中老鼠大腦中用於控制交流的部位，促使一隻老鼠向另一隻老鼠成功傳達了「如何找水」的大腦訊號，並讓同伴做出了正確反應。他們認為這對老鼠之間產生的「行

---

[069] LIBET B, GLEASON C A, WRIGHT E W, et al. Time of conscious intention to act in relation to onset of cerebral activity (readiness-potential)[J]. Brain, 1983, 106(3)：623-642. DOI：10.1007/978-1-4612-0355-1_15.

為合作」的實驗結果，顯示存在一種原始的「心靈感應」。更加神奇的是，同樣的實驗又在另一對相隔遙遠的（美國與巴西之間）老鼠身上上演。牠們的大腦訊號透過網路傳遞後，仍然做出了準確動作。負責該專案的科學家聲稱，上述發現首次揭示了動物間的行為資訊交流可以透過大腦訊號而非其他常規方式實現。[070]

這些實驗中所呈現的「心靈感應」現象，不僅證實了意識可在主體間跨距傳遞「意思」級的資訊，而且還引出了一個新的問題：大腦是透過什麼方式得到「意思」？

6.7.2　機制分析

當把以上兩個不同的事件合在一起思索時，會得出有趣的猜想：存在「0.5 秒現象」超前機制，意味著刺激訊號在傳送給大腦主觀的同時，也傳送給了被動等候主觀指令的效應器（如手等動作效應器），且效應器可透過潛感覺，直接「理解」這種指令的類型和意思。這很像一聲「開槍！」的命令同時傳給長官和士兵，士兵馬上開槍後，又得到了長官的應允。

跨距傳遞意識現象，其實是外界的量子級電磁波攜帶了「細膩的意思」（是可被執行的命令），或直接進入意識，或直接被效應器解析成動作訊號。統合來看，則是指令性資訊可以跨距傳遞，效應器具有額外的命令接收通道或「埠」。

什麼樣的埠才能支持這種跨距訊號指揮？

筆者認為，量子級的生物資訊機制，似能讓效應器容易地做到。

---

[070] 信蓮·老鼠大腦植入微晶片身處兩國也能產生「心靈感應」[N/OL]·中國日報網，2013-03-02[2018-02-01]·http://www.chinadaily.com.cn/hqzx/2013-03-02/content_16268914.htm.

第 6 章　三種「覺」：感知的量子生成模式

1・量子級資訊可直接使本能模組動作

在身體各種功能系統（如運動神經系統）中，存在著大量「打包」過的程序化反應模組，其中一部分模組可能保留了對量子級資訊敏感的、能啟動功能反應的「埠」。埠是潛藏於各組織中有一定閾值的資訊位元（如生物質中的電荷簇或離子團等），超過閾值，它們就會透過從去極化恢復到極化狀態的電化學形式或其他形式做出壓力反應。

「埠」之所以被預留，是因生命外環境始終存在著量子級資訊流，並產生對危險臨近的告知作用。在演化中，凡是對告知資訊產生敏感或躲避反應的生命，都存活了下來。同時，「埠」之所以存在且被閾值化，是因生命無時無刻接收到的臨近告知資訊波太多，如果通通對其做出反應，既不經濟，也沒必要。在演化中，對不具危險性的臨近訊號反應慢慢就被過濾掉了，只保存了對生命危害最大、最急迫的資訊類型的反應。

這些預留的反應類型，會很容易地啟動生命深處被固化了的量子化閾值開關，產生某種本能反應。

心理學家 David LaBerge 等在 20 世紀後葉，對具有自動化功能的本能模組，總結出 4 個核心特點：不可避免地誘發、不可救藥地執行、高效率和並行進行，而生命中的量子化模組埠，正是如此表現功能的。

2・量子級資訊應能使直覺在意識域發生

成組團的量子級生物資訊，可透過相干耦合直接形成概念，這種機制可形成直覺。

當來自生命外部的量子資訊或來自生命內部的潛感覺資訊與主觀資訊相遇時，會產生量子級的相干耦合，意味著從中可發生直覺。

有若干實驗證實大腦中存在這種相干耦合的基礎環境。相關實驗報導雖然主旨不是在證實量子化直覺，但實質上卻潛在地說明存在相干耦

合的量子化直覺。例如：「1999 年 4 月，《科學》(Science)雜誌上有科學家說，他們用一些因為基因缺失而造成視網膜感光能力缺損的白老鼠，進行一連串實驗。實驗結果發現，雖然白老鼠的感光受體基因缺失，但是牠們的松果體在受光刺激下，調整分泌褪黑激素的功能完全不受影響。由此可見，視網膜感光受體基因缺損的白老鼠，感光能力如常。」[071] 從生物資訊機制角度來看，感光的過程，就是量子資訊的相干耦合過程，松果體則是以量子感應的形式，完成了這一相干耦合和資訊的直接「抓取」，從而形成了一個個相干態的生物資訊「現場」—— 概念。以上這種現場或概念一經發生，它就成為顯意識序列中「正式」的一員。

顯然，它就是直覺。

6.7.3 特性及作用

雖然直覺的機制還需要進一步驗證，但其特性和作用，顯然與由常規的眼耳鼻舌身產生的「五觸」有很大的不同。

1．特點

直覺是對跨時、跨距資訊的覺。直覺資訊可同時向大腦主觀和效應器廣播，可以與效應器透過量子機制直接連結，具有跨距的快速反應；直覺資訊與意識和效應器之間的因應互動，是鎖鑰式的關係；直覺資訊是生命中比重大的資訊活動。

正是較多的、未經感覺管道穿插而來的直覺，增加了生命意識和動作的不確定性，形成了人類至今仍覺自傲的「靈通」。

[071] ROBERT J, LUCASMELANIE S, FREEDMANMARTA M, et, al. Regulation of the Mammalian Pineal by Non-rod, Non-cone, Ocular Photoreceptors[J]. Science, 1999, 284(5413)：505-507[2020-02-01]. https://www.science.org/doi/10.1126/science.284.5413.505. DOI： 10.1126/science.284.5413.505.

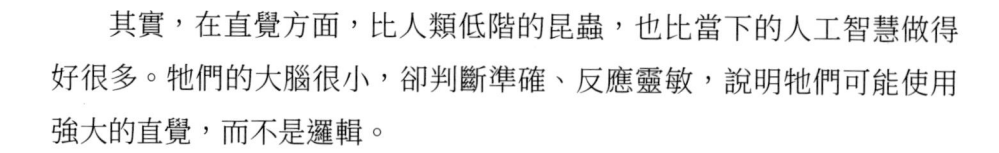

第 6 章　三種「覺」：感知的量子生成模式

其實，在直覺方面，比人類低階的昆蟲，也比當下的人工智慧做得好很多。牠們的大腦很小，卻判斷準確、反應靈敏，說明牠們可能使用強大的直覺，而不是邏輯。

2・作用

直覺的特點和機制，形成直覺特有的功用：能對突發和臨近的危險實施因應反應，能對預期的危險提供暗示和提醒。

6.8 「橫向」傳遞的覺 —— 顯感覺（感覺）

由神經元突觸蒐集訊號，經軸突傳輸，經過脊髓等中樞神經傳入大腦，最終能被主觀所察覺或覺知的覺，屬於顯感覺。

顯感覺就是通常所稱的感覺，顯感覺與中樞神經和大腦相連結，因此屬於後發的覺。現代生理學對顯感覺機制一般用反射弧來表述，認為「反射弧是反射活動的物質結構基礎」[072]，包括感覺受器、傳入神經（感覺神經）、神經中樞、傳出神經、效應器5個組成部分，並把顯感覺分為視覺、聽覺、味覺、嗅覺和體感共五種，把形成五種顯感覺的眼耳鼻舌身五大感官系統及與其相連結的腦和神經系統所形成的資訊感受、傳輸、加工、回饋與效應系統，稱為感覺系統。同時認為，在感覺的形成中，細胞和神經透過傳遞電荷和生物電電流發揮作用。具體地說，未受刺激時，細胞處於膜外側帶正電荷，內側帶負電荷的「極化狀態」或「靜息電位」；受到刺激時，細胞會發生電荷的變化或電興奮。與此同時，細胞膜電荷總數會由「外正內負」變成「外負內正」的「去極化」狀態；其間，細胞電興奮產生的電位，會使電荷向周圍，特別是向位能低的方向傳遞，並形成「動作電位」。「動作電位」以生物電形式傳遞，其中向大腦傳遞並被主觀所覺察，便能形成顯感覺。不難看出，現代生理學已將顯感覺及形成顯感覺的神經系統的構成和作用勾勒得很經典、很清楚了，因此，這裡無須過多重述已有的正確認知。

但是，為了對包含顯感覺在內的量子機制的覺有一個完整的認知，還須對顯感覺與潛感覺和直覺的資訊運作形式、機制及作用特點之間的不同，做必要的簡述。

---

[072] 楊井敏·反射機制中活動反射弧結構的選擇組合及其解讀 [J]·檢驗醫學與臨床，2008，5（8）：498-499.

第 6 章 三種「覺」：感知的量子生成模式

6.8.1 顯感覺是「橫向」傳遞的覺

說顯感覺是「橫向」傳遞的覺，有以下理由。

顯感覺域中的電子、電荷等資訊的線路是神經系統，而所有神經基本上在同一物質層面中。雖然神經系統有中樞神經和周圍神經等主次之分；有大神經和毛細神經等鉅細之分；有網狀、樹狀等形態之分，但整體上，其資訊媒介皆屬於神經元以上的可見物質範疇。相比潛感覺在多層物質媒介中的資訊活動，神經中的資訊活動還屬於在同一物質層面中的「橫向」運動。

6.8.2 顯感覺形成於量子機制，靠量子機制工作

1・顯感覺透過多種「專業」機制採集資訊並使其量子化

顯感覺用多種專門機制蒐集資訊。例如，顯感覺透過視覺中的視錐神經細胞等蒐集光資訊；透過聽覺中的振動傳動機制蒐集聲波資訊；透過味蕾和嗅覺神經中的化學機制蒐集化學變化類資訊；透過皮膚及體內組織蒐集溫度、壓力、重力、物質交換等物理和化學資訊等。

在蒐集資訊的過程中，顯感覺系統及功能不斷專門化和最佳化，包含著兩個層面的進階：一方面不斷最佳化反射機制中的物質結構，從而使資訊蒐集日益模組化，最終演化出不同專業功能的器官；另一方面使反射機制的功能更加靈敏、準確和強大。

為什麼產生顯感覺的各種專業器官所蒐集的資訊，最終都轉化為電訊號或電量子資訊呢？原因在於生命的最高司令部大腦，其資訊機制是電量子基的。也就是說，大腦的量子級資訊機制，決定了為其蒐集資訊的各專業器官也是量子機制。

事實上，只要仔細審視每一種感覺受器的工作流程，不論視覺、聽覺，還是味覺，其中都存在著生物電運動。這意味著，它們行使功能的過程，就是將外界資訊轉化為電量子資訊的過程。那些專業化的「硬體」系統，就是將其他物理或化學形式向生物量子資訊形式轉化的換能器。

2・顯感覺透過能差與阻尼機制實現生命的遺傳功用和經驗獲得

顯感覺透過能差和阻尼，實現遺傳功能指導下的資訊採集。分布於身體各處的神經網路及其不限於電量子活動的神經傳導物質運動，可藉助隱藏在生命中的「遺傳中值」和閾值系統，實現對阻尼和能差的感應，獲得受擾動的強度、種類等訊號，反映威脅的強度、類型等屬性，為生命做出各種反應，提供詳細的指標資訊。

在此過程中，生命「中值系統」中的閾值（如耐受範圍等）會不斷受到訓練、調整與修正。也就是說，顯感覺運動過程，不僅是遺傳功能不斷展示的過程，同時也是生理功能不斷被強化的（獲得性）過程。

3・透過量子級資訊競爭機制實現資訊遞呈和表達

除大腦外，從解剖學角度看到的神經通道，主要呈樹狀分布，即越向底層神經分支越多，越靠近中樞分支越少。這種分布，非常有利於神經系統對量子級生物資訊進行分層晉級。反過來看，也正是由於分層晉級的量子級生物資訊機制，催生了神經的樹狀結構。

在下級多、上級少的神經體系中，哪條支線的資訊最先進入上層的主幹？邏輯上，應是能量最強大的那股資訊優先進入，而其他的資訊就會被抑制或淘汰。

第 6 章　三種「覺」：感知的量子生成模式

　　麻省理工學院電腦科學和人工智慧實驗室的研究者，宣布用「競爭學習規則 winner-take-all」開發了人工神經網路新模型，他們所介紹的思路是，把模型中大量的時間相似性和空間場景相似性的訊號當作冗餘，只讓其中一個神經元實行輸出，執行以一當萬、「贏者通吃」的操作，正像「總統選舉」。[073] 這種模擬神經得出的機制，在一定意義上說明，顯感覺系統是由競爭「獲勝神經元」發育而來的網路。

4·透過熵代謝實現生命的彈性反應

(1) 顯感覺過程應透過消耗負熵實現。生命為了消除外界侵擾，會將感應干擾與抗擊干擾的能力融為一體，表現為感覺過程同時伴隨消除感覺的過程。這種能力的實現，得益於生命在探測熵干擾的同時，消耗了負熵。負熵消耗過程不僅能探測熵的刺激程度和規模，而且可直接透過負回饋等「反相消弭」機制，實現恢復與調整。

(2) 顯感覺參與的彈性生理過程，應經熵代謝實現。在由顯感覺或神經活動參與的生命運動中，有心跳和呼吸這類一張一弛的彈性循環；有肌肉纖維運動中的從極化到去極化，再到復極化這類電生理彈性循環；有日夜交替的神經興奮和抑制彈性循環。從彈性循環一定會消耗負熵的角度來看，所有神經支配的這些彈性循環，都應與負熵代謝帶來的秩序性助益相關。

---

[073] CNBETA·美科學家發現人腦決策機制與總統選舉有異曲同工之妙 [EB/OL]//THEREGISTER. Human brain 'works like US presidential elections'，（2009-09-16）[2019-06-02]·https://www.cnbeta.com/articles/tech/93522.htm.

6.8.3 顯感覺的特性和作用

1・特性

(1) 顯感覺是只在神經物質層面傳遞的覺,且這種覺的資訊是電量子化的。

(2) 顯感覺是覺家族中能量最大的覺,對注意有強大的吸引和占用性。相比潛感覺和直覺,來自顯感覺的訊號會被注意、優先選擇。

(3) 顯感覺是有最高能量閾值的覺。相比很微小的能量就可啟動的潛感覺,每一種顯感覺都需要更高的能量閾值驅動。反過來,由於攜有最高的能量,顯感覺可輕易衝擊或淹沒其他覺。

(4) 顯感覺是有片面選擇性的個性覺。在顯感覺過程中存在如下現象:在聽覺關注某種內容時,其他內容會被封鎖,這種現象在觸覺、嗅覺、體覺等形式的顯感覺過程中,也有同樣的存在。這種現象突顯出,顯感覺在注意的配合下,具有強烈的選擇傾向。這種傾向性不僅來源於性格、興趣、欲望等生物慣性,還來自於顯感覺感覺受器的特質,如習慣感受某種色彩和氣味的人,他的感覺受器中對那種色彩和氣味的感覺細胞或受體就會格外發達,對該色彩和氣味的變化也會格外敏感。顯感覺的個性特質,使某個人顯感覺系統中流淌的訊號,與其他任何個體都不相同,像專屬的「私人音樂」。

(5) 顯感覺的種類和強度,在人類中具有客觀一致性。雖然顯感覺在注意的配合下,對哪一種客體資訊的優先進入,具有個性選擇性,但被選中進入顯意識、並被顯感覺所感知的客體資訊,卻具有客觀性。即無論民族、人種多麼不同,對同一客體對象產生的顯感覺種類和強度都具有相似性,甚至基本上一致。例如,對溫度、壓力、撞擊等的各種擾動會得到同類、同樣程度的感覺,受到火燒、針刺

等，都會得到基本相同的疼痛感受。這說明，顯感覺是可被人類肌體共同理解的、帶有真意的「資訊」系統。

(6) 顯感覺是覺家族中資訊量比重最小的覺。由於顯感覺資訊是被注意選擇實現的，受注意的單執行有限選擇能力和選擇傾向影響，單位時間內將只有很少訊號入選。例如，當聚焦某特定視覺對象時，不僅視野內的其他對象被忽略，而且觸覺和味覺等其他種類的覺也會被忽略。因此，儘管每一個顯感覺過程能量性很強烈，但相比可同時「併發」巨量存在的潛感覺，其在生命體中的資訊量比重卻非常小。

2・顯感覺的特殊作用

僅從作用的特殊性來看，量子化的顯感覺承擔著生命與外界的宏觀因應，直接向主觀意識活動提供資訊素材，應對或因應著最重大、最緊迫和最危險的資訊。生命之所以發育出非常強壯的神經系統，顯然是為了應對緊迫性和重大性而生。現實中，顯感覺的確能最迅速、最優先地蒐集、整理和回饋以上那類資訊。

6.9　僅有覺是不夠的，還需要選擇和比對

　　生命由植物或非動物演化為動物，需要比覺更高級的選擇和比對功能。只有充分選擇比對，才會知道哪個方位更安全適宜和更有利生存。沒有比對功能，生命的移動將成為無所適從或危險的盲動。這意味著，沒有高級的選擇和比對功能，生命將無法實現移動化生存，即便移動了，生命也不能持續，最終也就沒有動物的存在。特別是，快速地移動、尋找、躲避等行為，需要高速比對和應對，而這需要選擇和比對功能的固定反射和模組化；比對功能還需要不斷高級化，如抽象等，只有如此，生命對危機的應對才能「從容不迫」、「深謀遠慮」。

　　在後面的討論中我們將看到，強大的選擇和比對功能，不僅是生命從植物向動物演化的必需，也是實現更高智慧的必需。同時還應看到，量子機制在選擇與比對功能的產生中，發揮核心作用。

第 6 章 三種「覺」：感知的量子生成模式

第 7 章
意識雛形：
核心架構在量子助力下成形

　　導讀：意識具有哪些智慧要素？它們分別是怎麼形成的？對於這些問題，本章按「自上而下」路線設定的「對分功能可能範圍和屬性的推測，要依照源頭的綜合性開始推導」之方法，在上一章解析覺的綜合性源頭是量子級資訊機制的基礎上，進一步探討覺發生後的兩個繼發功能──注意和比對的資訊機制，初步得出了完整的意識活動包含量子級的感覺、注意和比對三個分機制的認知，並以此為原理，對理解和「自我」機制，作了嘗試性解析。

第 7 章　意識雛形：核心架構在量子助力下成形

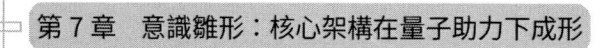

　　第 4 章已對靈魂的「囫圇」性作了否定，那麼，意識活動有哪些可分機制？即成就智慧的核心要素有哪些？對此，我們應給予更細微的審視與辨析。

7.1 對智慧要素的猜測和假定

7.1.1 曾經的猜測

令人眼花撩亂的智慧表現背後，到底有哪些核心要素在發揮作用？人們非常期待一個信服的結果，也進行了多種大膽的猜想。如：

(1) 有人把神經電位等同於智慧。他們認為，中樞神經系統中的大多數神經元，都同時受到 EPSP（興奮性突觸後電位）和 IPSP（抑制性突觸後電位）的影響，從而實現足夠複雜的神經計算。這種觀點也促使一些人認為：「生物突觸的這個工作機制，是許多神經網路的靈感來源。」

(2) 有人推測意識也有基因。藉助 DNA 存在的客觀事實，人們發揮想像和演繹，認為意識也有基因，並稱之為「新的複製因子」或「迷因」，能和物質的基因一樣繁殖、遺傳，說「迷因透過廣義上可以稱為模仿的過程，從一個大腦轉移到另一個大腦，從而在迷因庫中進行繁殖。」「能夠進行自我複製的迷因一問世，它們自己所特有的那種類型的演化就開始了，而且速度要快得多。」並進一步演繹：「『死後有靈的信念』這個迷因事實……」[074]

(3) 有人猜想則更乾脆，把意識問題當作不可解命題。「依賴客觀現實的科學，是無法接納和研究意識這種屬於主觀的東西……以至於意識成為腦研究的禁區」[075]；「的確，心靈是終極的未知領域（terra

---

[074] 道金斯．自私的基因 [M]．盧允中，張岱雲，陳復加，等，譯．北京：中信出版社．2018（40週年增訂版）：222-223.
[075] 劉占峰．「驚人的假說」與意識研究方法論的轉換 [J]．河北學刊，2002（6）：56-60.

incognita），超出了全部科學所能達到的範圍……面對存在著探索極限之外的事物這個美妙的事實，我們必須學會泰然處之。」[076]

其他說辭還有很多。這說明長久以來，對於意識成分問題，沒有一個統一的認知。

從前面幾章討論的結果來看，對智慧要素存在眾多猜測，卻沒有明確定論的原因，應與還沒將智慧具量子級資訊屬性這個要素納入有關。為提供一個可能有用的線索，我們不妨將先前討論中已形成的對量子級生物資訊機制的認知及對因應、生物慣性、自組織等機制的認知結合起來，對意識成分做一個框架性的假定，然後按相應的知識和依據，「自上而下」做邏輯上的推導。

7.1.2 對「智慧要素」的假定

從生物慣性和自組織會引起資訊層級不斷提升的角度來看，意識從無到有的孵化、從低階到高階的進階，跨越了三個階段或層級：

(1) 原始因應階段。有包含量子機制的因應互動、生物慣性和生物阻尼、中值保護和中值移動等，這相當於程序中的物理層。
(2) 本能反應階段。有包含量子機制的自組織和自適應的覺（包含隱語、直覺、顯感覺）、免疫機制、條件反射等，這相當於自適應程序或「打包」了的生物模組反應。
(3) 高層智慧階段。包含量子機制的注意（特指焦點資訊的選擇）和審對（特指綜合比對）等，這相當於對程序模組的呼叫，是生物資訊機制作用下的智慧反應。

從對資訊的整合能力，即智慧性要素的「夠格」情況來看，量子級的

---

[076] 丹尼特·心靈種種：對意識的探索 [M]·羅軍，譯·上海：上海科學技術出版社，2010：11.

7.1 對智慧要素的猜測和假定

感覺、注意和比對三種機制,是意識的最核心成員。其中,感覺是對量子級資訊素材的普遍採集;注意是對特定量子級資訊的定位抓取;比對是對量子級資訊的概括(即概念)、抽象和深度定性。量子級的感覺、注意和比對三個機制,構成了完整的量子級意識活動,形成了智慧之核。

在第 6 章已經闡述了感覺的相關內容,本章主要介紹注意和比對兩種機制。

第 7 章　意識雛形：核心架構在量子助力下成形

7.2　量子化的注意

注意具有生理和物理上的實質性，它摻合在記憶力、觀察力、想像力和思維力等智慧性活動之中，並從中發揮核心作用，探討注意機制對弄清意識規律有基礎性意義。

7.2.1　注意的原始屬性 —— 聚焦

在心理學上，注意是心理活動對一定對象的指向和集中。所謂的指向和集中，實質上是面向感覺做出的時間和空間定位和聚焦。

1・為什麼要有聚焦

生命生存中需要因應的方面和層次眾多，形成的感覺訊號巨量豐富，為了避免全域性動員和平分資源帶來的浪費，生命需要把威脅最大、利益關係最迫切的感受資訊優先篩選出來，以便實行重點且節能的防衛和處置。這種關乎存亡的資訊篩選需求，催生了聚焦功能的萌芽和成熟，其中焦點的作用就是指定性挑選。

2・量子化的聚焦應是注意的原型

相對於感覺是阻尼，焦點則是阻尼在空間上的集中度和在時間上的持續性。其中，阻尼的空間集中度決定了聚焦區域的大小，表現為注意範圍的縮放；阻尼的時間逗留長度，決定了焦點存在的時長，表現為注意的持續性。

更具象地說，在阻尼和慣性鬥爭最激烈的擾動區附近，會形成物質

和能量偏聚──電荷簇及生物質的稠密活躍區，其中電荷簇最稠密之處像一個焦點，它就是原始的、量子化的注意。

當注意的原始雛形形成，關注就會發生；同時，一大批有發射電波功能的神經元，就會不斷向焦點方向補充能量；如果被關注目標的構象、頻率或屬性正好與預先儲存的某種訊號相同，量子相干將瞬間出現，閃電狀的峰值會映照出對應的構象或「意思」，理解和回憶將隨之發生，注意激發記憶資訊的功用，也就同時達成。

7.2.2 注意在哪裡「辦公」

對於注意功能的發生位置，即「辦公」地點問題，有兩類認知。

1・有具體位置，卻又被相互推翻

人們在對注意「大本營」位置的探索中，曾發現多種線索，主要有以下幾類。

①多數人認為注意的核心是海馬迴，生理學家們探索後大多認為，大腦中的海馬迴是注意的第一核心。②有人認為注意發生於橋腦：「橋腦藍斑核內具有豐富的去甲腎上腺素能神經元……此部位與選擇性注意機制有關。」[077] ③有人認為注意的發生有內嗅皮質的參與，說海馬迴和內嗅皮質在記憶召回行動上，「兩個區域可能並行工作」[078]。意思是由注意引導的記憶召回，有內嗅皮質的作用。

以上來自科學界重量級人物和頂尖期刊的多個線索，似乎都有一定

---

[077] 金菡穎，趙樹安，王耀山・腦幹網狀結構的生理機能與其相關病變 [J]・現代康復，2000（05）：729-730．
[078] O'NEILL, J, BOCCARA, C. N, STELLA, F, et al. Superficial layers of the medial entorhinal cortex replay independently of the hippocampus[J]. Science, 2017, 355(Jan.13 TN.6321)：184-188[2018-11-12]. https://www.science.org/doi/10.1126/science.aag2787. DOI：10.1126/science.aag2787.

第 7 章　意識雛形：核心架構在量子助力下成形

依據和道理，但多個結論之間卻相互否定和顛覆，說明注意發生的物理位置，至今仍未確切定案。

2・無固定位置，卻似更加有理

意味深長的是，美國賓夕法尼亞大學 John Medaglia 等人做了經顱磁刺激（transcranial magnetic stimulation，TMS）控制人腦認知的試驗等大量研究工作後，既高度認可注意發生於額頂，又心懷疑慮地提到：「奇特的是，額頂部分與大腦其他部分並沒有緊密連結，但已經有理論研究顯示，當額頂部分開始工作時，會將大腦帶入一種難以觸及的、處於某個能量區間的狀態。因此，實現精神控制的一個途徑，可能就是透過注入能量，引導大腦通過這個能量區間。」[079] 這既認可額頂，又有「不相連」、「可能就是透過注入能量、引導大腦」的猜測，為注意的位置在哪裡提供了新的指引。

「不相連」卻能引入能量，顯然不是傳導機制，而是投射機制。這相當於在提示：注意是一個能量「射手」，是一個能量轉發器。為使邏輯繼續下去，完全可以先接受能量「投射」作用這個事實，忽略它的位置，只把注意描述為一個有轉接放大作用的動態增益性反射功能。

也就是說，有一種在不定位置啟用或關閉的移動焦點，可把感覺遞呈來的量子級資訊，以射頻的形式投向大腦。即存在一種「抽象 HUB」，是能集中蒐集並分發資訊的動態樞紐。

這種「抽象 HUB」是如何運作的？

由於注意發端於感覺，感覺來自隨機和不固定性的刺激源，注意焦點作為感覺競爭中最強烈的那一個，也不應是固定的，它將繼承感覺的動態性和隨機性。即焦點的動態性，決定了注意是動態的。由於感覺域

---

[079] 左麗媛・DeepTek 深科技：最新神經網路技術或能控制人類精神世界 [EB/OL]・中國生物技術資訊網，2016-10-31[2019-10-22]. http://www.biotech.org.cn/information/143775.

有顯感覺和潛感覺，注意也相應有主觀注意和潛注意。這意味著，注意這個資訊中繼站 HUB 之下還有下級 HUB，即注意有時甚至不在大腦辦公！

但是，人們為什麼明顯覺得注意是從頭部發出的呢？這是因為蒐集光資訊的視覺器官眼睛、蒐集聲波和氣味資訊的器官耳朵和鼻子、蒐集味覺資訊的器官口舌等，都靠近頭部。這些器官經常被使用，讓人誤以為頭部是注意唯一的發源地。如果足部的感覺更常被使用，就會覺得注意的中心在足部。「頭部是注意中心」的錯覺，來自頭部注意器官使用的頻繁度。

注意雖然沒有固定的中心位置，但這也許正是它的優勢。注意隨時能夠轉移，且能在焦點處形成新的能量聚集，反而對解除能量不均產生重大作用。特別是，當某處能量欠缺，形成疼痛時，注意焦點能引領能量到疼痛位置，實現保護性補充。

例如，當古人發現疼痛吸引注意，會使能量增加的原理後，就用按壓、針刺等形式，來製造或強化另一處的疼痛感覺，吸引能量向那裡聚集，以治療能量不平衡形成的各種病痛。這種用主動刺激引導注意，用注意再引導能量轉移的平衡術，發展成中醫治療的專門醫術 —— 針灸術。針灸充分利用了注意和潛注意對能量的灌注和轉移作用，加上進一步發現和利用了更加有效的能量轉移通道 —— 經絡和穴位，使針灸成為精確、高效能的對症治療方法。這些因注意引起的有效性，反證了注意焦點具有移動性。

注意有移動的存在性，似乎更能客觀地反映注意的類型。

需要說明的是，雖然以上討論對分析注意的類型有幫助，但為在後續討論比對功能時更容易些，需要有一個相對確定性的指向，對宏觀或主觀的注意發生的位置，本書傾向於海馬迴。

7.2.3 注意的類型

注意分顯注意和潛注意兩大類。其中，顯注意是主觀所察覺的注意，屬於顯感覺的範疇；潛注意是主觀所不能察覺的注意，屬於潛感覺的範疇。

1・顯注意：量子級的「內驅注意」、「外驅注意」

能夠被主觀所察覺的顯注意，是主觀的重要組成。

加利福尼亞大學的基爾斯特羅姆教授，在其「意識的科學方法——注意力和自動性」為題的公開課 TED 中表示，注意包括「內驅注意」和「外驅注意」。

「內驅注意」是由內在資訊源驅動發生的注意過程，驅動源本質上是生命內部的多股量子級資訊勢力。該資訊勢力有的來自遺傳物質和遺傳本能小程序中的底層能量活動，有的則來自性格、情緒、欲望、興趣、記憶等宏觀模式背後的量子級能量與資訊。

「外驅注意」是由外界資訊源驅動的注意過程，驅動源是生命外部的隨機資訊，這些資訊最終都被轉化為量子級資訊。例如，當人的眼、耳、鼻、舌、身等受到外界較大的聲、光、氣、味、觸等隨機資訊的刺激，被驅動產生「外驅注意」時，實質上注意的是那些隨機刺激資訊——被感覺系統換能作用轉化成的量子級的電訊號。

「內驅注意」和「外驅注意」的相同之處，是二者都形成了焦點。不同之處，是「內驅注意」在形成中經歷了眾多潛感覺的競爭和多個資訊層的晉級運動，屬於流程規範的內源性注意；「外驅注意」是由外部訊號截斷「內驅注意」實現的，是不按規範流程、隨機插入的外源性注意，具有規避重大危險的作用。

多數情況下，內驅因素形成的「內驅注意」與外驅因素形成的「外驅注意」，是互動穿插進行的，這容易讓人們誤以為還有更多形式的注意類型存在。而實際上，人類只存在內驅和外驅兩種注意。所謂的主動注意、概念引導型注意、內稟注意、內源性注意、選擇性注意以及「有意注意」[080] 等，都是「內驅注意」；所謂的被動注意、感覺引導型注意、隨機性注意、外賦注意、外源性注意、非選擇性注意以及無意識注意等，都是「外驅注意」。

2・量子級的潛注意

宏觀的顯注意有無數個下級——潛注意。

潛注意與顯注意相比，有很大的不同。一是能量小，潛注意與顯注意的能量規模有天壤之別。二是數量多，顯注意只有一個單焦點，潛注意有數不清的小焦點。三是層次多，顯注意只在一個層面活動，潛注意有眾多層面的存在，且有跨層交叉的物質和能量連結。

邏輯上，隱性存在於身體組織資訊活動中的潛注意，是資訊集中度比顯注意低、比潛感覺高的中級規模的量子級資訊。潛注意的集中，常指向或對應於生命不舒服的阻尼實體。例如，當靜下來，感覺到某個臟器或某塊肌肉緊繃，想進一步放鬆那裡時，會發現有東西阻礙放鬆，這就是一些聚集的、充當阻尼的生物質在作用，而阻尼性的生物質正是潛注意的媒介。那些媒介往往是一些形狀多樣、受過損傷的遺跡，它們吸引著眾多電荷簇資訊形式的潛注意在那裡眷顧，並以此得到物質和能量的加持。這意味著，潛注意是造成一些不適感的勢力。

電荷簇形式的潛注意有多層的躍遷，並支撐著生命從微觀到宏觀的活性。潛注意很少直接呈送給主觀，因一些生物模組或副中心能，以本

---

[080] 沈炳毅. 歌唱中的有意注意和有意後注意 [J]. 皖西學院學報，2012，28（1）：144-147. DOI：10.3969/j.issn.1009-9735.2012.01.034.

第 7 章　意識雛形：核心架構在量子助力下成形

能反應的形式，對眾多潛注意「微型警訊」提前做出處理，只有那些模組不能處理的麻煩，才會被呈送給宏觀注意。這還讓我們聯想到，沒有大腦、卻有指向反應的低等生物，不僅有感覺功能，還應具有潛注意功能。

以上闡述應該可以讓我們領會，在從微觀到宏觀若干層次的資訊遞呈和「過渡」過程中，在微觀物質層間的連結和交會處，有著大量量子級潛注意的分散式存在。

7.2.4　主觀注意的「單通道」特性及其來源

物理學家和發展了分子生物學的薛丁格認為：「知覺從來不是在複數中被經驗，而只是在單數中被經驗。即使在精神分裂和雙重人格的病理事例中，兩個人格也是先後交替出現的，絕不會同時出現。」[081] 下面談到的「單通道」注意，就與薛丁格說的單數經驗相吻合。

1・注意「單通道」特性的來源

注意有自主排序及自由轉移等「自我做主」的能力，其實這些「自主」是一些錯覺。「自主」實際是「注意導軌（或連續的顯意識片段）」在發揮作用，是非智慧的自然聯動機制。

「注意導軌」由「大者先出」、「時間連續」、「地域跳躍」等三個客觀性機制所決定。換句話說，顯注意的出場順序由這三個機制所形成、所定義。

所謂「大者先出」，是指在意識的場域存在這樣的「湧現性」規則：能量最大的潛注意最先湧現為顯注意。在誰的能量最大、誰先湧現為顯

---

[081] 薛丁格・生命是什麼 [M]・羅來鷗，羅遼復，譯・長沙：湖南科學技術出版社，2020：95.

7.2 量子化的注意

注意的過程中,「閾值」發揮核心作用。首先,「神經膜(neuronal membrane)能夠從附近的神經元中蒐集並整合突觸後電位(postsynaptic potential)訊號」[082],並使神經膜平均電強度逐漸達到一定閾值,當該閾值達到注意的預警閾值時,就會實現一個注意。正是這種依「大者先出」規則出現注意的過程,讓主觀有「自主權衡」輕重緩急的功能。

所謂「時間連續」,是指注意會嚴格按時間順序的先後一個一個呈現,是連續的、線性的。同時,時間連續會使注意被串聯成像「導軌」般的「單通道性」。這會使得進入「意識野」的內容,按時間順序單個出場。一篇〈大腦的海馬迴可以組織事件和地點的記憶〉報告,為注意導軌的存在,給予了驗證性支持。報告認為,「海馬迴中心的CA1區大量神經元的組合活動……對某一種氣味或聲音的反應,要比對其他刺激的反應強烈得多——並透過『決策』階段留存這種活性,顯示輸入被大腦整合,並以特定的順序保存,以方便隨後的選擇。」[083] 這些按時間順序保存的生物質,顯然會支持注意的時序性。正是注意的時間連續性,使主觀意識產生了「自己排序、自我掌控進度」等錯覺。

所謂「地域跳躍」,是指湧現為顯注意的「大者先出」事件,在地理位置(如在大腦中的位置)上是有距離和不連續的,即非線性的。由於資訊事件發生的具體位置不同,使得上一個注意與下一個注意在內容上並不連續。注意這種在時間上連續,注意內容並不連續(即跳躍性)的情形,帶給人們一些誤解和錯覺,認為主觀意識可跳躍性地「不守規則、任意出牌、不受約束地想問題」。

以上可以看出,注意被三種機制連成串的過程,是主觀形成的過

---

[082] TUMA T, PANTAZI A, GALLO M L, et al. Stochastic phase-change neurons[J]. Nature Nanotechnology, 2016, 11(8):693-699. DOI:10.1038/nnano.2016.70.
[083] RIKEN. Brain's hippocampus can organize memories for events as well as places[J]. Medical Xpress, 2017-09-08[2020-08-27]. https://medicalxpress.com/news/2017-06-brain-hippocampus-memories-events.html#jCp.

第 7 章　意識雛形：核心架構在量子助力下成形

程，同時也是主觀被錯覺為有自主、獨立和自由的過程。而事實上，那些自主通通沒有。

2・主觀注意的「單通道」特性表現

主觀注意具有生理意義上的「單通道性」，也有廣義化的社會性（如只關注物質）的「單通道性」。

1) 注意具有生理上的「單通道性」

所謂「單通道性」，是指宏觀的顯注意具有像過「獨木橋」般的單一序列活動。宏觀注意的單一序列或「單通道性」保證了宏觀生命活動的統一性；可避免多通道、多中心帶來的衝突干擾和紛爭錯亂，有利於維持語言和思維邏輯的秩序。

例如，我們常常會覺得有好幾個興奮點在腦海裡迴盪，但事實上，這些興奮點是靠注意這「一支蠟燭」先後照亮的，最終的注意，總是經單一序列排隊而來。

以下具體情形顯示出宏觀注意具有「單通道性」。當注意一件事物時，便不能同時注意另一件事物；要在有限時間內關注兩件以上事物時，必須將這段時間分成若干時段，分別將細分後的不同時段，關注不同事物。對於人類，每個細分的時段（注意轉移速度）應不能短於視覺速度。從科學家認可的實驗白老鼠注意的中心──海馬迴的「刷新率」，是 8Hz 和每秒少於 24 幀，人類就可以辨識出影片中有間隔，看來，人類注意的轉移速度將不會快於 1/24 秒。魔術師有時正是利用注意轉移速度不如他手法的速度，實現了在觀眾眼皮底下的造假。

注意只能在事物之間跳來跳去，而不能同時關注兩個或兩個以上的事物。例如，在商店找一件期望款式的衣服，要經過多組一對一的比對，而無法實現兩組同時比較；人無法同時聽兩個不同意思的對話（如果

能聽，也是透過短暫停留和轉向而得到）；有經驗的護士為病人打針時，在病人另一地方刺激皮膚，打針處就不會那麼痛，這說明「單通道」的注意被轉移到了別處……

再如，當視線固定看車窗外景時，隨著車行走，眼球會迅速左右閃動，說明注意透過一個接一個地更換畫面的形式，進行「閱讀」。當車速達到一定速度後，眼球的閃動反而會消失，這說明每秒閃過的畫面超過了注意每秒鐘「閱讀」畫面能力的上閾值（視覺速度一幀 1/24 秒），這個宏觀表現也證實了注意具有「單通道」性。

2）人有只看物質性的「單通道」觀察習慣

注意的「單通道」一旦與視覺連結，就具有只關注實體物質，忽視對反物質認知的習性。

由於注意不能同時關注兩件事物或兩種現象，且更常見的現象被注意的頻率高，常見現象就容易連結為習慣。現實中的生長、精確、實在等物質特性，更常見或更可見，更容易形成注意習慣。而負生長、模糊和反實在、反物質等資訊，因不常見或更不可見，則更不容易形成注意習慣，這意味著，可見性是人類的注意習慣。

因為人類有對可見性的注意習慣，當把相互對立的正負物質變化為同期觀察目標時，注意就表現出具有只看物質性的偏向。

儘管物質與非物質兩者不會同時被感受到，但相反的另一方未必相距遙遠，事實上，它們相互交錯，甚至雌雄同體。

視覺只能看到實體的物質，而看不到反物質，是生命「生物慣性」運動賦予的選擇性，或者說，這種選擇性促進了「造物運動」，甚至可以說，為「造物運動」發育出的視覺，就不應看到反物質。

顯然，人們的很多偏執性注意習慣，都與注意的「單通道」特性相關。

7.2.5　注意的作用機制

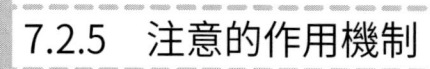

注意具有賦能、定位和能量排程等若干作用，這些作用包含在一些相應機制中。

1・賦能作用過程

注意看起來具有賦能作用。所謂賦能，就是注意的目標會因被注意而增加能量，其表現為「注意什麼，什麼就得到能量加強」。無論注意的是感覺還是情緒，某種能量的加強總會發生。

事實也的確如此表現，若注意的恰好是一種痛苦感，痛苦感覺就會得到加強；當遇到生氣的事情時，越是注意那件事，那件事帶來的氣憤能量越大，或更難以消失。

從邏輯上看，注意之所以具有賦能的作用，是因以「大者先出」規則湧現為注意的潛注意所連結的資訊源非常強大，或資訊源一直沒有消失，使得與資訊源相關的神經反射越來越集中，神經傳導物質分泌量越來越多，所形成的資訊具有逐漸增強和擴大的趨勢。從這個角度看，注意的賦能作用並不是注意自身給出了能量，而是形成注意的因素有量子級資訊能量。

以上內容讓我們意識到，把注意具有賦能作用，稱之為具有類似賦能一樣的作用，會更加合理。

2・焦點定位、縮放和轉移作用過程

每當仔細觀察時，注意能用十分精確的角度，迅速地框定住目標上某一個極其細微的空間，這種靈動的背後，似乎有靈魂控制，但實際上沒有。注意之所以能做到這些，是因為受到了感覺資訊的持續推動，這表現為：

(1) 指向和定位。當生物質被刺激和擾動時,潛感覺就會發生;若刺激源持續存在,電荷類量子級資訊就會發生由散漫向集中、由稀疏向稠密的變化,進而會形成強勢能量核心區——焦點(或潛注意),同時完成實質上的指向和定位。
(2) 縮放。焦點產生後,若刺激持續存在,該處物質和能量會繼續聚集,焦點處的感覺訊號會不斷增強,其感覺解析度會從模糊變為清晰,焦點區亦會擴大;反之,若刺激源消失,解析度就會由清晰變為模糊,焦點區也會縮小。
(3) 轉移。當另一處刺激或感覺形成的能量區強度超過原焦點時,後者就會被新焦點所替代,實現注意的轉移。

3・拾取資訊作用過程

俄羅斯教育家烏申斯基曾精闢地指出:「『注意』是我們心靈的唯一門戶,意識中的一切,必然都要經過它才能進來。」[084] 而「注意——目標」模式,或建立資訊進入生命通道的過程,本質上是參與注意的資訊(主方)與目標區投射來的量子級資訊(客方)發生了相干疊加的激勵效應或量子糾纏效應。也就是說,注意之所以能對外界不同形式的資訊發生拾取,是因其量子級資訊與目標投射來的量子資訊,透過疊加或交換,轉置成形式不同、內容卻相同的可理解的資訊。

這意味著,注意拾取資訊的能力與注意中主方、客方資訊的量子糾纏率呈正相關。

---

[084] 施炯妍・注意—英語課堂的靈魂 [J]・教育科學研究論壇,2009(1):38-40. DOI:CNKI:SUN:JYKL.0.2009-01-27.

4・注意習慣塑造人格的過程

「路是走出來的」，人的「習性」也由注意的反覆實習所塑造。從生物資訊原理來看，性格、意志、信仰，實質上是一些固化了的注意習慣。注意習慣會形成特有的資訊運動模式，若該模式長期維持，就會固化成特有的感覺模式、心理通道和生理特性。

也就是說，生物資訊的運動慣性，可主導注意習慣，又以其特有的慣性，塑造人格因素。

例如，被注意習慣固化了的心理通道和生理特性，有難以遏制的慣性（如排他性、偏執性等），表現出某種成癮、愛好和特有的性情（如大聲說話、走路節奏快、愛好甜食、崇拜和偏見）。不好的注意習慣還會導致疾病的產生，失眠、心因性疼痛、敏感等心理性疾病，大多與不良的注意習慣密切相關。

當然，注意習慣並非只有負面作用，對人格的正面作用也十分強大。環顧周圍將不難發現，一些成功人士大都有良好的注意習慣，是注意習慣助力他們的成功。

以上討論讓我們不難想到，想改變不好的性格、完善健康人格，應該（或必須）從改變注意習慣開始。

5・承擔覺的「上級」（上層機制）

注意是在感覺基礎上形成的比感覺更高級的功能——從眾多感覺中做出選擇。例如，注意的指向和定位作用，具有選擇重點方向的功能，即在乎重要的，忽視次要的，按重要性排序等，從而可把全域性應急變成局域性應急。由於實現了選擇，使生命的因應處理更智慧化，為其更節省地實現能量和物質調劑，提供了可能。

不難看出，在感覺基礎上形成的注意，能對感覺的區域和感覺類型實現初步篩選；注意是感覺功能向高級化的進階，是感覺的上層機制。

第 7 章　意識雛形：核心架構在量子助力下成形

7.3　量子化的比對

比對是一事物與另一事物的比較。意識中的比對，本質上是兩組量子級資訊的「對撞」過程。

7.3.1　生命為什麼會演化出比對功能

有判斷差異的比對功能意義非凡。有了比對功能，生命就可以認識新事物、得到新知識；能夠確定一事物與他事物的差別；能夠再次找到曾找過的「東西」（如食物）或再次避開一些「東西」（如危險），是趨吉避凶所必需的功能。

1・比對是一切認知和了悟的基礎

被譽為是 20 世紀最偉大的發現之一的「哥德爾不完備定理」的核心內涵顯示，只有事物或有限的系統本身，沒有相互之間的比較，是無法自證正確和錯誤的。即沒有比對就沒有對錯。從簡單的大小、多少、上下、來去，到常數、變數、微觀、宏觀、有利、不利等差異，再到從區域性到全域性的高階分析能力，都是比對的「格物」、鑑別作用所立的功勞。沒有比對就沒有辨識，就沒有以辨識為基礎的一切知識。

2・比對是思維運動的基本元素

比對可形成審對與抽象，比對是複雜的高階比對（抽象）的基本運動（運算）元素。比對在思維中充當運算器和 CPU 的作用，沒有比對便無法思維；相比感覺能對資訊素材採集和注意能對目標資訊聚焦，比對是更

高級的意識機制，能產生智慧。比對功能的不斷進階，對應著生命智慧由低階向高階的演化。

在物理層面，比對過程是兩組資訊的對撞過程，意識的若干神奇機制，都與對撞相關。

7.3.2 比對（對撞）提取資訊的原理和過程

1・大腦似有對撞式「機率機」作用

要實現生物資訊的資訊價值，起碼需要兩份以上的資訊進行比對，而資訊的比對形式應該是相互對撞與融合。

如果說「腦子中任何的辨識過程都是混沌與有序的不斷變化，辨識的建立必須是進入有序狀態」[085]的話，那麼對撞式比對就是從一個有序狀態，越過混沌，進入另一有序狀態的資訊過程。

大腦中資訊之間的比對，是一個機率值實現的過程，透過機率值的不同以區分事物的不同。這裡的機率值特指兩組量子級資訊狀態的全同率或時空重合率，資訊的全同率或時空重合率是實現差異比對的物理基礎。

例如，某個具體事物的物象資訊，其實是以一定機率運動著的量子級資訊；兩件物象之間的比對，就是兩個機率之間的融合性比對。其中，大腦實質上充當了「機率機」的作用。

某些觀察結論潛在地支持這種機制。有觀察者說：「我們透過最新的功能性核磁共振造影技術（fMRI），在無任何損傷的情況下，觀察人類大腦的活動。研究發現，人類在休息狀態下（睡眠），大腦仍是活躍的，左

---

[085] 孫久榮・腦科學導論 [M]・北京：北京大學出版社，2001：3.

第 7 章　意識雛形：核心架構在量子助力下成形

右腦區出現了同步活躍現象，就像左右大腦在溝通一樣，或許左右腦之間存在某種功能連線，左右大腦是需要進行資訊交流的。」[086] 資訊交流是需要資訊對撞的，以上觀察到的左右大腦存在資訊交流現象，應是觀察到了大腦左右腦的資訊對撞。

大腦中的資訊是如何實現對撞的呢？

2・大腦為資訊對撞提供了良好條件

1）空間或場所準備

從邏輯上說，實現資訊的對撞，兩份資訊和它們的預存空間都是必需的。因為，無論是實行一份新的資訊與一份疊代（迭代）後的資訊樣本比對，還是實行兩份疊代後的資訊之間的比對（抽象），兩份資訊都是必需的；同時，兩份資訊量巨大的資訊樣本，在比對前，將分別占用物理儲存位置，預先的儲存空間也是必需的。

事實上，感覺器官和大腦為資訊對撞做出了準備。高階動物不僅演化出資訊臨時存放的兩個空間——左腦和右腦，而且也完善了從雙耳、雙鼻、雙眼及左右對稱的身體，向大腦傳送資訊樣本的神經通道，為視、聽、嗅、觸等感覺資訊的進入和比對，提供了方便。

兩份資訊的對撞，還需要開關機制的保障，大腦似乎對此也已準備就緒。

一篇〈美科學家在人腦裡找到意識開關〉的文章描述道，大腦中有一個薄如紙片的屏狀體發揮意識開關的功能，對屏狀體「電流脈衝刺激，受試者失去意識，出現『片段遺忘』；刺激停止，立刻恢復意識」[087]，這種意識「開關」的存在，為大腦內資訊的比對，創造了條件。

---

[086] 小小・二十一世紀最具魅力的三大心理學發現 [J]・科普童話：新課堂，2017，(5)：6-7.
[087] 中國科學院・美科學家在人腦裡找到意識開關 [EB/OL]・中國科學院：科技動態：國際動態（2014-07-11）[2020-01-12]. https://www.cas.cn/xw/kjsm/gjdt/201407/t20140711_4154730.shtml.

2）素材或內容準備

有哪些內容和素材可以參與比對？換句話說，就是「哪種級別的資訊才能在大腦中實行比對？」答案是，只有能被宏觀注意所捕獲，並能透過對撞實行新概念的量子級資訊，才是「有資格」比對的資訊素材。

該資訊的來源有「內驅注意」關聯的內源性資訊和「外驅注意」關聯的外源性資訊。內源性資訊是大腦已有的資訊；外源性資訊是經感覺受器（如視覺、聽覺、嗅覺等末端器官）、中樞神經、腦幹、橋腦等篩選、初加工後的，摻雜已知意思和未知意思的「半成品」資訊，是有待形成明確概念的模糊性資訊。

3）投射準備

誰在攝取和投放資訊？這在前面「注意在哪裡辦公」為題的討論中已做過指認：即是「注意」，且主要是透過海馬迴投射的。醫學工程教授 Gregory Clark 認為，海馬迴能透過訓練，修改其放電模式，把初級素材直接對映成「時空碼」（space-time code）：「它由神經元的位置以及神經元放電的時機決定。該研究中的成員 Berger 說：『我們不明白原因是什麼，但最終結果是，時空碼是大腦其他部分可辨識的、並作為長期記憶的物質。』」[088] 意思是，海馬迴發揮了一種「照射」式的能量投射作用，它用放電的形式，把量子化資訊推送入大腦空間，即海馬迴這個「射手」已做好了投射準備。

3·對撞過程及效用

在具備兩份資訊和一定儲存條件，並有素材來源、開關機制和投射能力的情況下，如果還存在如下這種機制，則用於資訊疊加和獲得資訊

---

[088] MCKELVEY C. The Neuroscientist Who's Building a Better Memory for Humans[EB/OL]. WIRED：science, 2016(2016-12-01)[2020-02-21]. https://www.wired.com/2016/12/neuroscientist-whos-building-better-memory-humans/?mbid=social_fb.

第 7 章　意識雛形：核心架構在量子助力下成形

機率值的對撞就可以實現了：即左右大腦各提供一份量子級資訊，然後有開關啟動，讓它們相互對撞，對撞中與原有資訊相同的資訊位元會發生「相干性強化」，使原有資訊得到增強（即增強了原有的記憶資訊）；與原有資訊不相同的資訊位元，則不能發生相干，但其能量和資訊得以繼續暫存，就會被大腦預設為「未見過的」或「新的」、「變化」的部分（即產生了新的記憶）。

兩組資訊的對撞，可以得到新的概念（即「明白」），乍聽覺得不可思議，但仔細品味以下論述，或將解開疑團。

物理上，資訊得到的過程，是一部分量子資訊的狀態，被另一部分量子轟擊，發生了改變，或者說主體資訊（A）被客體資訊（B）轟擊而改造。該改造過程其實是（在注意的引導和協調下）兩份資訊運動狀態的疊加（融合、重組），成為一個「結果資訊」。在資訊（A）和資訊（B）疊加過程中，其內部的元素，透過發生位置、角動量、速度或能量等屬性變化，使「結果資訊」承載了（A）和（B）共同的能量資訊。或者是（A）得到了（B）的資訊，也可以理解為（B）得到了（A）的資訊。無論如何，都在原有基礎上，得到了新的東西。

在疊加對撞中，會產生兩種主要情形。

一種情形是相同資訊的對撞。即新進入資訊和原有記憶資訊位元的數量、規模、性質等一樣，也就是量子級資訊能階、動量等資訊要素的相同，就會產生能量相干疊加（這個過程應該就是記憶資訊得到強化的過程），該情形可稱為「對稱疊加」。「對稱疊加」會使相同的資訊位元得到加強，其創造出的高能量，會使「同區位神經元」（特指資訊活動區的神經元）受到激勵，神經傳導物質發生增益性分泌，宏觀上表現為已接觸的事物、熟悉的記憶訊號被進一步強化。

另一種情形是不同資訊的對撞。即新進入的資訊和原有資訊位元有

所不同或大部分不同。不相同部分因能量未得到靶點量子能的對偶增益或消除，會一直振盪，成為新增資訊活動位元。這種資訊位元的持續運動，會引起物質的新慣性運動，形成物質的新建和沉積，該情形可稱為「不對稱疊加」。「不對稱疊加」會產生資訊新活躍區，引發神經傳導物質「特異性分泌」，形成神經突觸「拓荒性」生長或連結，宏觀上就是對從未接觸過的事物的記憶新建。

以上兩種情況可進一步理解為：對稱疊加強化概念、增強記憶；不對稱疊加可新增概念（或記憶）。前者是對相同要素的確認，後者是對不同要素的確認。

7.3.3 抽象在疊代比對中產生

大腦有時從連續湧入的資訊中分辨資訊，有時用已有概念來總結規律，它是怎麼做到的呢？這涉及大腦的兩種抽象模式。

1·抽象的過程

從邏輯上來說，大腦的抽象分析存在兩種模式。一種是從連續湧入的資訊中抽取共性資訊；一種是透過邏輯比對，從已有概念中分級抽取共性資訊。前者不需暫存空間，後者需要暫存空間。

在資訊連續湧入（如觀察）模式中，始終存在後進入大腦的資訊與先進入大腦的（或大腦預先存在的）資訊的對撞（比對）。若將先進入大腦並形成有效分布的資訊稱為「主隊」，將後進入的稱為「客隊」，則兩者的對撞，會疊加成一個新的「主隊」分布（其實是一組新的資訊）。這樣，隨著「客隊」資訊按波次的不斷湧入，「主隊」資訊也在不斷地發生疊代變化，其實在進行連續地比對，也相當於大腦在進行複雜的疊代計算。然而大

第 7 章　意識雛形：核心架構在量子助力下成形

腦並沒有「覺得」在進行計算，因為它只管兩件事：用大機率發現相同與不同（實質是一種從概念中抽取不同的「抽象」活動）。當大腦發現新來的「客隊」資訊與已存的「主隊」資訊相同時，一般就會略過；發現不同時，就會產生警覺。

由於在資訊連續進入的情況下，注意攜帶的視覺量子資訊是以每秒數十幀的速度不間斷進入，且每一幀影像承載著大量的量子位元資訊，所以當影像資訊進入大腦發生的量子位元對撞相干時，其爆發規模很大。連續相干湧起的爆發潮，會此起彼伏，使意識域有了動態影像的呈現。

在邏輯比對模式中，大腦不是處理流狀資訊，而是對已有的、初級的概念性資訊加工成高級概念或抽象概念。大腦會在注意引導下，將已有的兩份概念性資訊成對地拿來比對，在比對中升級概念。這種對比是怎樣實現的呢？

邏輯比對流程中，大腦不是像連續觀察模式中將「主隊」結果總留在原地，而是透過注意，先將一份概念資訊拾取，並移入大腦的一個暫存區備用（備用的概念也可來自大腦原有的記憶）。以同樣的方式，將另一份資訊存入大腦的另一個暫存區，然後同時釋放兩個暫存區資訊，形成兩份概念資訊對撞，並將相撞後的不同（或相同）部分再移入新的暫存區。

請注意，新暫存區中儲存的不同或相同概念，就是從兩份概念資訊中抽取到的特異性或共性資訊，而該抽取過程，便是常說的抽象過程。若僅有一次概念比對或抽取過程，就是所謂的「一級抽象」，會形成一級抽象概念；用兩個一級抽象概念再進行比對或再對撞，就會形成二級抽象概念……逐次升級的抽象，都是對前一級比對結果的再比對，或者都是用兩個暫存區中的內容資訊進行的比對。

大腦抽象的升級，很難像其處理流狀資訊那樣持續進行。因為，抽象的升級會造成暫存區的增加，而大腦的暫存能力是有限的，且隨著暫存區的增加，大腦對暫存資訊的調控難度會幾何級地增大（透過主觀感覺能體會到，同時暫存兩對以上的概念就非常困難了），暫存能力的有限性和對暫存資訊調控難度的增加，會使大腦無法承受，從而會限制抽象級數，使抽象終止。例如，抽象性比對雖然只使用一個大腦「主場」，但暫存區卻需要多個。形成二級抽象的一對一級抽象，必須占用兩個暫存區，而形成三級抽象的一對二級抽象，也需要占用兩個新的暫存區……抽象的等級越高，需要的暫存區就越多，大腦很快就會因抽象級數的增加而發生儲存瓶頸，並迅速產生疲勞，抽象的升級因超過生理極限而終止。

2・抽象的本質

從抽象的過程可匯出抽象的性質（本質）：抽象是比對而來的，是在比對中提取共性的過程。或者說，抽象過程是摒棄具象的過程。

「意識的一個有趣之處在於，你想把它歸屬為什麼，意識所擁有的一些感受就會被漏掉。」[089] 之所以意識在做概念時總是漏掉具體感受，是因為概念是兩個以上事物資訊被綜合評價和抽象後的平均屬性。例如，要形成抽象的水果概念，就必須忽略蘋果或桃子等的具象感。

這種「漏掉」背後的微觀量子機制是：當代表蘋果和桃子的兩組資訊相撞時，只有描述「含水的」、「果實」等那些相同量子位元資訊，才會因量子相干得到加強。被加強了的量子位元會激勵、啟用神經，並產生一些衍生運動（如產生神經物質等），而這正是大腦將量子級共性概念資訊向生物級記憶媒介轉化的過程。

---

[089] 李秋零・康德著作全集 [M]・北京：中國人民大學出版社，2010，04（518）：704-705.

第 7 章　意識雛形：核心架構在量子助力下成形

　　由於抽象能透過概念比對中的量子相干提取事物平均屬性（即更本質的屬性），能從眾多素材的表徵和機制中榨取最簡共性或最簡約差異，這意味著，抽象可以獲得複雜事物的原理、規律和本質。

　　由於概念比對結果之間的再比對就是抽象，高階抽象就是對兩個抽象概念之間的相同或不同部分的再提取，這意味著，高階抽象更像是為得到更精微的產物，對已提取產物的再分離、再提取。

　　由於從更高階抽象得出的概念比下層的抽象概念其共性涵蓋度更廣，使更高一級抽象更具深刻性。這種深刻性，實質上就是人們心目中的「明白」，這意味著，每增加一層抽象，就能產生更深刻的明白。

　　總之，抽象是對概念之間的疊代比對，是透過概念資訊的對撞，獲得共性（或排除共性、獲得不同）的過程。抽象的意義在於，它可從一定範疇內個別、特殊的具象，產出對該範疇普遍適用的、共性的規律。

7.4 對假定的測試和應用

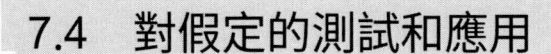

透過以上對量子級感覺、注意和比對，是意識主要成分的假定和推導，可以看出，有許多現象、事實和一些明顯的邏輯關係支持該假定，說明感覺、注意和比對是意識的主要成分的假定，是一個可以參考的線索。

以下，我們用以上參考線索結合相關事例，做應用性測試，對「理解是什麼」、「『我』是什麼」這類涉及感覺、注意和比對的意識現象作解釋，看看是否更有道理，能否給予人新的「明白」。

當然，測試結果不會在這裡，而是在大家的心裡。

1・解釋什麼是理解

所謂理解，就是比對結果或抽象概念「本身」。本質上是大腦對量子級資訊對撞現場的察覺。

量子級資訊在大腦範圍（或附近）對撞疊加後，會產生量子級資訊現場（場景），該場景被意識的察覺，便是某種「明白」。每次對撞疊加就是一次比對，每一次比對產生一個新的場景，即產生一個心理空間上的「明白」。

「明白」具有三個層次。當某人的主觀在對另一人提出的概念進行理解時，起碼會有三種情形發生：不理解、部分理解和全部理解。這些不同的理解情形，是由兩組資訊，即主體已有概念資訊和客方概念資訊疊加後，在人的大腦形成的三種不同的場景（即映像或印象）導致的，三種不同場景分別對應著三種「不同比例的明白」。

例如，之所以能形成全部理解，是客體資訊經注意引導對映到主體

第 7 章　意識雛形：核心架構在量子助力下成形

大腦，與主體大腦原有（已認知過事物）的量子位元實現了完全的（大小、範圍、強度、色彩、速度、時間、形狀等）相干疊加，主體將因此對客體資訊的能量屬性有了相同的覺 —— 有了全面了解，並同時增強了原有記憶。這顯示，只有透過相干疊加才能產生理解。與全部理解相比，部分理解和不理解屬於兩組概念資訊沒有實現完全的相干或沒有相干。

由此看出，理解不是對事物的全新認知（全新認知需要建立全新的記憶），而是在已有部分記憶資訊基礎上的再次對號入座。

2・解釋什麼是「我」

若問：「是什麼駕馭著自我在這個世界上自由奔跑？」人們會毫不遲疑的回答：「當然是我啊！」然而再問：「難道真的是『我』在駕馭我嗎？」人們可能又會猶豫不決。

其實自我是歷史生物慣性的產物，是當下分散式感覺的集合，從比對中產生。

1)時間上，「我」是生物慣性運動的產物

人們或從容、或不安、或想、或為應對事物而跑來跑去，都是歷史形成的生命組織 —— 或者說生物慣性 —— 與當下情況的因應互動。也就是說，生命之「我」的運動，是由生物慣性形成的歷史指令碼（如基因等）與當下所遭遇事物資訊的比對中，進行的自導航運動。試想，如果大腦記憶通道突然被徹底切斷，那個「我」將會失去眾多外加屬性帶來的身分自我感，將會失去歷史記憶催生的內在擔憂害怕、厭惡喜好等情感連結的自我感，也就失去了「社會人」屬性；如果連身體中微觀遺傳記憶的訊號連結也被切斷，豐富的視覺、聽覺、痛覺、味覺等機制將都無法再發揮作用，生命將因失去辨別和應對各種事物的本能反應，而對各類

刺激無動於衷。一個沒有了自控，沒有了各種感覺和反應的個體，幾乎是完全的木偶，個體將失去「自然人」的屬性，將沒有一絲「自我」感的存在。

生命在「自我」感產生的過程中，生物慣性發揮助推作用。生物慣性會助推有形的生命體逐漸個性化，也會助推無形的意識和「自我」認知逐漸個性化。表現為：某種感覺的不斷加強，能形成特殊的感覺偏好和情感依賴；某種注意習慣的加強，會形成特殊的欲望模式；某種比對習慣的加強，能形成特有的抽象和思維模式。隨著種種特殊生物慣性的逐漸強化，一個有個性物質和意識狀態的「我」得以形成。正如薛丁格所說：「我們每一個人都有這樣無可爭辯的印象，即他自己的經驗和記憶總和，形成了一個完全不同於任何其他人的統一體。」[090]

2）空間上，「我」是分散式感應的集合

有人說，當動物知道鏡子裡照見的是自己，而不是真正的自己時，它可能就懂得「自我」了。這個懂得的過程，其實是進行了反射性的空間比對。

動物明白自己不是其他空間事物的比對過程，關聯著痛癢等的擾動或阻尼類型和強度。擾動或阻尼強度，與自我存在感的強度成正比。一般，擾動越輕微，自我感就越寡淡；如果各種感覺都沒有了，自我感也就沒有了，就進入一種「無我」狀態。人們常在思考問題時忘掉自我，這進一步顯示，自我感只是感覺，而不是意識全部。由於自我感屬於感覺，且感覺具有空間分布性，所以自我感是一種分散式的存在，或者是各種分散式量子級感覺的集合。

Google 科學家們說：「一切生化演算法的集合，正是所謂的『我』。」[091] 這種說法，顯然與自我是各種分散式感覺的集合，具有相

---

[090] 薛丁格·生命是什麼 [M]·羅來復，羅遼復，譯·長沙：湖南科學技術出版社，2020：97.
[091] 赫拉利·未來簡史：從智人到智神 [M]·林俊宏，譯·北京：中信出版社，2017：307.

第 7 章　意識雛形：核心架構在量子助力下成形

同的內涵。離開感覺的體會，如關閉感覺進入睡眠，自我感就會戛然而止；同理，人死後，以因應互動為基礎的感覺消失後，以量子級感覺為資訊來源的量子級注意和比對就無法進行，量子級意識和自我感將不復存在，所謂的靈魂也將蕩然無存。

需要補充說明的是，儘管為了避免繁複，以上解釋及本章很多內容中，沒有專門提到量子機制從中作用的事，但由於闡述了感覺、注意和比對等機制都是量子級資訊機制，所以，無論是談論意識成員的形成，還是用形成的意識成員再解釋其他意識現象，實質上談的都是生命的量子級生物資訊現象、機制和作用。

第 8 章
意識三成員：
量子機制下的合作運作

　　導讀：為什麼意識只有感覺、注意和比對三個核心成員，而沒有更多？它們有怎樣的內在關聯？對於這些問題，本章按「自上而下」路線設定的「以功能集合為框架，找框架級連結或交叉點」之方法，對意識三個成員的早、中、晚不同的發生時期和演化等級等進行歸納性分析，從多個角度審視意識各成員間的交叉作用關係，以期得到規律性線索。同時闡述了高級意識的作用特點，如意識在判定事物性質中不自覺地使用「大機率思維」等。

第 8 章　意識三成員：量子機制下的合作運作

　　正像人只有兩隻眼睛、十根手指一樣，人類的意識也只有三個基本的分機制，這不是偶然的巧合，不是上帝的安排，而是生命自然演化的結果。

　　感覺、注意和比對三者，不僅在發生與發展中存在嚴格的時序關係，存在時間上的不可踰越性；也存在用能上的制約關係，有著此強彼弱的相關性。

　　感覺、注意和比對三者，既分屬三種資訊機制，有一定獨立性，又交叉連結，具有不可分割性，三者的有機連結，構成了完整的高級意識活動──主觀活動。

　　主觀活動在展現出綜合與複雜特性的同時，也賦予人類探索和改造客觀世界的強大能力。

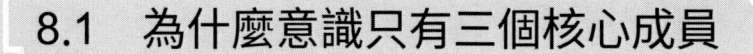

8.1　為什麼意識只有三個核心成員

　　一是不能更少。感覺、注意和比對是意識的三個最基本的功能，沒有感覺，就不能實現資訊的拾取和傳遞；沒有注意，就不能實現資訊的聚焦和選擇，就不能實現資訊的比對；沒有比對，則不能形成判定，生命就無法按輕重緩急處理問題，抽象、概念、想像、記憶等一系列功能也就無從談起，方法和策略等就成為無源之水，人類也就成不了生命界的王者。可以說，缺少三種資訊分機制的任何一種，都不能形成完整的高級意識活動。

　　二是不必更多。我們已得出這樣的認知：感覺、注意和比對機制是意識活動最基礎的資訊機制，其他意識現象都可由這三種資訊機制的組合衍生。如果再多，只能透過技術方式擴展人的感覺域，增加注意的通道數，增加比對的速度和算力，但也只是三種機制的延伸，並沒有增加機制的種類。

　　三是不可分割。感覺、注意和比對三種機制是逐級誕生的，具有天然的繼承關係，有整體功能上的不可分割性。雖然各機制有相對獨立的執行空域、時域和狀態，表現出意識的內在可分性，但就像樹的根、莖和葉的關係一樣，感覺、注意和比對三者表現出的差別，只是同一演化基礎、同一演化流程上的階段性區分，相互之間存在的密切能量和資訊關係，卻不允許被打破。意識運動只能靠三者的有機合作，才可真正實現。

第8章 意識三成員：量子機制下的合作運作

8.2 意識的內在執行機制

8.2.1 意識是其三個分機制的不同時序上演

意識資訊是一波一波、一份一份地產生和處理的，每一份資訊運動對應的或者是感覺，或者是注意，或者是比對，都按份、按時序在宏觀意識域「主場」上演。其中，思維是注意引導下的比對，「主觀」是正在上演的那一波波主場活動。

所謂按份或按時序上演，是指在主觀意識中，意識的三個子機制不能同時上演。無論感覺、注意還是比對，都是上一個演完才換下一個，一個上演的同時，意味著其他的停止；各分機制按順序接續發生，不允許兩個注意或兩個比對同時發生。即使感覺有廣泛、同時的發生，但感覺必須經注意引入主觀，而注意是單通道的，注意只能按時序拾取感覺，使得感覺在主觀中只能按順序呈現。這也是不管有多少種感覺或多少處傷痛，在一瞬間，主觀感受到的只能是其中一種或一處傷痛的原因。

8.2.2 意識三個分機制之間的關係

1・三者發生的時序關係

(1) 從有形的物質「硬體」發生來看，由於沒有原始腦，只有網狀神經或周圍神經的低等動物，也可產生感覺資訊，因此蒐集感覺資訊的周圍神經最早發生；有原始腦和中樞神經系統的、比低等動物高級的

哺乳類動物，其腦中就有海馬迴，且海馬迴能產生注意現象，因此產生注意的核心 —— 海馬迴稍後發生；有大腦的人類，可透過大腦皮質等高級神經中樞，對感覺和注意加工和比對，因此產生比對的大腦最後出現。

(2) 從無形的功能發生來看，感覺功能是首先的發端，時序上是第一位；注意的聚焦、定位及其對資訊的投射功能，都是在感覺基礎之上的發生，時序上屬於第二位；比對功能又是在前兩者基礎上的發生，即以感覺為素材，在注意引導下實現的比對功能，在發生時序上屬於第三位。由此，我們不妨將以上表述歸納為：

低階意識 = 感覺（早期發生）

中階意識 = 感覺 + 注意（晚一些發生，是感覺的「上層機制」）

高階意識 = 感覺 + 注意 + 比對（最後發生，是注意的「上層機制」）

2・三者之間的能量關係

從人的主觀體驗表現上，感覺、注意和比對三項功能的實現，存在「翹翹板」般的制約關係：三者中任意一項功能的增加，都會導致其他兩項功能的減弱。例如，當劇痛感覺逐漸強烈時，注意的轉移和比對抽象活動都會減弱；在深度抽象比對的瞬間，感覺和注意就不易被主觀所察覺；注意轉移快到極致，有效的感覺和抽象思維都將不能實現。

主觀體驗所表現出的感覺、注意和比對功能，有「翹翹板」般的相互制約關係，所反映的事實是，意識內在三個分機制在用能上存在強烈的依賴關係。意味著意識的三個分機制不僅都屬於能量活動，而且使用同一屬性、同一源頭的能量。意識的三個分機制相互間的功能之所以可以瞬間轉換，反應速度敏捷，也是因為三者用的是同一屬性的能量，而且

第 8 章　意識三成員：量子機制下的合作運作

該能量形式是量子級的（在前面的大量討論已給予了邏輯上的推定）。

3・三者功能的邏輯關係

　　感覺是以量子級機制因應事物，得到與傳導資訊的過程。感覺以潛感覺、直覺和顯感覺等形式，接受事物量子資訊刺激，並對刺激屬性進行量子化轉換和傳遞，其巨量、原始的訊號資源，形成龐大的資訊「市集」，為注意的選擇，提供豐富的基礎資訊。

　　注意是感覺的上層機制。注意以「大者先出」的權重競爭規則產生，以量子級資訊形式，對特定時段、位置和類型的感覺，實行「選定」和聚焦「照明」，其留駐、賦能等特性，放大、擴增了特定目標資訊，為素材的精確比對和抽象中的共性資訊提取提供支持。

　　比對是感覺和注意的上層機制。比對以兩份量子級生物資訊的對撞和疊加，產生機率化的生物資訊結果，並以此產生概念和抽象；比對可「發現」兩份事物資訊的相同、相似和不同，可為生命的經驗採納、價值取向、行為模式提供對標、匹配和判定，其抽象作用可實現更高層面的資訊收斂或資訊熵的降低。

　　三者既相互區分，又緊密相連、不可分割，以量子級生物資訊機制共同形成高級意識活動。

8.3　高級意識的作用特點

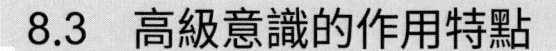

　　生命因應事物，並不是件件都經過意識處理，也就是說，意識不是鉅細都管。意識更像是為處理新的、深遠的、難以判斷的、潛在的危險和困難而生，而不是為處理簡單的、重複的、低階的細節問題，如處理本能反射和免疫反應等而生。本能反射和免疫反應在沒有意識之前，就可由原始腦或生物腦輕鬆處理和應對了。如果數億萬計的微觀反應都經過意識處理，對於傳遞速度只有 15 公尺／秒左右的大腦神經來說，早就不堪重負了。這正像薛丁格說的：「如果人類的感官也能感覺到少量幾個分子的碰撞，那我們將會有多麼莫名其妙和雜亂無章的經驗呀！」[092]

　　因此說，意識出現的作用，應是讓生命從局域、戰術級別的處理能力，向高瞻遠矚、抓大放小的全域性、策略級處理能力發展。例如，以下幾種全域性和策略效能力，就是在高級意識形成之後產生的。

1・具有更廣域、更高效能的資訊傳播力

　　意識可透過代理機制，擴大資訊傳播力。如透過各種電信網路通訊及不同的媒體等代理方法，實現意識資訊的擴大傳播，以更廣闊的領域、更快的速率、更準確的形式，發揮意識的命令、指揮、威懾、交流、教育、吸引、召喚等功能，形成更大、更廣泛性質的組織、集團、法律、道德等社會現象及生態。

---

[092] 薛丁格.生命是什麼[M].羅來復，羅遼復，譯.長沙：科學技術出版社，2020：14.

第 8 章　意識三成員：量子機制下的合作運作

2・能以「大機率思維」做「策略級」判斷

當意識可以針對某事物提出為什麼、怎麼辦這類問題並予以解決時，它實際上已在內部做了不少「功課」——對眾多正的和反的、有利的和不利的方面，進行了若干遍場景和過程模擬，實現了種種答案和方案的最佳化。這些只有宏觀意識層面才有的最佳化過程，並非憑空想像而來，而是使用「大機率思維」。

「大機率思維」只認可大機率事件，對小機率事物，如沒見過或很少見過的事物，予以否定或不予認可。人們通常認為的規律，也基本上是大機率思維的產物，如公設（postulate），只是可信度高的假設。

「大機率思維」會帶來兩個好處：一是危害機率小，獲益機會大；二是機率越大、資訊量越少或資訊熵值更小，判斷處置速度快且容易。顯然，這兩個好處，為生命帶來了更大的、策略級的利益。

3・能形成更大的欲望慣性及更強的改造能力

隨著意識的不斷高級化，推動意識高級化的生物慣性運動，也推動著人的欲望或期望不斷擴張。不斷高級化的意識和不斷擴張的欲望組合，不斷增強人類對環境的適應和改造能力。如高級意識可透過人工遺傳等方法，實現對自身生命體和其他生命體遺傳性狀實行改造、更新和修復；高級意識可產生更強和更廣泛的協調能力，實現人類社會，甚至星際間的組織合作；高級意識能更深刻地意識和掌握自然規律和機制，形成更強的創造力，從而使人類的統御力向宏觀和微觀領域不斷延伸。

毋庸贅述，由於意識「三成員」工作所用的能量和資訊都是量子級生物資訊，高級意識的作用特點，也是由該「三成員」在量子機制合作工作中形成的。

第 9 章
偽意識：
無法納入量子機制的現象解析

　　導讀：消除雜音才能聽到純美的音樂，這也適合對意識的認知。一些「偽意識現象」摻雜在意識現象中，造成意識過度複雜的錯覺，甚至讓人們誤以為非意識的情緒現象和由意識衍生的記憶等現象，也是意識的基本構成，從而對意識本質的研究造成了困擾。為了澄清對意識構成的模糊認知，本章按「自上而下」路線設定的「找功能間連結的閾值臨界，求導生命系統中資訊連結的邊界」之方法，在闡述 4 種「偽意識現象」產生機制的基礎上，以是否達到意識的量子級資訊活動水準為辨識標準，剔除「偽」的部分，純化對意識成分的認知。

第 9 章　偽意識：無法納入量子機制的現象解析

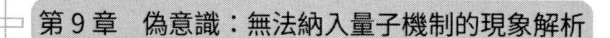

　　所謂的「偽意識現象」，特指像是意識活動，但又不是純意識機制，或乾脆不屬於意識範疇的現象。這些現象有的像意識能量的「劫匪」、有的像意識的「親子」、有的像意識的「幫手」、有的則是意識的「餘溫」，反正都不是意識本質。它們常與意識一同呈現，看起來很像意識，卻不是意識的最基本構成，若將它們當成意識的基本構成，就會平添意識問題研究的複雜性，混淆對意識本質的認知。其中以下幾種最易被混同為意識，妨礙著人們對意識本質的認知。

9.1 意識能量的「劫匪」── 情緒

　　從生命需要其能量和資訊具有有序性角度看，情緒本質上都是「壞的」，因為人所有的「喜、怒、憂、思、悲、恐、驚」七種情緒的能量和資訊都是混亂的，都是偏離了生命「中值態」的失衡態。而所謂的好情緒，其實是沒有壞情緒或是壞情緒正在被疏散，即沒有或正在消除情緒。沒有情緒時，人會有怡然自得，適宜中正的舒服感，或美感。本質上是身體中的「中值系統」處於最佳狀態。

　　如果不從能量和資訊運動的角度去解釋情緒，就會產生一些混亂的認知，並會大大增加心理和意識問題研究的難度。

　　例如，人們常把意識、情緒、行為這三種不同層面的東西混在一起去做心理研究，進而將行為與情緒之間的關係，當成劃分心理學類型的標準，衍生出一些混搭型心理學。其中所謂「著名」的「二要因學說」，就是把「先笑後快樂，還是先快樂後笑」、「先恐懼後逃跑，還是先逃跑後恐懼」等這類行為與情緒的時序關係，作為衡量心理學類型的標準，而產生了生理反應主導情緒和生理反應與情緒各自獨立，兩大生理心理學流派。

　　將非意識的情緒摻入意識一起認知，還讓研究者不得不將心理問題細分出更多的流派，並身心疲憊地為門派之爭費盡口舌。例如，僅主流的就有行為主義心理學、精神分析學派和人本主義心理學等十幾種，大量的流派，使心理學領域累積了濃重的理論內熵。

　　存在眾多心理學流派的深層原因之一，就與分不清意識和情緒的資訊運動特性相關。當知道情緒與意識都是量子級生物資訊運動，且在運動形式上有著根本性不同時，知道情緒會劫持和衝擊意識能量時，也許會對心理學流派間的矛盾有所緩解。

第9章　偽意識：無法納入量子機制的現象解析

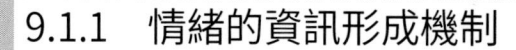

9.1.1　情緒的資訊形成機制

情緒源自於哪裡？人工智慧的創始者之一馬文·明斯基（Marvin Minsky）堅稱：「情感並非人腦的一個獨立事件，而是人腦的多個部分之間、人腦和身體之間的交互作用。」[093] 他想告訴人們，情感有著比邏輯思維更複雜的機制，其生成過程與大腦以外的身體部分相關。他說得的確沒錯，但還需要補充。事實上，身體中的臟器和腺體活動、經絡和量子級生物資訊運動等在情緒的產生中，發揮了主導性作用。

1・臟器和腺體活動促生情緒

有的生理學研究者發現並指認「杏仁核是情緒學習和記憶的重要結構」、「杏仁核是用來處理恐懼情緒的腦區」[094]，但是，杏仁核也許只發揮了類似 HUB 般的資訊傳遞和排程中樞的作用，而不是情緒的發源地。因為，包括杏仁核在內的大腦神經，雖然能夠整理和排程包括生物電在內的量子級生物資訊，能對已發生後的情緒能量和資訊，發揮一定的控制和調整，但情緒發生之初，卻更關乎臟器、腺體、輸送量子級資訊的通道及外界資訊，其中，臟器在情緒產生中更加原始。

從以下分析中，將不難看出情緒與臟器存在更原始的關係。

1) 恐懼情緒與「腎」系統相關

生命在恐懼的時候為什麼雙腿發抖？這種看似簡單的表象背後，包含著恐懼情緒的發生機制。

許多動物有快速脫離原位以逃離危險的本能。在危險來臨時，只要迅速地、遠遠地跳離原位，危險程度就會降低，生存的機率就會大增。

---

[093] 科學松鼠會·人工智慧綜述：讓機器像人類一樣思考 [EB/OL]·cnBeta：科學探索（2014-02-18）[2018-12-22]·https://www.cnbeta.com/articles/deep/272863.htm.
[094] 楊揚·杏仁核：大腦的「恐懼中心」[J]·科學（上海），2016，68（6）：12-16. DOI：10.3969/j.issn.0368-6396.2016.06.006.

不僅蝗蟲、青蛙等低階的動物擁有這種避險本能,從低等動物演化來的許多哺乳類動物,以及包括人類在內的靈長類動物,更是一直維持這種本能。

動物遇險快速跳離原位,需要在盡可能短的時間內,向腿部提供大量生物電,以滿足迅速跳離的能量之需,並會形成遇到危險就向腿部大量充電的生理慣性。人類也因有這種慣性,當有了危險卻逃不掉時,腿部的電會因無法釋放而「過充」,肌肉纖維就會不堪電荷的重負,而形成抽搐和抖動。如果此時心中硬是抵抗這種抖動,腿部所充的電還會持續暴增,抖動就會進一步加劇。

逃離所需的突然、巨大的用能,還會產生「釜底抽薪」般的作用,會使身體其他部分瞬間陷入供能的缺失。特別是用電大戶──頭部,由於電都去腿上了,它相當於被斷了電,於是,在腿發抖的同時,大腦會因供電不足、血液上不去,而出現意識空白,臉部也會因此迅速失去血色而變得慘白。另一個電能依賴者──排泄門戶處的括約肌,也因缺電,其禁錮能力喪失而尿失禁……可見,逃生本能對生物電的侵占有多麼嚴重!

然而更根本的問題是,瞬間大量的生物電產自哪裡?還有,生物電的最大源頭在哪裡?

雖然微觀上電能的生產和運送者──粒線體,對生物電的貢獻更具基礎性意義,但對情緒源頭而言,哪裡產電最多,卻是問題的核心。統合多方細節,對該問題的答案是:哺乳動物最強的電能來自腎系統,更確切地說,來自腎上腺。腎上腺所分泌的腎上腺素、去甲腎上腺素、多巴胺等能激發、生成大量的生物電。其中腎上腺素是在成分上比興奮物質多巴胺僅多一個羥基的物質,「腎上腺素通常被稱為『痛苦荷爾蒙』,每

第 9 章　偽意識：無法納入量子機制的現象解析

當人們生氣或感到鬱悶時，就會大量分泌腎上腺素。」[095] 當心電不足、休克需要急救復甦時，醫生通常會注射腎上腺素，本質上也是為了快速產電。因此可以說，生物電的最大工廠是包括腎上腺在內的腎系統。

當然，為生物電做貢獻的，還有其他生產激素的器官或組織，如甲狀腺、胸腺、前列腺等，這些腺體也會分泌激素，如膽鹼類、原胺類、多巴胺（DA）類等。但這些腺體分泌的物質，要麼只在二次性促生電流中發揮作用，要麼產電規模小很多，都與腎系統的產電規模相去甚遠。

從以上對恐懼情緒與腎系統的關係，及腎與生物電的關係分析，不難看出，情緒中包含生物電活動在內的量子機制。

知道了腎系統與生物電的關係，不僅能容易地從能量或量子活動角度理解腎為什麼與生命種種功能有那麼緊密的關聯，也會更容易弄懂中醫「腎者，作強之官」說辭的緣由，還能明白「恐能傷腎」是因恐懼的避險本能，形成腎系統產電異常和電生理系統紊亂帶來的損傷，而且，腎系統與恐懼情緒存在更原始的關係，也就不言自明了。

2)「喜生於心」、「怒生於肝」

世界上最好的感覺是你知道你的心在微笑。想必許多人都因有過這種體驗而認可這種說法，這相當於認可了喜的情感與心相關。不過這個所謂的或體會到的「心」，恐怕是古人說的「心腦一體共主神明」[096] 的「心系統」。原理上，在快樂情緒醞釀時，心跳會加快，並會刺激大腦產生內啡肽等興奮物質，這些物質作為催化劑，又會進一步啟動一些與電興奮或量子級活動相關的生化反應鏈，並發射電興奮性腦電波等，使得在快樂的過程中，心臟、大腦及全身相關部位，始終存在電興奮資訊的運動和衝擊。

---

[095] 粟周熊·將憂傷排出體外 [J]·家庭科技，2005（10）：34.
[096] 王文中·「心腦一體共主神明」淺識 [J]·中國中醫藥現代遠距教學，2009，7（10）：204. DOI：10.3969/j.issn.1672-2779.2009.10.161.

與喜的情緒和「心系統」活動密切相關類似，發怒的前前後後，都與肝系統的活動密切相關。

發怒的誘因，一般與各種利益得失中的不滿及因此啟動的爭奪、相搏情緒相關。相搏情緒會激發身體最大限度的能量排程和最強烈的生化反應：肝臟這個「化工廠」需為這些排程和反應努力，並很快達到其平常能力的上限；肝臟得用「狠」的情緒資訊，將各種生物馬達和各種能用於搏擊的能量鏈條動員得更快、更深、更多，以實現更大閾值的突破、再突破；肝臟的強力動員，甚至會使那些顯示威力的器官和組織，達到能量無以復加的、難受的地步。

但是，肝臟「化工廠」的代謝物往往是有毒的廢物，當各種毒素的汙穢達到肝臟不能消除和承受的程度時，難受就會轉化為恨意。恨會促使「狠」動員的加碼，恨與「狠」相互催生，一種特有的「生物慣性」——怒氣循環就會逐漸加速。

這種能量模式的疊代效應，不僅會使人和一些高等動物雙目圓睜、毛髮直立、咬牙切齒、吼聲大作，還會因肝臟的超負荷運作，助推出更高的血壓，導致組織的血浸潤和血管滲漏，進而產生多種疾病，最終使生命變得更易生怒。

以上種種情況顯示，臟器既是情緒資訊活動的始作俑者，又是助長情緒能量不斷升級的大本營。總之，臟器與情緒生物資訊活動風暴的消長難脫關係。

2・研究報告和分析，支持臟器是發生情緒的資訊模組

許多研究也從不同側面說明臟器是產生情緒的器官。

例如，1997 年美國出版的《心臟的改變》一書中提到，美國一位前女舞蹈家，47 歲接受心臟及肺移植手術後性格大變，易衝動且有攻擊性，

第 9 章　偽意識：無法納入量子機制的現象解析

愛喝啤酒，吃從不喜歡的炸雞塊。她決定調查捐贈者，最終找到是一名車禍喪生的 18 歲男孩，據說這些都正是他的習慣；還有報導說，一名女性接受器官移植後，突然會說流利的外語。科學家經過 20 多年調查發現，「人類個性完全可以透過器官移植轉移到其他人身上，至少 10％的人體主要器官移植者，都或多或少『繼承』器官捐贈者的性格和愛好，一些人則甚至繼承了智慧和『天分』。」[097]

發現移植臟器會改變性格、習慣等，其實證實了臟器具有發生情緒的作用，還潛在地說明了，所有的生物器官都是產生情緒的「跨態模組」。

所謂「跨態模組」，是指臟器一般都由三種態的東西所整合，分別是：可見的物質態，如組織、細胞、基因等；半可見的信使態，如半物質、半能量態的神經傳導物質類等；不可見的資訊態，如純屬資訊和能量活動的電荷簇等。此三種態應是臟器──「跨態模組」──之所以能夠完成各種生物反應的「標準配備」。

不僅具有宏觀功能的臟器都是「跨態模組」，即便是與生命微觀功能環節相連結的生物質，也應具備三態或跨態性的「標準配備」，否則「生物慣性」就不能持續，各生命環節就無法「通透」連結。

有以上闡述作基礎，我們對情緒的認知就可以更進一步深入了。

9.1.2　情緒的資訊和能量特質

情緒顯然比意識三個分機制中的後兩項「注意」和「比對」產生的時間早且原始。情緒因不具有注意那種限定範圍的聚焦功能，更不具有比對那種概念、抽象等思維功能，而不應劃入意識範疇。

---

[097] 徐地天.「換心效應」背後的祕密 [J]. 大科技（科學之謎），2013（8）：44-45.

9.1 意識能量的「劫匪」—情緒

情緒是沒有清晰「旨意」的資訊，甚至不具有足夠的啟示功能。例如，當人們看見對方發脾氣，做出一些異常行為時，常感到莫名其妙，原因是不知道對方是什麼意思。事實上，情緒只是與臟器病態活動或特定欲望相關的、扭曲效能量的爆發。當情緒資訊與意識產生的語言和動作摻合在一起時，情緒便會以其反常的能量形式，產生干涉作用，使本來旨意明確的語言、聲調和行為發生扭曲性變化。也就是說，情緒雖然是生物資訊，但卻是失去執行規則的資訊。

與意識運動相比，情緒資訊的運動具有如下幾個主要特點。

1・情緒是不經邏輯審對的感性資訊運動

情緒是受內外環境能量直接激發作用產生的、不經比對過程、是非概念性的生物資訊。因不需經大腦周全邏輯思維，情緒發生用時少、反應直接而迅速。同時因沒有經過比對，特別是沒有與預期行為結果的比對，情緒化行為有不計後果的魯莽，並常帶來更大機率的損失或失敗。

2・情緒資訊具有不可複製的原始性或本質性

由於情緒的發生與臟器活動直接相關，且臟器在不同時段的工作狀況、生理指標、健康程度等都有很大的不同，這使得臟器每次激起的、用於表達情緒的資訊能量和規模，都有很大的差異，因此情緒的能量和資訊強度，在時間上有很大的不同。也就是說，雖然外界諸多的挑動或擾動是可重複的，但是內生的情緒是不可真正重複的。使得情感成為原始的、第一性的感質[098]而不可被真正描述，或只能相似的被描述。也正

---

[098] 朱耀平·記感受質、意識體驗的主體性與自我意識 [J]·浙江大學學報（人文社會科學版），2014，44（1）：125-133

第 9 章　偽意識：無法納入量子機制的現象解析

因由情緒所產生的情感具有不可重複的原始性或本質性，人們喜愛追求情感，並樂此不疲。

3・情緒是無序資訊的發散性運動

情緒與規範有序的意識活動相比，是不穩定的能量和資訊，是相對無序的資訊紊流和能量風暴，它會干擾、打垮意識資訊規範、線性、有序的運動。

4・情緒形成過程存在「堰塞湖」效應

不規則的情緒能量，常因不能及時疏散而造成「堰塞湖」般的效應。例如，快樂情緒的超常孕育和突然洞開，會造成一場爆發性的大笑；憤怒或痛苦情緒的累積，不僅會引起一場災難性的爆發，還是各種疾病和腫瘤形成的原因。

5・不同情緒之間存在能量的制約關係

一種情緒能量可以中和或抵銷另一種情緒能量，如快樂情緒就很容易沖淡鬱悶情緒。民間有一種所謂「沖喜」的習俗，其實就包含著情緒間的能量抵銷。對情緒的相互制約關係，古代先賢有著非常深刻的見解，《黃帝內經·素問·陰陽應象大論》中總結道：「悲勝怒，恐勝喜，怒勝思，喜勝憂，思勝恐。」

9.1.3　情緒具有「盜取」意識能量的作用

　　情緒比意識更加原始和本能，且是耗能大戶，可在能源上游劫走意識能量，其劫走能量的形式，主要有以下兩種。

(1) 能量侵占。例如，由於有求生本能的關係，人類一直存在著對過去和當下的恐懼，也有著對將來不確定性的擔憂，而每一份恐懼和擔憂，都牽連著一組本能反應的「預備方案」。即便在主觀尚未發現恐懼對象時，與恐懼相關聯的臟器細胞也一直在隱性地「怠速運轉」，處於隨時做出壓力的備戰狀態，情緒的這種「耗能」，對高級意識的用能存在侵占作用。

(2) 直接盜搶。由於情緒與意識共同使用量子級生物資訊這個基本的東西，且情緒更原始或更具上游性，當遇有刺激時，情緒對能量資源的先期大量耗用，就會對意識用能形成事實上的搶奪與盜用。

　　情緒對能量侵占和盜搶作用的存在，使得情緒和意識活動強度表現出此消彼長的翹翹板關係。

　　事實上，每當人們面紅耳赤、怒髮衝冠的情緒發作之際，也正是意識出現空虛和糊塗之時。臟器產生的情緒資訊不僅會衝擊生物腦，形成植物神經紊亂，而且其混亂的資訊運動，會直接衝擊和干擾意識。在感性情緒與理性意識爭奪能量過程中，前者常常獲勝，從而使生命成為被情緒支配的角色。

　　由於情緒可先期侵占、盜取邏輯思維和智慧運作的能量，使情緒可以影響高級意識，而不是相反。

第 9 章 偽意識：無法納入量子機制的現象解析

> ### 9.1.4　情緒包含量子級資訊活動，但不是意識級的資訊活動

情緒與意識儘管都是同源同宗的資訊活動，但兩者在若干方面有著本質性的差異，這展現在以下幾點。

(1) 情緒與意識產生的位置不同。意識主要在大腦形成，而情緒主要在身體臟器形成。

(2) 情緒之「氣」的能階比意識之「神」的能階低，且「顆粒」粗糙。即達不到意識量子級資訊的純淨度、微觀度和能階。

(3) 情緒能量與意識能量的運動形式不同。情緒能量運動是混亂的、發散的、沒條理的、非線性的，是能量的潮汐、漩渦、爆發和滲漏；意識的能量運動具有線性、條理性、規律性，是按程序或常規路線的運動。

(4) 情緒沒有焦點和比對等意識所必備的要素。

因此，情緒雖能影響主觀，卻不屬於主觀意識的範疇。

重要的是，情緒與意識活動混雜在一起，增加了對意識和情緒本質規律歸結的難度。從量子級資訊和能量角度，將非意識活動的情緒從意識中剔除出來，不僅有利於更清晰地意識情緒本質，還可為認知意識本質掃除一大障礙。

9.2　意識活動的「親子」── 記憶

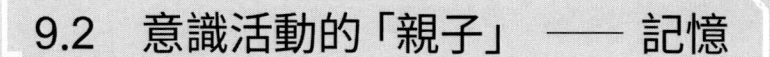

這裡所說的記憶，不包括可被生殖遺傳的本能等記憶，而是特指大腦對知識性、方法性、經歷性和社會性等不能被遺傳的文化類資訊的記憶。

大腦有長期記憶和短期記憶，其主要的作用是對人們見過或經歷過的事物資訊進行儲存，並以重複訪問的形式，對後續遇到的事物實行辨識和再認知。記憶包含資訊的存入過程、靜態儲存過程和取出過程，人們通常以為這三個過程都屬於意識活動。但是從意識屬性只是資訊的動態運動的角度來看，只有在存入和提取資訊時的量子風暴過程，才存在意識活動，記憶的靜態儲存或維持過程，則不屬於意識活動。也就是說，記憶中有一大段空閒時間是用不到意識的，即記憶並不是純意識活動。

然而，以下的分析顯示，記憶不僅不屬於純意識活動，而且只是意識活動的伴生現象。

為說明這個觀點，需要從記憶資訊的儲存是不是靠編碼實現開始說起。

9.2.1　記憶不應是編碼模式，而應是「沉積和泛起」模式

雖然人們在記憶探索方面有很多重要發現，但有些表述還是值得商榷。

特別是，應對「記憶是對輸入資訊的編碼、整合和儲存以後，在一定條件下提取的過程」[099] 的說法質疑。

---

[099] 石懷天·記憶的生理機制初探 [J/OL]·心理科學，1985（5）：52. https://www.zhangqiaokeyan.

第 9 章　偽意識：無法納入量子機制的現象解析

記憶會存在嚴格的編碼嗎？雖然有編碼與無編碼只有一字之差，卻關係到對記憶原理的正確挖掘，對此，應從記憶儲存模式上找答案。

1・功能分割槽和導航策略都可能有些不對

人們似乎習慣於用倉儲經驗，把大腦想像成一座巨大的倉庫，並沿著這個線索或假設，在大腦中尋找有「編碼」特徵的資訊「存貨區」、「貨架」等。但事實和邏輯卻動搖著這種「分類儲存」模式的根基。

如果大腦資訊是分類儲存的，必須存在有編碼策略和預先區分能力的「額外智慧」，編碼策略不僅需要「額外智慧」，還會「迫使」大腦提供三維的「倉儲地圖」和導航等。然而，分類儲存和有編碼的解讀都隱含著難以解決的問題。

1) 分類編碼策略帶來的導航定址問題無從解決

由於只有存在導航機制才能進入「倉儲地圖」上的「預定位置」，人們為此努力尋找導航機制。2014 年，科學家們發現了大腦內導航定位結構——「位置細胞」[100]，一些人在不明白「位置細胞」的真實原理和作用時，就報導說這具有「回憶過去和構想未來」的功能。但是，在該發現的報告中，「位置細胞」及導航功能是像 GPS 定位街道上的位置，是只反映生命與外環境位置關係的細胞，與以上所說的可用於大腦中導航或找記憶儲存位置的「倉儲地圖」完全是兩碼事。實際上，至今並沒有發現對記憶內容導航的那種機制。

2) 分類編碼和導航模式需要的「額外智慧」並無著落

要實現編碼和導航，就必須對進入大腦之前或未經辨識前的資訊預先

---

com/academic-journal-cn_detail_thesis/0201297462544.html.DOI：CNKI：SUN：XLKX.0.1985-05-010.

[100] 奇雲・大腦中的 GPS—2014 年諾貝爾生理學或醫學獎解讀 [J/OL]・生命世界，2014（12）：36[2020-01-12]・http://www.cnki.com.cn/Article/CJFDTotal-ZWZA201412005.htm.DOI：CNKI：SUN：ZWZA.0.2014-12-005.

9.2 意識活動的「親子」—記憶

區分好,否則就無法把資訊內容,如每個畫素、每個分詞,分門別類地放到大腦「倉庫」所謂的「編號」位置上。而由於資訊來源如滔滔洪水般巨量和快速,要預先區分,必須存在一個有預知能力、區分處理極快、絕對準確或不能有容錯機制、極度聰明的「額外智慧」,否則,一定會造成資訊排隊、倉庫碼混亂、不能精確取貨等問題。但從未有研究證明大腦記憶之前還存在「額外智慧」的工作過程,生理解剖學也從未發現有這樣的額外智力媒介,而大腦資訊的存放卻無混亂。這就是現實的幽默所在。

以上討論旨在說明,進入大腦的資訊因沒有「額外智慧」做預先區分,從資訊編碼、大腦分割槽和定址導航角度去探索記憶機制,看來都不太正確。

所有這些,不得不讓人產生另一種合乎邏輯的構想:大腦所有空間或神經組織是可共享的。即大腦中的資訊存放位置,並不像有號碼牌那樣是固定的,而是可隨時更換的。

神經共享機制的存在性,被一篇觀察報告證實。文章說,迄今為止,沒有標準來量化有哪些神經突觸區域和有多少給定的樹突與特定的觸發事件相連結,許多突觸似乎處於灰色地帶,它們不屬於任何處理單元。對此,他們開發了一種計算方法來回答這些問題。該文主要作者Willem Wybo指出:「我們的結果顯示,並行處理單元的數量,隨背景電壓輸入水準的不同而變化,這顯示同一神經元在不同的大腦狀態下,可能具有不同的計算作用。我們得出結論……樹突區域單元可以被認為是獨立的……動態劃分在正常的大腦功能中無處不在,對記憶的形成具有深遠的影響。」[101] 顯然,該報告說明了包括大腦突觸在內的神經物質是並行工作的,且具有廣泛的共享性。

那麼,神經的共享機制是如何實現的呢?

---

[101] WWYBO A M, TORBEN-NIELSEN B, NEVIAN T, et, al. Electrical compartmentalization in neurons[J]. Cell reports, 2019, 26(7):1759-1773(2019-02-12)[2020-06-01]. https://www.cell.com/cell-reports/fulltext/S 2211-1247(19)30103-2. DOI:https://doi.org/10.1016/j.celrep.2019.01.074.

第9章　偽意識：無法納入量子機制的現象解析

從綜合和多種角度做猜想,「沉積和泛起」模式最有利於共享記憶機制的實現。

2・存在共享性「沉積和泛起」記憶模式的依據

這裡的沉積和泛起,特指資訊在大腦空間原地累積沉寂和原地被啟用顯現。沉積是記的過程,是讓所見所聞的能量資訊沉積為大腦物質的過程;泛起是憶的過程,是將過去那些曾以能量和資訊形式活動過的沉積物,重新以能量和資訊形式映像到當前的意識中的過程。

筆者認為,大腦記憶存在原地沉積和原地泛起模式。所謂原地沉積,是指形成的資訊未經神經管道傳導到他處,而是直接沉結在本地的神經等物質中,並寂靜下來,形成所謂的「記」。與此相對應的原地泛起,是指已沉結於原地神經等物質中的資訊,在外部能量衝擊作用下,再次被啟用(喚醒)。呈現為與未沉積前一樣的量子級資訊模式,形成所謂的「憶」。

說資訊可在大腦空間原地沉積有什麼依據呢?一項重要實驗成果對此有潛在的支持。麻省理工學院的研究人員,用光纖引導光刺激老鼠神經等方法標記記憶痕跡時發現,「長期記憶和短期記憶是同時形成的,只是長期記憶一旦成型就會陷入沉寂。研究者北村隆(Takashi Kitamura)表示:『這和鞏固記憶的標準理論相反,標準理論認為記憶會逐漸轉移,但實際上記憶就在其生成的地方。』」[102] 可以看出,該報告等於不動聲色地支持了原地沉積模式的存在性。

那麼,原地泛起模式又有怎樣的物理機制呢?簡單地說,泛起(即回憶)過程是透過電振盪,將某種生物資訊以發散的形式傳播出去或「廣

---

[102] MCRAE M. 諾長期記憶和短期記憶竟在同時形成 [EB/OL]. 夏燁,譯. 神經資訊教育部重點實驗室(綜合新聞 TOP5),(2017-05-18) [2020-01-07]·https://neuro.uestc.edu.cn/neuro/html/trends/25.html.

9.2 意識活動的「親子」—記憶

播」出去，並以量子化的穿透性運動，直接轟出映像或直接從記憶沉積物中轟出資訊，而不是透過繁瑣的「線性檢索」，或經過若干曲折的管道，從某個特定記憶區或倉庫找到目標或找到記憶沉積物的。

「哦？那麼電振盪是怎麼回事呢？它是怎麼轟（找）出需要的記憶資訊呢？」回答這個問題之前，需要先簡略回顧一下關於記憶機制的常規說法——「線性檢索」機制。

「線性檢索」的說法，是用分子層面的生化過程來描述記憶機制。先是外界刺激訊號（如電流）經神經主幹傳遞到大腦神經元末端，最末端的神經突觸會發生電振盪，同時會產生化學物質麩胺酸、乙醯膽鹼等，這些物質會介導一些受體和離子，並會放大電訊號的倍數。接著，兩個突觸之間的 AMPA 受體和 NMDA 受體及 K^+、Na^+、Ca^{2+} 等離子的相互作用，使訊號放大得以實現。反過來，突觸蛋白也因這一系列的化學過程、興奮和傳遞效用等而增粗、傳遞效率更高。當兩個神經元訊號傳輸過程得到長時程增強（LTP），突觸後膜 AMPA 受體數目足夠多時，記憶便穩定地被保存下來。

不難看出，以上常規說法對記憶過程幾乎都是在談「記」的線性物質變化流程，並沒有單獨反映「憶」的資訊泛起過程，且只把突觸電振盪當作記憶的前置要素。而事實上，攜帶量子級資訊的非物質化的電振盪，才是記憶實現最重要的機制，記憶中衍生的化學物質，只是資訊沉積和泛起的合適媒介。

電振盪「轟」出記憶資訊的機制，需跳出單路神經的線性關聯，用全腦的宏觀電活動來解析。因為大腦中的資訊活動是以「雲」狀形式瞬間閃爍作用的，是無數單個電振盪小火花共振組成的宏觀現象。在電鏡觀測下，所有影像都是一陣陣共振的宏觀組圖。生動具體地說，大腦對一朵

第 9 章　偽意識：無法納入量子機制的現象解析

　　玫瑰花的視覺反映，是無數分布的碎片組合。有人觀測到了這些，並將其稱之為「電物體」。前面所引用的報告中還說：「我們發現平衡輸入或分流抑制，可以修改這種拓撲結構，並以上下文相關的方式增加亞基的數量和大小。我們還發現，這種動態的重新劃分，可以使特定分支的刺激特徵學習成為可能。樹枝狀膜片鉗實驗的分析，證實了我們的理論預測。」意思是，大腦內的神經單元和亞單元並非按固定功能區域反映外界事物，而是以動態重新組合的形式做出反應。[103] 這不僅說明記憶物是碎片化、分散式儲存，還意味著，僅從區域性微觀觀察就想看清記和憶的全部過程，是無法做到的。

　　回憶時資訊運動的真實情況，應該是當受到某種提示類型的訊號廣播時，大腦中有同頻振盪特性的物質，因共振作用的能量增益，而實行了資訊的泛起或回應。該回應就像分散到草叢中同類的小蟲一起發聲，產生了強大的共鳴，大腦中量子級資訊的同頻振盪，則會形成統一的場效應，並會形成宏觀的回憶影像。

　　從以上事實和推理構成的邏輯中，不難得到這樣的提示：廣泛而同頻率的電振盪，不僅能直接找到與提示資訊同類的擬回憶資訊，還會因共振效應回應處資訊活動強度的加倍提高，而實現記憶增強。

　　記憶的「沉積和泛起」模式，可透過以下可能的條件和過程，做進一步的描述。

---

[103] WWYBO A M, TORBEN-NIELSEN B, NEVIAN T, et, al. Electrical compartmentalization in neurons[J]. Cell reports, 2019, 26(7)：1759-1773(2019-02-12)[2020-06-01]. https://www.cell.com/cell-reports/fulltext/S2211-1247(19)30103-2. DOI：https://doi.org/10.1016/j.celrep.2019.01.074.

9.2.2 「沉積 ── 泛起」記憶模式的條件和可能過程

1・大腦有實現量子化資訊沉積記憶的條件

(1) 海馬迴及附屬組織能以注意的形式發出融合的資訊流 ── 有固定時脈頻率的大腦基態資訊波，並能與外界進入的樣本資訊波形成疊合的波，從而能實現對記憶訊號進行類似廣播一樣的散發。

(2) 發出的疊合波能與大腦內敏感物質中的量子位元產生相干，並使資訊密度增加或資訊能量增益，從而能實現記和憶。

(3) 生物資訊的量子成分相干增益所形成的能量躍遷，可對附近物質發生干涉，形成干涉態物質沉積印痕；按時間序列進行的被干涉態物質會層層疊加，並在腦海裡形成沉積相。這兩種情況可實現記憶增強或長期記憶。

(4) 大腦能充當以上過程的實行場域。

2・沉積記憶可能透過「蛙鳴機制」來實現

所謂的「蛙鳴機制」，是指注意以生物資訊波（如電波）形式，向大腦廣播或「照耀」的一個短促週期過程。這個過程實際上比一隻蛙「哇！」的一聲短暫得多，且像一個雷電的短閃光那麼迅疾。按照大腦對視覺反映的速度是每秒 24 幀估算，每秒這樣的短閃光，應能達到 24 次。與蛙鳴和雷電有所不同的是，注意發射的是能夠穿透腦組織的資訊波，但為了便於理解，後面還需要借用蛙鳴這個形象比喻。「蛙鳴機制」的特點是跨越神經的效應。

第 9 章　偽意識：無法納入量子機制的現象解析

1)「蛙鳴機制」中的資訊存入過程

注意透過海馬迴實施「蛙鳴」廣播，發出一定波長的量子波，與大腦網狀系統中已儲存資訊的量子位元相干，相干形成的高能區，對附近神經元物質載能，從而實現神經科學家認可的：「資訊從某種程度上，可以在連結神經元的突觸間進行停留。」[104]形成任意拓撲空間的物質化記憶。

2)「蛙鳴機制」對資訊的提取過程

（1）對於提取與歷史、時間相關的資訊，可透過不同能量強度（波長）的注意，向大腦「蛙鳴」廣播，對目標資訊予以啟用。

記憶內容雖沒有按照連續有序的空間區域存放，但每批儲存的內容，都有著與時間嚴格對應的能量層級。這是因為曾被分批相干、層層疊加在沉積相記憶中的量子位元，一直發生「消相干」程序；隨著時間的推移，記憶量子位元資訊的能量頻率越來越低，波越來越長，會形成從當下到過去頻率越來越低、波越來越長的能量梯度。這意味著，回憶時間性內容時，只需透過注意調節「哇！」能量強度（波長）即可。能量強度對應著當下意識給定的時間距離，一旦頻率達到給定的值，就會使相等波長的量子位元共振或相干，與「哇！」能量頻率相同的、與時間相關的資訊，就會泛起或顯現出來。

（2）對於提取與空間和內容相關的資訊，注意可用其所「蘸」來的「種子資訊」，即欲提取內容的提示部分，以「哇！」的廣播形式啟用目標資訊。

當注意帶著「種子資訊」不斷地「哇！」向大腦時，與「種子資訊」內容相同（即空間形態、密度等相同）的資訊，就會被相干啟用。更重要的是，一些與「種子資訊」連結或緊靠在一起的已存內容，也因空間或狀態

---

[104] BODDY J. Newly discovered state of memory could help explain learning and brain disorders[J]. Science, 2016-12[2020-01-12]. https://www.researchgate.net/publication/321658465_Newly_discovered_state_of_memory_could_help_explain_learning_and_brain_disorders. DOI：10.1126/science.aal0446

相近，發生部分相干而一躍而起，一同呈現在意識的天空中，形成事實上的聯想現象。如此，內容性回憶便得到了實現。

3）一些實驗成果支持「蛙鳴機制」和蛙鳴效應的存在

腦磁圖顯示，當資訊來臨和運動時，大腦不連續的區塊會「同時激化」閃爍。「同時激化」的速度明顯超過了約 15 公尺／秒的神經傳導常規速度，這說明有一種超越神經傳導的資訊機制在發揮作用，顯示出與量子級的蛙鳴機制有很大的相關性。

一篇發表在《海外學者短期講學》（$Frontiers\ in\ Systems\ Neuroscience$）上的論文闡述了這樣的觀點：「腦計算是透過 2 的次方（2^n）排列邏輯組織的。」[105] 這個觀點暗示著大腦資訊傳遞模式是發散性的，因為 2^n 的影像就是一種發散模型。如果該類發散模型的初始位置在海馬迴，即「哇！」資訊從海馬迴按 2^n 的模式向外展開，整個資訊發散性傳遞過程將表現出一種由海馬迴向外的「照耀」。顯然，該假定的「照耀」與以上實際觀察到的腦磁圖「同步」閃爍現象非常吻合。

對於「照耀」現象或「蛙鳴機制」的存在性，2017 年發表的報告中，至少具有如下的發現：「在炫（指閃亮，作者注）發生期間，含有粒線體活性氧激增、基質瞬時鹼化、膜電位瞬時下降等多重變化；突觸的長時程增強，總是伴有突觸附近一個或多個粒線體炫訊號，每個次炫訊號，以瞬時活性氧爆發形式產生『燒製』作用，對 2 微米內區域性空間的突觸物質實施塑造，從而實現長程記憶。」[106] 這種瞬時性「燒製」炫機制，顯然與「蛙鳴效應」的瞬時性沉積機制具有很強的一致性。

---

[105] XIE K, FOX G E, LIU J, et al. Brain computation is organized via power-of-two-based permutation logic[J]. Front Syst Neurosci, 2016, 10：95(2016-11-15)[2019-12-01]. https://www.frontiersin.org/articles/10.3389/fnsys2016.00095/full. DOI：10.3389/fnsys.2016.00095.

[106] 葉瑞優·科學家發現「粒線體炫」調控神經元突觸水準的長時程記憶 [EB/OL]· 中國科學院·中國科學技術大學 (2017-06-28) [2019-03-12]·https://www.cas.cn/syky/201706/t20170628_4606672.shtml.

第 9 章　偽意識：無法納入量子機制的現象解析

下面這份實驗觀察報告，則似乎直接證實了海馬迴能透過「蛙鳴」提取資訊。

《神經元》期刊（Neuron）的一篇題目為〈大腦漣漪讓記憶永恆〉的報導中說，在老鼠身上發現「一種大腦海馬迴傳出的所謂尖波漣漪（SWRs）的腦波與穩定記憶有關，它能幫助大腦把學到或經歷過的事立即重播。」「研究人員提出了一個包含海馬迴兩個特定區域（CA1 和 CA3）的模型。模型顯示，CA3 的振動刺激和 CA1 的相位性抑制合作，產生了 SWRs。」[107] 這種尖波漣漪（SWRs）的腦波，與蛙鳴機制描述的短促的「哇！」似乎沒有什麼不同。

綜合以上觀點和敘述，可得出這樣的認知：大腦中存在閃爆發散性通訊模式，能以「蛙鳴」形式將量子化的生物資訊存入和提取。

9.2.3　沉積記憶模式無需編碼定址和「額外智力」，卻更吻合記憶現象本身

(1) 沉積記憶模式透過相同頻率或相同能量級別的資訊相干實現，不需要編碼，不需要定位和導航所必需的「額外智力」就既能實現對時序性或歷史性資訊的存取，也能夠實現對空間性或內容性資訊的存取，與人的記憶實際表現一樣。

(2) 沉積記憶雖無編碼，但由注意引導的量子相干所衍生的記憶物質塵雲—「沉積相」，可以以不同波次、不同疏密分布、不同能量強度的形式，在全腦中以 3D 形式穿插疊合地生成與沉積，使記憶「沉積相」具有全息性、唯一性和形式上的近乎無限性，相當於可實現無限多的編碼組合或記憶容量的無限性，與人的記憶容量表現相吻合。

---

[107] 張章‧大腦漣漪讓記憶「永恆」[EB/OL]‧科學網，2017-01-11[2019-12-10]‧https://news.sciencenet.cn/htmlnews/2017/1/365633.shtm

(3) 因沉積記憶模式是以穿插疊合的形式積存記憶物，其資訊有高度點共享性和互聯性，從而使記和憶的過程都伴隨著廣泛的聯想，並能以指數級形式加速擴散性搜尋資訊。例如，可使注意能以每秒 24 幀次左右的速度「高頻寬」地注入和提取視覺影像資訊。這些也與人的記憶實情相吻合。

例如，「點共享」既可最大限度地滿足各種資訊模式的儲存和提取需求，又可大大節省記憶所用的物質和能量資源。大腦以共享部分作為母概念或「樁」基礎，再增加一點或少一點物質，就可成為相似事物的概念，聯想、相似、相反概念就可以在共享的母概念「樁」基礎上形成，從而使記憶所耗費的物質極其地少，而現實中，人們的確用「記憶樁」作為記憶法，實現了快速聯想記憶；「點共享」可天然地避免將一萬個 0 分別放到一萬個儲存單元的重複工作和重複的耗能，而人類的記憶實際上具備這種特性。

9.2.4 記憶伴隨意識量子級資訊活動而產生，卻不是意識本身

由前面的分析，可得出這樣的認知：

(1) 記憶是在意識成員「注意」的作用下衍生記憶物的過程，而意識是純的量子級生物資訊能量運動過程。意識活動消失後，它「自身」便不存在，而記憶在意識活動消失後，卻還有記憶物質存在。

(2) 意識中的注意可促發形成記憶物質的泛起、沉積和衍生，但記憶物卻不能在沒有意識主要成員注意的作用下，自動啟用、沉積和衍生。

因此可以說，記憶不是意識的活動主要成員。意識活動產生記憶物

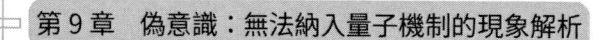

第 9 章 偽意識：無法納入量子機制的現象解析

的過程，存在意識和記憶物的互動關係，兩者的關係就像意識之「火」與記憶物之「灰」的關係。雖然灰燼由火產生，灰可與火融合、共舞，但是灰只是火的衍生物，而不是火。記憶過程只與記憶物相連結，如果存在意識的量子風暴活動卻沒有形成記憶物，則等於有火卻沒有產生灰，則不存在記憶。總之，記憶只是意識主要成員主動活動的被動效應過程和產物，而不是意識本身。

9.3　意識交流的「幫手」── 語言

如果說，資訊媒介是裝載和傳遞概念性資訊「蛋糕」的「盒子」，人類真正需要的是「蛋糕」，而不是「盒子」，人們可能會同意這種說法。但如果進一步說，作為有媒介功能的、由語音、詞彙和語法所組成的有聲語言也是一種「盒子」，而該語言「盒子」裡沒有直接裝載概念性資訊「蛋糕」，人們可能就會不同意了。

然而，從是否「夠格」量子級生物資訊角度來看，媒介「盒子」裡有概念性資訊「蛋糕」的說法是錯的，而媒介「盒子」裡沒有直接裝載概念性資訊「蛋糕」的說法卻是對的。因為，語言媒介「盒子」裡並沒有意識量子級資訊活動本質或「蛋糕」，包括其他不發聲的媒介性語言，如書面語言、影像語言、體態語言、電腦語言等，也通通只是有提示性標記的盒子，都未直接盛放著意識本質的概念性資訊。

原理性根據在哪裡？這需要從語言與「真意」的關係說起。

9.3.1　語言只是開啟「真意倉庫」的「鑰匙」

說語言不能直接載有本質資訊，或語言聲音資訊不是「真意」資訊本身，是因語言聲音雖能喚起「真意」，卻不直接有「真意」的物理性生物資訊活動。語言只是有「鑰匙」般的對號開鎖功能，能透過交接鑰匙的形式，打開相互放有「真意」的大腦記憶倉庫，並引燃大腦裡的量子級意識資訊運動。語言的表達過程，就像要讓對方大腦倉庫燃起與自己大腦倉庫裡同樣火焰圖案的過程，該過程並不是將自己大腦中那片火焰圖案直接搬過去，而是透過用鑰匙開倉庫啟動或用火種引燃般的方式，去間接實現的。

語言是怎麼實現這種「鑰匙」或點燃作用的呢？

第9章　偽意識：無法納入量子機制的現象解析

當語言發出時，等於給予語言接受方開啟「真意倉庫」約定內容的「鑰匙」，受者或聽者只是拿到了「鑰匙」，並沒有拿到內容。如果聽者不在意，或當作「耳邊風」，就等於把「鑰匙」丟掉、不去開倉庫，聲音與「真意」就無法產生連結，也就產生不了「真意」，同時也說明，語言不等於「真意」，而只是開啟「真意倉庫」的工具。

作為工具的語言，可以用不同的語言表達同一「真意」資訊；但同一「真意」資訊，作為一種本質，卻不會被不同的表達語言所改變。例如，寒冷這個「真意」可以用不同語言、不同文字、不同影像，及不同手勢、體態來表達，但大腦中所顯現的寒冷「真意」，並未因表達形式的改變而改變。這是因「真意」不以語言表達形式左右其客觀物質性和客觀能量性。

「真意」資訊的客觀性，展現在「真意」是意識域中感覺、注意和比對的實在過程，或生物資訊的實在性因應運動過程。例如，寒冷覺的「真意」，是透過真實能量因應過程、經真實的資訊「湧現性」運動，所產生的量子級生物資訊，具有物質、能量和資訊的本質性和客觀性。

也就是說，語言只是一種讓對方大腦重新湧現出某種「真意」，或能讓其大腦倉庫某一部分被引爆的導引或點燃工具，它是約定好的、對某一特定「真意」的對號開啟方式──「鑰匙」，並不是倉庫內容物──「真意」本身。如你可用語言描述自己的痠麻，卻不能讓對方直接得到你真實的痠麻感；對方直接聽到的是你的痠麻詞彙，他要用痠麻詞彙去對照自己記憶倉庫裡曾有過的痠麻感受，才可以真正體會到你說的是什麼。即「真意」是一種個體獨有的、永遠無法通約的內在個性覺或內在的能量活動。

照此說來，之所以不同的語言能透過翻譯相互得到同樣的「真意」，難道是因不同語言的人相互都預先擁有一座保存著同樣「真意」或覺的「真意倉庫」嗎？是的！

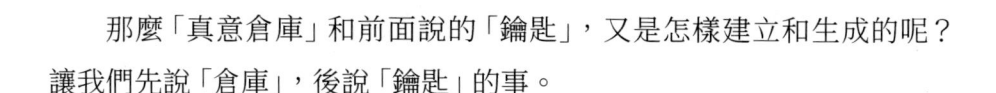

那麼「真意倉庫」和前面說的「鑰匙」，又是怎樣建立和生成的呢？讓我們先說「倉庫」，後說「鑰匙」的事。

9.3.2 「真意倉庫」的建立

「真意倉庫」其實是人類的體驗紀錄。因有過相似的體驗和遺傳，這種紀錄有相對統一的內涵，本質上是生命量子化因應過程的「體驗集」。

人類有成千上萬種對冷熱、痠麻、明暗、痛苦與快樂等的體驗紀錄或記憶，這些紀錄在語言產生與交流之前，就早早地產生和存在了。由於有幾乎相同體驗和遺傳過程的關係，因此所有人種中的所有個體，就會對某種刺激的體驗紀錄和內在反應流程都大致相同，即人類都具有一套相似的體驗紀錄數據「倉庫」。這就是爾後建立「共通性」語言約定和翻譯協議的天然基礎。

當然，這種「倉庫」中儲存的並不限於像寒冷那樣簡單「共通」的感性體驗，還有大量抽象概念類的、邏輯流程類的和複雜情感類的「共通」性高級思維體驗和記憶。各類「共通」性體驗記憶，為人類社會的溝通和高級化，提供「通用真意倉庫」。

有了這種「倉庫」，儘管語言沒有直接傳遞「真意」，但發送方仍能讓接收方共鳴、產生同樣體驗過的覺，從而實現「真意」的間接得到。當發送方按照預先「協約」，發出某個音節時，接收方得到音節，相當於接到了「鑰匙」，後者大腦就會按「約定」，開啟該音節對應的「真意倉庫」，並點燃或啟動它自身的生物和量子化流程，最終得到了與發送方相似的「真意」覺。

至於該倉庫是如何與視覺、聽覺等連結和開啟的，這與語言「鑰匙」的產生相關。

9.3.3 「通用鑰匙」—— 語言的產生

不僅「真意倉庫」是通用性的，在同一語系中，開倉的「鑰匙」也是通用性的。

原始語言的產生，應起源於原始人對某種感受、某種食物需求或某種危險發出的呼叫或感嘆，習慣而近距離的傾聽和觀摩，可使相互之間使用相同的呼叫，以表達或喚起同樣的「真意」感，從而形成了原始的默契語言。而想將更細膩的感覺讓更多個體明白時，就需要更細微和更廣泛的默契和「約定」，大量的「約定」會在同一生活圈成員之間建立起統一的語系。在此期間，體驗的不斷增加，豐富「真意倉庫」的內容；約定的不斷增加，豐富相互開啟倉庫的鑰匙 —— 語言。

當同一語系中的某人向另一人發出語言時，相當於通知對方按約定方式啟用「真意」。每組語音只能啟用一組「真意」，當接收方收到多個語音的長句時，會按發出方的發音順序或約定的語法邏輯，去自身倉庫中順序性地啟用「真意」。也就是說，表面上那「真意」像是發出方傳來的，實質上「真意」是接收方自己這部「量子機器」生產出來的。這會讓我們聯想到，如果人類之間能既快又準地直接傳遞量子化概念，則不需要語言，語言也不會誕生。之所以這個「如果」沒變成現實，還是因「真意」這種生物資訊在人類間不能直接被傳遞。也許直接傳遞「真意」的能力，在語言產生之前的原始人是有的，只是後來退化了，因用聲音語言「鑰匙」比向外直接發出量子化資訊交流更節能。

由於語系是特定生活圈中的約定，不同語系相同的發音可能代表不同的「真意」，這會使不同生活圈的人群，因不知對方的約定，而不理解其相同發音代表的是什麼「真意」。這不僅說明語言只是「真意」的提示符而不是「真意」本身，還意味著，要實現不同語系的相互了解，就需要再「約定」，或需要建立「約定」的翻譯規則。正因有廣泛的「約定」和翻

譯規則，才有了更加廣泛的語言溝通，這種溝通，事實上是相互交換了開啟各自「真意倉庫」的鑰匙。

為什麼音樂藝術作為一種特殊的語言，不同語種間不須翻譯，卻能相互理解呢？

原理還是與通用的「真意倉庫」相關。代表音樂和藝術形式的韻律、節拍、音調、色調、形象等，是全人類記憶倉庫中共有的體驗紀錄，是不可替代的、具有唯一性的底層物質和能量物理性活動，帶有天然、原始的通用性。反過來說，原始、通用的韻律等，可在不同人群心中激起同一模式的生物資訊活動，而獲得同樣的「真意」感受。即韻律等是啟動同一意境的「通用鑰匙」，所以音樂藝術是全人類共同的語言。

語音形式的語言則不具備音樂藝術那種通用性質。語音語言不同於音樂之處，是語音不具通用的節拍、韻律等，其音節、發音形式、組合等，都只具特殊群體的約定性，在不同語系的人群心理，不能形成統一的感受和「真意」。因此，語音語言在全人類中不通用，它只是同一語系中的「特用鑰匙」。

由於音樂和藝術是能啟用人類「真意」資訊的通用媒介，未來它們可能會更加強盛；而因語言只是部分人或語系內資訊傳遞的仲介，若這種仲介作用未來能如影隨形地被有翻譯功能且能直接、高速啟用「真意」的儀器所實現，聲音語言的作用就會被大大弱化，一些不太通用的小語種語言，或許會很快消失。

9.3.4 語言具有開啟意識量子級資訊活動的作用，卻不具有直接的意識性

綜合前面所述，可得出這樣的認知：語言是喚起意識資訊運動的媒介，有傳遞「通用鑰匙」、開啟「通用資訊倉庫」的作用。其中，「通用鑰

第 9 章 偽意識：無法納入量子機制的現象解析

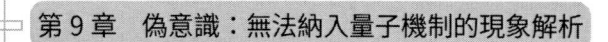

匙」是對某種「真意」實施表達的預先約定,「通用資訊倉庫」是經人類長期共同性的遺傳和共同性體驗累積所形成。

就像留聲機能放出語言聲音卻沒有意識一樣,語音形式的語言也因不直接攜帶「真意」而不具有直接的意識性。語言只是意識之間交流的「幫手」或工具。

9.4 意識活動的「餘溫」—— 夢

夢是在睡眠狀態下產生的情景，夢為人們帶來了奇異的幻覺，也帶來了靈感、快樂與不安⋯⋯夢是重要的，但夢的本質是什麼，至今仍舊是人們心中的超級疑惑。夢和意識活動關係緊密，既然意識原理可透過量子化機制作出解析，夢的原理也就不難解析了。

9.4.1 夢故事的編劇過程

夢故事是由誰主編的？不同時空的夢境素材來自何方？

顯然，夢故事並沒有獨立創作者，而是一些「游離」的生物資訊與生命內、外能量互動、共同糾合完成的。

故事本質上是一連串的因果關係，夢故事也是如此。從大腦記憶中游離出的、規模大一點的生物資訊，以及體內外運動的資訊和能量，一旦被潛感覺所拾取，資訊就會在潛感覺域發生疊加融合，完成內容和景象的重組，形成一個個夢故事素材片段或節點。素材片段或節點還會被微弱的、有時鐘步進功能的潛注意順序性地「讀取」，產生時空扭曲和邏輯鬆散的因果鏈，即奇特故事。

夢的混編過程，得到了若干量子機制的支持，其中「插值機制」和「銲接條件」發揮了重要作用。

所謂「插值機制」，就是將不相關內容新增到原有內容中，形成新故事的機制。大腦這種機制的存在性，已被一些科學實驗所證實。「英國華威大學的心理學家 Kimberley Wade 就曾經成功地為人植入虛假的童年回憶。她首先諮詢了一些學生的父母，確定那些學生在童年時並沒有做過某件事，比如乘坐熱氣球。然後，她加工了一些照片，把學生兒時的

第 9 章 偽意識：無法納入量子機制的現象解析

形象放進正在飛行的熱氣球籃子裡。她把這樣的照片拿給學生看，然後在兩個星期後，再訪問學生，有的學生就會以令人驚訝的仔細程度，說出小時候乘坐熱氣球的經歷。」[108] 該心理學實驗其實是證明了大腦具有接受插值的能力。毫無疑問，大腦的這種能接受插值的能力，也會在其編夢過程中發揮作用。

所謂「銲接條件」，是指將各種不相關的素材撮合在一起的適宜條件。人們都有過經驗，不是在睡眠的任何狀態，而是在特定狀態時夢才會發生。也只有在特定狀態下，夢的各類素材才會湧現，並得到撮合和銲接。有科學家在關於夢的形成實驗中，對「銲接條件」給予了潛在的說明，他們描述道：「伽馬波振盪可以幫助大腦的不同區域同步它們的活動，從而彼此『會話』、『連接』思想和感覺，以創造一個有凝聚力的體驗……伽馬波的增加，可能創造了一種更大的同步性和意識性的混合狀態，從而產生第二層面意識性的某些特性，而同時，大腦的其他部分仍處於沉睡狀態。」「當被試者接受頻率為 40 赫茲的電刺激時，導致伽馬腦電波活動加劇，而高於或低於這個頻率的電刺激，位於伽馬範圍以外，則對夢沒有任何影響。」[109] 這說明，40 赫茲的頻率，是大腦中可產生具有夢故事情節的最適宜資訊環境。與此相吻合的邏輯是，感覺不僅可以在 40 赫茲頻率撮合和利用自身產生的生物資訊產生故事，也應可以接收到來自外界該頻率的資訊，並與其相干，「銲接」入與夢故事相關的情節之中。

---

[108] 黃永明・人類為什麼容易產生虛假記憶 [J]・教師博覽，2013（12）：60-62.
[109] 嚴炎，劉星・現實版全面啟動人或可以控制自己的夢境 [C]// 中國科學院中國現代化研究中心・科學與現代化・北京：中國現代化研究中心，2015，062（1）·25-27.

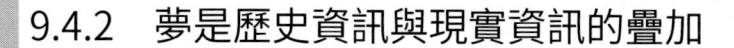

9.4.2　夢是歷史資訊與現實資訊的疊加

著名心理學家佛洛伊德（Sigmund Freud）在談到夢的起因時說：「每一個夢都起源於第一種力量（欲望），但受到了第二種力量（意識）的防禦和抵制。」[110]

從實現機制來看，支撐夢的「欲望」、「防禦意識」等宏觀的心理層面活動，實質上是量子級生物資訊活動。而量子級生物資訊的產生，既與微觀層面的遺傳物質和生物物質及宏觀生命體相關，還與生命體與現實時空環境中其他物質和能量的因應互動相關，即夢的資訊運動是多元度資訊和能量運動的疊加與融合。這種融合運動，又可歸為人自身的資訊運動和外部環境資訊的干涉。

人自身資訊的活動，有的是身體能量和各種物質運動所湧現的、反映身體內部健康狀況的潛感覺或隱語；有的是被游離的能量刺激泛起的大腦記憶；有的是與欲望相關的心理預期、壓抑和恐懼情緒等。而與夢相關的，僅僅是以上諸類資訊和能量活動中，被潛注意所捕捉、再激發，並實現了放大的部分。

作為外部環境的資訊干涉，有的是附近環境的聲波、光波、氣味和各種物質觸動等；有的是地球和宇宙深空的引力、粒子流、資訊波等；也可能還有來自他人或其他生命的量子級生物資訊。與夢相關的，也僅僅是以上諸類資訊和能量中，能與潛注意量子級生物資訊實現相干的部分。

正是由潛感覺和潛注意對人體內外資訊的感應、捕捉、放大，並按一定時序拼接、上演，才形成了荒誕性與真實性、歷史性與現實性兼具的夢的特性。可以看出，夢不完全是虛幻的，它是各種歷史資訊因素與現實資訊因素的疊加和耦合。

---

[110]　FREUD S. The Dream Psychology[M]. 瀋陽：遼寧人民出版社（英文版），2013：64.

9.4.3 夢的資訊和能量運動特點

夢與主觀意識活動相比，它的資訊和能量活動具有如下特點。

1・夢與主觀意識的相同點

夢的活動與主觀或顯意識活動都屬於量子級生物資訊運動。

2・夢與清醒意識的不同點

(1) 夢在主觀意識關閉後產生，兩者不在同一時段活動。
(2) 相對於主觀中的映像，夢境是模糊的。因為夢的量子級生物資訊能量低，無法形成足夠強度的能量聚焦而解析度低，所以夢境只有模模糊糊的輪廓，甚至其景色大多是黑白的。[111]
(3) 夢不能驅動軀體實現自主運動。由於夢的資訊量規模小和能量低，夢中的動作指令只與虛擬的幻覺動作相關，一般不能驅動運動神經做真實自主的運動。
(4) 夢沒有明確的指向性。由於沒有主觀注意的參與，夢資訊是隨機泛起和混亂拼接的，夢也因此呈現出資訊連貫性差、時空跨越性大、目標指向不固定或隨機漂移的特性，從而給人內容碎片化和內容交叉明顯的心理感受。
(5) 夢中包含更多直覺現象。由於資訊能量弱，夢更容易受環境微弱資訊的影響，因此更易敏感地產生直覺。

---

[111] 李俠·意識與潛意識的認知機制—以夢的顏色為探析視角 [J]·江西社會科學，2017，37（3）：14-25.

9.4.4 夢雖是量子級資訊活動，卻不屬於主觀意識活動

儘管夢與意識活動都是量子級生物資訊活動，但由於夢與顯意識相比，有多種屬性的差別，存在能量強度和資訊規模等種種「不夠格」，夢顯然不屬於主觀意識活動。

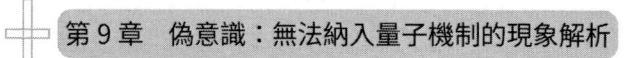

第 9 章　偽意識：無法納入量子機制的現象解析

第 10 章
智慧的升維：量子機制驅動知識與智能成長

　　導讀：知識累積靠什麼機制實現？創新能力靠什麼原理開發和提升？對於這些問題，本章按「自上而下」路線設定的「找框架級連結或交叉點，以功能作為輪廓，來定義關係和關係集合」之方法，結合前面討論中形成的對感覺、比對和抽象等資訊機制的認知，進一步對智慧功能的細分要素及交叉連結做分析和猜想，得出了生命用包含著量子機制的「分辨意識」和「工具意識」獲取知識、實現創造性的基本認知，並希望對善於學習者和創新者提供有益參考。

第 10 章 智慧的升維：量子機制驅動知識與智能成長

許多動物遭遇危險時，習慣把頭捂起來，或只把頭鑽進草叢而不顧屁股。之所以有這種現象發生，是因為動物生命大部分的經驗和欲望資訊都儲存在大腦裡，且這些資訊在生命利益中占有最大的分量，為防止根本性或重大性損失，先保護腦袋是動物們首要的、本能的選擇。

腦袋裡的資訊是怎麼來的、有著怎樣的儲存形式等問題，我們從前面關於意識和記憶等形成機制的闡述中，已給出概略或框架性的解釋。然而，要從更加細分和詳細的角度了解知識累積和創造力形成的特殊規律，還需將現象與資訊機制綜合成一個新視角，深入探究相應的資訊運動過程，才能從中找到合理答案。首先需要聚焦的是，在知識學習與創造性思維中，其底層資訊和能量活動存在哪些根本的不同。

10.1 「分辨意識」累積知識，「工具意識」產生創造性

人在出生後，會對自身「硬體」和「軟體」功能進行自我測試和訓練，爾後會對「硬體」和「軟體」工作能力做不斷的升級。例如，當嬰兒「牙牙學語」和做出反覆抓拿動作時，其實是在對自身「硬體」—— 聲帶和手的功能進行測試和訓練，這種測試和訓練，甚至會持續一生；在嬰兒期及以後整個存活期，人還會透過對事物表象的分辨和對事物內在性質進行交叉連結，實現對自身「軟體」系統 —— 意識功能的測試、鍛鍊、應用和不斷升級。

這裡只從邏輯框架層面對意識「軟體」在獲得知識的應用環節和智慧升級過程中發生了什麼做點討論，以期框架性地了解人的智慧來源。

簡單地說，人類智慧包括兩種認知活動：「分辨意識」和「工具意識」。其中，「分辨意識」產生知識，屬於被動接受和認知現實事物的能力；「工具意識」產生能力，屬於積極改造現有事物和主動建立新事物的能力。通俗地說，「分辨意識」的作用是「知道是什麼」、「怎麼做」；「工具意識」的作用是「改造和創造什麼」或「如何不一樣地去做」。

10.1.1 量子級「分辨意識」產生知識

1・什麼是「分辨意識」

「分辨意識」是對事物屬性的認知思維過程，包括對事物表象的分辨過程（如分辨牛和羊形象的不同等），和對事物內在屬性的抽象提取過程

（如把牛和羊歸類為動物等）。其中，抽象過程對事物的認知深度更具降維或升維作用。這裡的維，特指連結。升維即增加連結，降維則是減少連結。

2・「分辨意識」增加知識

1) 對表象屬性的分辨過程可增加感性認知

人一出生，就有了對明暗、冷熱、聲音強弱的感受和區分。雖然不會說話，其實他已在模糊的區分中開始學習和複習最原始的知識了；隨著人的長大，能精細區分水和牛奶、草莓和蘋果及不同色彩；然後是區分河流和湖泊……在對具體事物相同與不同的分辨中，具象概念和感性認知逐日增加。

2) 對抽象屬性的區分過程可得到維度高的理性認知

當將草莓、蘋果、葡萄等這些皮軟、水多、好吃、植物上生長的果實歸為「水果」時，或當把核桃、栗子、榛子等這些殼硬、水少、好吃、植物上生長的果實歸為「乾果」時，就實現了對資訊的抽象歸類或認知連結的升維。水果、乾果這類詞彙，顯然更具廣泛代表性，或維度更高、更抽象。若再將水果、乾果進一步歸類為「果品」，則是又一次的升維，「果品」的連結維度或抽象度又高了一個層級。反過來，將「果品」細分為水果、乾果，及再細分為具體果實的過程，則是具象增強，連結性降低或概念降維過程。歸類和細分，鍛鍊著大腦的升維和降維抽象能力，同時增加了複雜概念和理性認知。

意識的具象分辨和抽象區分能力的提升，通常是在混合使用和難度升級中得以實現。如從簡單到複雜，先是對上與下、來與去、遠與近等的區分；然後能對速度與里程、能量與資訊等做出辨識；後來能對善與惡、特殊性與普遍性等綜合性概念進行認知與鑑別。分類帶來知識的不

斷豐富，能讓人透過一片葉子，就知道它屬於何類植物；品嘗一口酒，就知道其品類、年代等；聽人說話，就知道其性格……也就是說，憑藉優異的分辨力，就可成為某一領域的專家。由此可以看出，「分辨意識」對提煉和增加知識的巨大作用。

3・「分辨意識」中的量子級資訊機制

用已闡述過的意識資訊機制去解析，「分辨意識」活動主要是資訊「比對」過程。在該種「比對」中，注意會引導「新」與「舊」兩份概念資訊實施對撞，對撞會產生疊加結果，其結果會呈現某種「吻合」程度，其實是量子級生物資訊的相干比率，或事物要素的相似機率，其「吻合」程度可表達相同、相似及不同（見本書第 7.3 節），從而可完成對事物屬性的辨識與鑑定。該過程很像對兩張剪紙的印合比對，知識將隨著這個程序而不斷形成與累積。

從以上「分辨意識」的產生和作用原理分析中不難看到，量子級機制在「分辨意識」活動中發揮著底層支撐作用。

10.1.2　量子級「工具意識」產生創造性

1・什麼是「工具意識」

有形工具的產生一般是透過對兩種以上相關事物或作用進行交叉連結產生的，與此類似，意識也是透過對已有方法、原理、機制和作用的交叉連結、重組等實現升級和創新，故此，將類似產生工具的意識活動過程，稱之為「工具意識」。

「工具意識」有降低資訊混亂度或降低資訊熵的作用。

以手鉗的發明為例：一方面，需要剪斷的東西很多，有木條、鐵絲等；剪斷的方法也很多，但都很費力、不理想，其實都是資訊混亂、資訊熵很高。另一方面，關於力學的原理、機制也很多，如有槓桿原理、重力加速度原理等，各自的作用也不少，但不知在剪斷東西時，哪個能用得上，資訊雜亂且沒有頭緒，資訊熵也很高。於是，就有人從以上諸多涉及中，找到了一種對應的關聯，手、鐵絲和槓桿原理相連結，發明了工具──金屬鉗（也許該發明的真實來源並非如此，在此只是假以說明工具屬性），使剪鐵絲變得很容易。此發明創新的關鍵，是在意識域和現實域都建立了某種「交叉點」。一是意識在槓桿與剪下或在省力和剪斷之間找到、建立了資訊交叉點，並讓人產生困難被排除、「通了」的感覺；二是透過實物製造，意識域中的資訊交叉點變成了現實域金屬鉗中的機制交叉點，使用時的高效能和省力表現，更是讓人的煩惱一下子得以大減。其中，找交叉點的意識運動過程，就是「工具意識」，而交叉點正是資訊「熵減」的通道。

以上所述的邏輯是：「工具意識」的核心，是尋找和建立資訊交叉，資訊交叉的作用是形成資訊共享通道，資訊共享通道的意義是資訊「熵減」。

2・「工具意識」中的量子級資訊機制

「工具意識」所找到的資訊交叉點，實質上是資訊共享點。例如，在將槓桿和剪下兩種功用交叉連結、做成手鉗實體事物之前，大腦內部已提前模擬，並實現了資訊交叉。該資訊交叉本質上是意識量子級資訊的交會融合或對撞疊加，就像兩團煙塵或兩種顏色發生了融合，在疊加融合處，形成了能量和資訊完全一樣的量子級資訊。同一性狀的量子級資訊，在時空上是共約的，在概念上是共通的，相當於在意識層湧現出了

某種共享「通道」，使原本各自獨立的兩個概念或過程，被結成同個概念或過程。因此，該「通道」成為新事物或新方法的來源。

3・創新在「工具意識」活動中產生

按以上分析出的原理，人們常說到的創新思維，其實是使用「工具意識」的過程。

「工具意識」過程的核心，是資訊共享通道的建立，簡單來說，就是發生在意識域中的「資訊交叉術」，簡稱「交叉術」。

例如，從手鉗的發明到手鉗的使用，雖然外在看到的是槓桿與剪下功能交叉連結的過程，其實是人在「工具意識」的支配下完成的，是在意識域的交叉連結或「交叉術」中誕生的。簡單手鉗工具的發明是如此，電腦及一系列智慧工具的創造也是如此，甚至在其他智力發育很好的動物行為中，如烏鴉往有水的瓶中投入石頭而喝到水的「烏鴉喝水」智力行為現象，也是在「交叉術」的助力下產生的。

「交叉術」作為創新中的核心機制，有簡單和複雜、低階和高階等程度的不同。譬如，手鉗的發明中，人在意識域建立資訊共享通道情形，是簡單、低階的「交叉」或創新過程，很容易理解；一些艱深的、有高級抽象過程的複雜邏輯推理，乍看高深得令人摸不著頭緒，其實是簡單「交叉」的組合，只要從資訊「交叉」的角度去仔細思索，就能快速地找到訣竅。因為在複雜抽象和推理中，均使用某種資訊的交叉，只是有著更多交叉環節和更多層的巢狀而已，只要注意那些交叉或巢狀中的共享連結點，並逐項將其剝離出來，就可化繁為簡。

「哦！照此說來，隔壁老李家兒子功課那麼好，有好幾項發明，並常冒出『新點子』，也是得益於他善於使用『工具意識』中的『交叉術』嗎？」

「肯定是的！」

第 10 章　智慧的升維：量子機制驅動知識與智能成長

但是，還有兩個因素在助力著「工具意識」的活動，它們是「工具意識」不可或缺的助手和「夥伴」。

4・「工具意識」的兩個助手 ——「想像」和「靈感」

「想像」和「靈感」是「工具意識」的得力助手。

其中，想像以主動的意識活動為創新和發明所需的「工具意識」提供素材；靈感則在暗中或不經意間為「工具意識」提供突現的亮點和照明。

想像過程是在現有知識和認知基礎上的思維活動。不管觸發想像的因素有多少，那些因素其實都是已有、已知或經歷過的事物，所以想像過程是有「繼承性」的意識活動。例如，兩千年前的人們不會有關於晶片、股票 K 線圖、GPS 導航方面的想像，因這些事物之前沒有，無法繼承。這說明想像總是有一些曾經的瓜葛，而不是空穴來風。本質上，想像是由進入主觀的量子級生物資訊觸動、激起了舊有資訊，進而引發的。

想像過程有一種特殊的作用 —— 逐漸擴大性，即想像是圍繞目標事物擴大化的感知。當想像的目標進入注意的「視野」，或被注意焦點所俘獲，目標事物就會被注意所賦能（見本書 7.3.5）。這個過程很像隨著照射目標光束的亮度增強，「光暈」不斷擴大的現象。注意的持續，會使注意目標區能量不斷增加，能量的繞射作用，會使「光暈」擴大，而使周圍的記憶也慢慢被啟用而映像清晰起來；隨著注意賦能時間的拉長，核心區更「亮」，「光暈」範圍更大，更多內容將會在注意「視野」中顯露和被「看清」，從而會形成圍繞目標不斷擴大的想像。

可以看出，想像中不僅存在已有知識的繼承，而且其擴大性可以發現和糾集更多的連結。繼承性和擴大性為「工具意識」中的交叉搭建和創新提供了基礎材料。

另一個幫手 ——「靈感」，可謂是資訊來源的一個出色環節。

10.1 「分辨意識」累積知識，「工具意識」產生創造性

「靈感」的本質是什麼，眾說不一，但在「交叉」創造的意識活動中，它肯定存在。

從生物資訊機制角度來看，「靈感」作為一個突來的「交叉方」或資訊源，有著不低的能量性。不確定的是，「靈感」或者來自遺傳物質中資訊的「湧現性」，或者是由外部能量和射線的引發；可以確定的是，「靈感」資訊一定是與已有的疑問資訊發生了碰撞與疊加，從而建立或開啟了通向答案的通道。也就是說，其中有一半的資訊是「工具意識」提供的解題意向。但無論如何，「靈感」作為能實現創新作用的交叉方，的確是解題和創新突破不錯的「幫手」。

第 10 章　智慧的升維：量子機制驅動知識與智能成長

10.2　眾多高級智慧活動藉助量子級「工具意識」活動

高級智慧活動大都貫穿著方法學。從意識用「工具意識」增加智慧的角度來看，是「工具意識」創造了各種方法學。

10.2.1　數學的邏輯和抽象過程始終使用著「工具意識」

數學是最具代表性的高級智慧性活動。

數學的出現和發展，數學理論和數學運用，看起來是在尋求答案，其實是實現從複雜到簡單明瞭的資訊熵減。而「工具意識」在數學完成資訊熵減的過程中悄悄發揮了作用，且數學的整個思維過程，實質上都是量子化的資訊過程。

1・先說數學思維本身為什麼是量子化的

數學有三個主要構成：數字、算符（運算符號）和邏輯關係。

其中的數字，從計數開始發端，即從「數個」開始，之後，「數個」與「個」的形式和量度不斷發生升級與變化。

起初的「數個」，是以眼見的常物為依據確定的單位；隨著人們創造的觀察工具愈加先進，人類能夠「看」到更大的「個」—宇宙星系，和更小的「個」—原子、量子，觀察對象的單位出現了質的變化。也就是說，從視覺可感應到的「個」、公斤、公尺、秒等常規單位，逐漸擴展到量子數、皮秒、億光年等視覺不可直接見到，而間接意識到的計量單位。

10.2 眾多高級智慧活動藉助量子級「工具意識」活動

當計量單位微觀到量子，計量會發生從確定性中取值到從不確定性中取機率值的巨大變化。在量子層次，數的不確定性表達與現實的不確定性存在是同步的。人類發現，數與現實在量子層次越來越像是統一的，並因此會恍然大悟：原來數是量子資訊在意識中的對映！

首先，數學的邏輯過程是量子化思想過程。數學邏輯會不斷引用概念，並建立概念之間的關係，而概念是大腦對事物資訊抽象後的結果，抽象又是量子級生物資訊多重對撞、比對的過程（見 7.3.3）。也就是說，數學從引用概念，如數據、算符等，進行邏輯推理的開始，就是在引用量子級資訊運動的結果。其次，數學在運算中，使用數據和算符運算的過程，也是在使用大腦這個量子化「器具」實行進一步的操作。例如，數學在指定某一數據作為計算依據的同時，就是大腦正在用其量子化注意、量子化比對工作的過程。因此，數學的思維邏輯過程，本質上都是量子化過程。

作為數學的另一核心元素——算符的產生和應用過程，也與邏輯過程有共同性的機制。

從小學的加減乘除，到大學中的微積分運算，都會用到算符。算符是表達數學關係的轉接器，如「+」、「—」、「>」、「∑」等，都是算符。如果說數學邏輯推理過程是成套、成體系地抽象表達事物屬性和時空變化的過程，算符則是連接每一小段抽象的紐帶和橋梁。

例如，簡單的 1+2=3 數學邏輯過程，由數字 1、2、3 和算符「+」、「=」構成。可以看出，為了完成該邏輯過程，數學用「虛擬」的算符作為關係轉化的紐帶。複雜一點的，以微積分求圓面積公式為例，先是從概念上將圓粉碎成無數的、等腰三角形「粉末」，再用這些「粉末」，重新建構一個容易計算的矩形，並從中找出連結要素，得出圓面積公式，其中，微積分作為一個邏輯過程，發揮了相當於「虛擬粉碎機」和「虛擬聚

第 10 章　智慧的升維：量子機制驅動知識與智能成長

合機」的作用，其中的微積分或定積分等函數式中的算符，就是組成這種「虛擬機器」的「虛擬零組件」或紐帶。

然而，果真是外在的數學形式在做各種「虛擬」嗎？非也。真正產生「虛擬」作用的，其實是大腦中的量子級意識資訊。當人覺得計算 188 − 188=0 比計算 188+188=376 更輕鬆時，其實是因為意識模擬前者比模擬後者使用更少的資訊流程和更少的量子級生物資訊。意識可形成各種概念，無論數學邏輯多麼複雜，都是概念或概念關係的化身，都是意識用量子級資訊對事物屬性和關係所做的抽象與「虛擬」。

也就是說，看起來數學的各要素都是抽象和虛擬的事物，其實背後還有著虛擬它們的東西── 量子級意識資訊這種宇宙的實在和實在的運動。或者說，是內部實在的量子級資訊先模擬出算符等，後者又模擬了外部客觀世界的實在。

對於以上分析，可借用加州理工學院研究員 Natalie Paquette 的一句話做小結：「如果數學和物理在許多層面上是等價的，那麼它們的不同，將不是內容上的、而是技巧上的不同。最終會展示出它們都通向唯一的一個實在。」[112]

2・再看數學思維是如何悄悄使用「工具意識」的

前面說過，「工具意識」活動中存在著兩股量子級概念資訊的比較對撞，且對撞中的相同部分正是兩事物交叉共享的「通道」，那麼，數學過程對此「通道」的應用情況是怎樣呢？

數學中的算符，其實就是已被意識預先或曾經虛擬出的交叉「通道」。

當大腦透過「+」、「×」等運算子作計算時，實際上就是在數字之間

---

[112] PAQUETTE N. 數學與物理橋梁下的鳥瞰 [EB/OL]・安宇森，譯・中科院物理所（專知），2018-08-05[2020-08-21]. https://www.zhuanzhi.ai/document/3449dd78d2a9bc931be0ffc174302bc.

10.2 眾多高級智慧活動藉助量子級「工具意識」活動

使用不同「通道」達成目的的過程。不同交叉「通道」的客觀作用過程，既對應著意識內在兩組量子級資訊的相互融合、疊加、湮滅或屬性改變，同時也對應著外部的加減乘除、數字變化或概念的轉換。

依此原理看，數學邏輯過程幾乎都是「工具意識」的作用過程，都是使用內在的量子級意識資訊的虛擬能力，透過建構算符等進行邏輯推理，實現對外部現實世界的對映過程。

有人會問，人可用「工具意識」實現數學邏輯計算和推理，沒有「工具意識」的機器設備，為什麼也能實現人類所做的計算和推理呢？

其實，當設備進行數據提取和轉換時，也是設備在按照算符的表達關係在運作。由於算符是量子級生物資訊模式的概念，這些過程就是在模擬量子級生物資訊概念在設備中的運作。事實上，所有探測設備在完成物理量之間的轉化時，都是在按照人對算符的邏輯規定，實現量子級生物資訊的物理轉化。

例如，人類製造的探測設備，一定是人用數學算符和邏輯關係直接或間接地預先設定好數據轉換關係，即設備中的數模轉換或模數轉換的客觀物理過程，反映的其實是人類意識的數學邏輯。另外，人對機器算符運動結果的識讀過程，也是意識生物資訊的運動過程。

綜合以上分析，可以說，算符的規定性被應用到設備運作的過程，是意識主觀邏輯關係在設備中以物理關係進行的間接再表達過程。或者說，按照意識要求製造的設備，從載有算符到實現運算，實際上是意識運算的外延化表達。

更重要的是，在以上用設備實現運算的過程中，同樣存在「資訊交叉」通道及資訊的共享簡化。即設備實現與人的「工具意識」等效的活動。

透過以上解析，還會讓我們聯想到大名鼎鼎的傅立葉轉換、卷積神

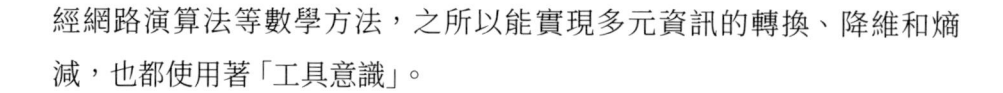

經網路演算法等數學方法，之所以能實現多元資訊的轉換、降維和熵減，也都使用著「工具意識」。

10.2.2 其他理論思維和創造性活動也大量使用量子級「工具意識」

其實，一切分析個性、提取共性和總結規律的意識活動，都存在資訊交叉融合、形成資訊通道、減少資訊熵的量子級「工具意識」過程。

如果能把創新稱之為科學的靈魂，那麼，能夠實現資訊交叉的「工具意識」，應可稱之為科學創新靈魂的核心。因為，從無到有的科學創造或創新，需要創新意識的觸發和導引，而創新意識就是「工具意識」，「工具意識」能產生方法，科學因慣常使用「工具意識」創新方法，而又被稱之為方法學。

科學在指導和操縱實驗、進行邏輯推理、實現創造和創新的過程，其實是用攜帶意識生物特徵的概念資訊與攜帶客體事物特徵的資訊進行比對、建立資訊交叉、架設資訊共享通道的「工具意識」過程。

科學創造與其他學說的創造性不同，在「工具意識」過程中，使用的交叉方法和依據，有顯著的特殊性：科學以公允的實驗和邏輯為方法，反映客觀規律。即，科學採用規範性的實驗，做到對客觀實在性的尊重，用嚴密的數理邏輯，探索、印證、辨別、總結、反映事物的內在規律。而客觀實在性和內在規律與真理的屬性是相等的，也就是說，科學是透過公允的實驗和邏輯作為認知形式，去追求真理的方法和過程。

雖然科學方法和創新來自「工具意識」，但是「工具意識」並不僅限於產生科學創新。「工具意識」作為一種創造性思維，還可以產生其他方法，如哲學、形式邏輯等，甚至詭辯論等思辨性理論，也產自「工具

10.2 眾多高級智慧活動藉助量子級「工具意識」活動

意識」，但凡有思辨性質的學說，都可得到「工具意識」的助力。因為，所有思辨類的學說都需要某種「創造性」。

透過以上討論，我們不難意識到，一切具有嚴密邏輯的理論，都存在意識資訊的有序交叉和資訊共享通道的建立，都無一例外地使用了「工具意識」。同時也應看到，在「工具意識」的產生和應用中，存在著量子級資訊機制的重要作用。

第 10 章 智慧的升維：量子機制驅動知識與智能成長

第 11 章
遺傳新解：量子機制的介入與引導

　　導讀：為什麼文化不能經生殖遺傳？上代整個人體的生物性資訊是怎樣被收進遺傳物質中去的？對這些遺傳環節的問題，本章按「自上而下」路線設定的「以生命特有的利益指向性為指標，求導保障總利益和總欲求實現的相關細分部分和程序。求導素材應包含不違背理化原理的宏觀和中觀表象」之方法，對包括心理因素在內的影響生命遺傳和演化的要素，進行了討論和猜想，認為，對於生命的遺傳，除了基因的巨大功勞，欲望、舒服和痛苦等因素以量子機制的形式，發揮了影響和介入作用。

第 11 章　遺傳新解：量子機制的介入與引導

　　上一代的生命資訊是如何匯入下一代的？孩子為何長得既像又不太像他的父母？這涉及遺傳與變異，遺傳與變異屬於遺傳學範疇。

　　遺傳學涉及的門類和方向眾多，本章僅對影響和介入生命資訊遺傳的有限方面，從量子機制或量子級生物資訊機制的角度做嘗試性討論，以期得出窺探性認知。

11.1　從遺傳學的發展軌跡看，將會有量子「版本」

撇開唯心主義類的生命來源說，單看唯物類遺傳學，有按物質解析度層級劃分的特點。如對應物質層級，有表觀級、細胞級、大分子級等遺傳學。

表觀級遺傳學，是以肉眼視覺或以小倍放大鏡為觀察方法，對化石、墓穴、沉船等遺物考古觀察，和對自然界生命行為和標本的比對觀察，探索生命演化和遺傳規律的學說。最突出的成就是基於化石鏈的事實，讓人們相信生命是由低階向高階不斷演化發展而來。但化石鏈很粗糙，對生命資訊是如何在代際間轉移缺乏深刻的認知，無法有效解釋遺傳和變異背後的原理。

細胞級遺傳學，是與較大倍顯微觀察能力相關的細胞級生物質、微生物及相關解析度的遺傳學。最突出的成就是有了對細胞層面的個體性狀遺傳機制和規律的了解。但細胞級遺傳學仍顯粗糙，它繼承了表觀級遺傳學在生命資訊遺傳原理問題上的尷尬，在生命遺傳和變異的細節等問題上認知模糊。

大分子級遺傳學，是與高倍顯微能力（一般是冷鏡觀察）相關的生物大分子遺傳學。突出成就是解析了去氧核糖核酸結構，即 DNA，把遺傳和生病的原因指向 DNA 內部的基因細節結構、運動機制和效能等問題；發現了 DNA 到 RNA、再到蛋白質的資訊轉錄傳遞規律──「中心法則」等，以多種方法回答生命在分子層次上的發生、演化、遺傳、變異等物質變化問題。但分子遺傳學仍擅長於物質層面的解析，在對物質、能量和資訊綜合在一起的意識、情緒等生命深層機制的解析上，仍表現得十分艱難。

第 11 章　遺傳新解：量子機制的介入與引導

還有量子級的遺傳學，它應有對包括意識、情緒和記憶機制在內的生命物質、能量和資訊遺傳過程的全面解讀。其中，正在對遺傳問題進行量子級解讀的量子生物物理學，應有成為量子級遺傳學的潛力。

以下所談的，大多是未經試驗和觀察印證的推理和猜想，可能與系統的量子遺傳學相去甚遠，但在某些方面，也許與未來的量子級遺傳學相關。

11.2　多種量子機制介入了遺傳

從「自上而下」推演的情況看，生命從源頭到後來的一切，都是物質、能量和資訊的統一體，因此，對於影響遺傳的因素，不僅要從有形的物質形態結構的重組上作分析，還應從無形的能量和資訊角度予以考量。

無論是從已有的科學認知來看，還是從若干生命現象背後可能的作用機制來看，量子機制作為一種無形的力量，在遺傳過程中，扮演著重要的角色。

1・量子輻射造成基因突變，能形成遺傳變異資訊的累積

基因作為生命的遺傳因子，或控制生命性狀的基本遺傳單位，透過其攜帶的 DNA 遺傳資訊序列或秩序，引導蛋白質的合成，以表達其攜帶的遺傳資訊。在基因的運動中，存在兩種主要的遺傳資訊累積：一種是基因對其結構和性狀的「忠實」自我複製，一種是基因突變。先說基因突變中的量子機制。

基因突變主要源自能形成游離作用的強烈輻射，包括宇宙射線和核輻射，及帶輻射性的醫學檢查等，該類輻射中存在著量子級的 χ、α、β、γ 射線或中子轟擊等。薛丁格在引用 1934 年的報告時說道：「突變頻率的增加量，嚴格地與輻射劑量成正比。」並進一步解釋：「引起突變的單一性事件，正是在生殖細胞的某個『臨界』體積內發生的游離作用（或類似的過程）。」[113]

---

[113] 薛丁格. 生命是什麼 [M]. 羅來復，羅遼復，譯. 長沙：湖南科學技術出版社，2020：45-46.

第 11 章　遺傳新解：量子機制的介入與引導

　　由於輻射都是量子級的輻射，且基因突變的增加量，其實是新的或變異的遺傳資訊累積，因此可以說，基因突變過程，是量子機制造成的。

　　事實上，由輻射引起的基因突變，增加了遺傳變異資訊的累積，先是形成了基因性狀由隱性變化到顯性的變化，最終導致了生命主要向負面方向的宏觀變化。

2・量子機制影響基因複製及與遺傳關係密切的細胞運動

　　基因「忠實」自我複製，是生命資訊遺傳的主流程。當我們考量該主流程的動力機制時，會產生這樣的疑問：基因作為一種物質結構，其結構的改變和重組，一定靠外源的能量作動力，因為基因自身並不是「永動機」。意思是，基因自我複製的活性，並不是基因自身有動力。從科學界實際研究的情況來看，無論說基因的啟用與抑制運動是由 DNA 所處的外環境染色質的組裝密度決定[114]，還是說基因調控機制「必須充分考量非線性隨機動力學因素」[115]，都不認為基因變化靠自身動力。

　　基因自身沒有動力，而是靠周圍動力的報告和說法，實質上都是把調控基因運動的動力機制指向了基因外部。而從資訊運動本質上是量子運動，且基因與外部的互動本質上是資訊互動的角度來看，基因運動的動力機制最不能排除的是量子機制。與基因運動相連結、或可「候選」的量子動力源很多，例如，在基因周圍運動或能對基因做穿越活動的紅外線輻射、離子和電荷運動、電子和質子運動及引力等，以及由這些量子

---

[114] 宗華・探尋生命的物理學 [N/OL]・中國科學報，2016-01-18（3）[2019-02-26]・https://news.sciencenet.cn/sbhtmlnews/2016/1/308491.shtm.

[115] 沈健・表觀遺傳基因調控網路的非線性隨機動力學研究 [D]・華中師範大學，2019：（摘要）1[2021-07-12]. https://kns.cnki.net/kns8/defaultresult/index.

11.2 多種量子機制介入了遺傳

級運動形成的有規律、秩序性的負熵運動，都有可能成為調控基因運動的動力來源。

一篇由以色列與德國研究所合作，發表在《科學》雜誌上的〈雙鏈DNA 自組裝單分子膜中電子傳輸的自旋選擇性〉文章說，他們發現了DNA 直接與某種量子自旋互動的證據。在觀察DNA 與分別處於 +1/2 自旋和 -1/2 自旋的電子們碰觸反應時，「結果令人吃驚——DNA 與一類電子會有激烈的反應，而對另一組電子則幾乎毫無反應，且這種對電子自旋的選擇性，是隨著 DNA 的長度、規模和完整性增加而更加明顯。DNA 的單鏈和破損片段，對兩組電子就沒有這種選擇性。」[116] 這個事例說明 DNA 中的資訊與環境量子在互動，且 DNA 可有選擇性地受環境量子資訊的控制。

不僅基因運動會受量子機制的助力，而且承載基因的細胞，其分化和發育方向也受量子機制的控制。

2018 年 4 月 26 日，哈佛醫學院系統生物學助理教授 Kirschner 及他的合作者，在用單細胞測序技術分別繪製非洲爪蟾（xenopus tropicalis）和斑馬魚（zebrafish）從受精卵到完整胚胎的基因表達圖譜過程後說：「事情比我們想像的複雜得多。」「在某些關鍵的發育分支點上，存在超越基因的引導細胞命運的因素。」文章指出，「這些證據顯示，環境訊號對胚胎細胞具有強烈影響，以至於讓特定細胞離開最初的發育路徑，走向新身分，使最終個體呈現豐富表型。」Kirschner 說：「隨著細胞越來越多，我們必須懷疑，它們的最終命運，是由於某種選擇性的力量或與環境的互動來決定，而不僅僅是基因工程。」[117] 報告中清楚地表達了對胚胎細胞

---

[116] GOEHLER B, HAMELBECK V, MARKUS T Z, et al. Spin Selectivity in Electron Transmission Through Self-Assembled Monolayers of Double-Stranded DNA[J]. Science, 2011, 331(Feb.18 TN.6019)：894-897. DOI：10.1126/science.1199339.

[117] 生物通·三篇《Science》解讀生命誕生奇蹟：為什麼一個受精卵能創造整個身體 [EB/OL]·生物通 2018-04-28[2020-01-12]·http://www.ebiotrade.com/newsf/2018-4/2018427151932213.htm.

第 11 章　遺傳新解：量子機制的介入與引導

發育方向具有最終決定能力的是環境「訊號」。需要指出的是，「訊號」作為資訊波，是量子級事物。

3 · 欲望等三種宏觀生命機制可組織量子介入遺傳

量子機制之所以對遺傳具有如此大的調控作用，是因為量子的簡單、基本和原始，是簡單賦予了它無限自由組合的靈活性和通用性。

然而，人們會問：「微小、簡單、原始的量子級資訊，是如何有『智慧』地介入複雜的遺傳中呢？」譬如，小小的量子是怎樣精確地「知道」於何時、以何種形式去影響遺傳程序的呢？對於這類問題的解答，似乎需要從生命的宏觀功能與微觀量子資訊間可能的互動關係中思索與猜想。其中，欲望、舒服和痛苦這三種看似俗常的生命現象，對量子介入遺傳過程，應有不可忽視的橋梁或紐帶作用。

1) 欲望活動有組織量子介入遺傳的作用

欲望可促進生命某種功能選擇性保留和選擇性增強，被保留和增強的功能，會傳給下一代，意味著，欲望對遺傳有導向作用。更具基礎性意義的是，在該導向作用中，存在量子機制。

欲望作為一種資訊運動位能，能形成特別的注意習慣和興趣，又會驅動一些特有的習慣性行為和一些與此相關的神經和突觸頻繁地興奮和電振盪，進而使某些傳遞電流的神經和突觸更加粗大、反應更加敏捷……一系列特殊模式量子級生物資訊運動，不僅會促使一些特殊的功能得以產生與演化，同時也會導致個性化組織、器官的逐漸形成。也就是說，欲望使得生命在它所「感興趣」的功能方面，有更多的產生、保留和演化機會，其中感興趣的「保留」等作用，就是遺傳資訊的累積。同時，「感興趣」中的神經電興奮和電振盪等，就是量子機制在作用。

11.2 多種量子機制介入了遺傳

　　欲望的另一種「感興趣」形式——性意識和性興奮，則與遺傳資訊的深度蒐集關係密切。從早期的性意識形成，到性興奮，直到進入生殖活動，都包含著荷爾蒙分泌等性激素活動。生理常識上，激素具有產電的作用，即具有產生量子級資訊的作用，而充足的性激素活動，可產生高密度或強能階的量子級資訊。強能階的量子級資訊對遺傳數據的蒐集很重要。因為只有資訊能階達到足夠高，才能對生命中最「偏僻」的資訊位元實現有效啟用與蒐集。

　　需要加一段說明的是，這裡說到感興趣帶來的生命資訊的保留和蒐集，並不意味著收取後天獲得性遺傳資訊，而是說對選擇性遺傳具有促進作用。

　　生命是如何形成強的資訊場，並實現對資訊蒐集的呢？這需要考察原始的性興奮作用。因為性興奮不僅是生命最強資訊活動現象，也是遺傳資訊的重要蒐集形式。

　　表面上，動物的性追求並不是生殖本身，而是趨樂性和趨美性，是對快感和美感的嚮往，激起了動物們求偶的強烈興趣。其中，美感與快感是一致的。對此，達爾文在《物種起源》(*On the Origin of Species*)中寫道：「從某種色彩、聲音或形狀獲得的特殊快感，即最簡單形式的美感。」[118] 有人對追求美感現象也見解頗深：「美感是促使喜愛情緒和欲望的回饋訊號，促使人在空間接近對象，就像甜促使人多吃一樣。」[119]

　　本質上，與性相關的美感和快感，只是啟用電子等資訊運動的引子，其真正作用還是生殖。在那種興奮和快感背後，動物體內在拚命分泌荷爾蒙，以電荷運動等量子化形式，激發與生殖相關的量子級生物資訊，使性意識活動和性過程隱含生命數據向遺傳物質的灌注，讓遺傳資訊從中暗度陳倉。

---

[118] 達爾文·物種起源[M]·朱登，譯·天津：天津科學技術出版社，2020：184.
[119] 魯晨光·投資組合的熵理論和資訊價值—兼析股票期貨等風險控制[M]·安徽：中國科學技術大學出版社，1997：7.

第 11 章　遺傳新解：量子機制的介入與引導

也就是說，動物性成熟、發情、求偶、交配等活動，只是外在形式，孕育性意識、衝動和快感的過程，即從荷爾蒙到生物電的劇烈產生與運動的過程，也只是中間過程，而能夠實現生命數據的蒐集和傳輸，才是以上形式和過程之所以產生的真正目的。

從更深層來看，與生殖相關的美感和快感等，可提升生命體內量子級生物資訊能階，增強生命對遺傳資訊的蒐集能力。高能態的美感和快感，其實相當於一種通達無礙的超導態，是最佳、最健康資訊向身體全方位最佳傳導或擴散的感受。當然，最佳資訊也是「中值系統」的最佳建模資訊，即最佳感受過程同時也是資訊的蒐集過程。動物會在包括性腺發育、成熟和性活動各階段，以性激素產電的形式，將生命範本中最佳資訊透過性激素衝動起的高能量，實現生命資訊的最深度蒐集，並載入生殖媒介，如 DNA 類物質等，並匯入精子和卵子的產生過程，最終實現「中值系統」從上一代「範本」到新一代「範本」的資訊打包與傳遞。

欲望不僅代表某種生物慣性，且是原始和感性的，它會與更加原始和個性化的舒服需求相連結，產生超越生理的位能，從而引導生命和社會向更有利或更有害的方向運動。

「與舒服需求連結？是說欲望在善作或是暴走時還有同夥嗎？」「是的！欲望背後是生命對舒服的需求。對生命遺傳和演化來說，舒服的引導作用比欲望更直接。」

2) 舒服覺有組織量子介入遺傳的作用

事實上，生命每時每刻，甚至傾其一生，都在追求舒服與美好，因為舒服和美好是生命的最佳狀態。

與生命最佳狀態相對應的，是隱藏在生命深處、遺傳來的一整套「中值範本」。該「範本」是隱含量子級「中值」資訊的、可調整生物能量和各種遺傳物質運動功能及性狀的指令集（見本書 5.3.1），是生命自我

維護、最佳化和修復的標準，也是內在美感受的發源地。「中值範本」承載著完美的生命資訊集合，對各種積極性的生命行為，暗中發揮指引作用。

當人們在各類思考和行為中追求完美時，其實正是在被量子級的遺傳「中值範本」所作用和驅動；同時，人們追求美的過程，還會反過來產生維護和加強「範本」的作用。

美感過程會刺激身體分泌激素類物質，產生生物電，並促發有利於生命健康的電興奮。當人們陶醉於舒緩、柔順、圓潤、輕盈等適宜性美好時；或舒服於聲音美、形象美、氣味美等美的感覺時；以及在美學教育、培育美感等活動中得到心理和思想層面的境界美時，表面上看來是在追求舒服和美感的過程，實質上是美感過程有對身體有利的內分泌活動或產生生物電的電生理活動。這種特殊的電生理活動的能量特性，高度契合生命能量和資訊域的「中值」，也契合生命物質域的生理健康。也就是說，追求和享受美感的過程，正是量子機制在為「中值範本」系統做維護和最佳化，當然也是對遺傳資訊的良性累積，基因的健全性運動，就是對美感這種良性資訊累積的最好展現。

3）痛苦覺有組織量子介入遺傳的作用

顯然，沒有痛苦覺的生命是無法演化的。這意味著痛苦覺有改變遺傳路徑的作用。

痛苦在感覺域有著比舒服更豐富、更大量的呈現，痛苦的類型和程度，刺激生命不同類型和級別的保護功能產生，調劑著相應能量和物質的供應（見本書 6.4.1～6.4.3）。而產生保護功能和調劑供應的機制，是由痛苦的量子機制實現的。

痛苦覺資訊的強度與偏離舒服「中值」的距離遠近正相關，痛苦強度，即對「中值」的偏離程度，存在一定的耐受性閾值。如果某種痛苦經

第 11 章　遺傳新解：量子機制的介入與引導

常發生，就會形成偏離的累積，而拉「中值」核心往偏離方向移動，形成新的痛苦耐受性閾值和新的「中值」位，即「中值移動」（見本書 5.3.1）。其中的痛苦覺、「中值」及「中值移動」，都是量子化的（前面已分別做過討論）。

「中值移動」作為對閾值的突破性改變，可對「中值系統」原先預設的生命各部位的尺寸、體積、形狀、密度等空間性指標，帶來質的變化；同時，「中值」每被移動一次，都是對生命某方面原先效能的一次否定。無數微觀的「中值移動」，會累積成生命宏觀上的改變。

量子級「中值」的時空座標移動量變化資訊，會以量子級能量和資訊形式作用於基因等生物質，而得到物質化的落實，並最終影響到遺傳。從基因考古學家透過對基因的解讀，能判定人類經歷冰川或酷熱期的起止年代來看，痛苦經歷資訊是可被載入基因的。

11.3　量子機制拒絕文化類資訊進入生殖遺傳

雖然世界上存在著語言、藝術、建築等悠久且豐富的文化遺產，卻都不是透過個性化的生殖遺傳得來的。

文化不能被個性化的生殖所遺傳，有著多方面的原因。

顯而易見的是，在時間點上，文化的傳承滯後於生殖，使文化無法與生俱來。文化是生命個體發育到一定程度，經社會性教育和溝通，才能領會和產生的東西，而生殖和生殖後的早期或嬰兒期，是沒有文化類資訊的。

嬰兒沒有文化或生殖不能遺傳文化，可用「只保留嬰兒」的簡單邏輯或思想實驗來呈現：假如存在一個經歷了數千年語言和文化傳承的族群A，突然被另一個不同語言文化的族群B所獵殺，其文化遺跡也完全被毀滅。如果只有一個剛出生的嬰兒s倖存，且後來s受到的教育完全是族群B的語言和文化，邏輯上，s身上除了還存有族群A的基因分子和物質結構，並且存在該族群某些性格和情緒表現以外，將不會再有族群A的語言和文化現象展現於自身，即s只能遺傳生命的組織結構及性格、情緒等物質類、本能類的東西，而不能遺傳語言、文化、經驗等社會意識類事物。

文化類資訊不能被生殖直接遺傳的深層原因，是文化大多屬於抽象的或概念性的資訊，該類資訊進入遺傳，有能耗和能階的「門檻」限制，不易被生命的遺傳物質或生物模組所「打包」，原因如下：

(1) 文化或概念性資訊的資訊量巨大，複製該類資訊能耗高，遺傳物質無法承擔，阻礙了遺傳的實現。例如語言、禮貌、學識等這類帶有抽象概念的社會化資訊，屬於本代生命的經歷或經驗集，資訊量

第 11 章　遺傳新解：量子機制的介入與引導

大，且極具個性化，有著遺傳無法承擔的能耗和物耗，從而無法被遺傳物質所複製或承載。

(2) 複製文化或概念類資訊所需的能階高，阻礙了遺傳的實現。例如，概念類資訊是經抽象形成的資訊，是大腦經兩份高能階資訊對撞產生量子相干，進而衍生出沉積記憶實現的。概念類資訊的形成機制需要的能階高，複製該類資訊需要重啟高能階的量子相干，而生殖性遺傳過程缺乏重啟量子相干的資訊機制，使概念類資訊不能進入生命遺傳過程。

相對地，由於本能資訊能耗和物耗少、「門檻」低，資訊可容易地載入遺傳。例如張嘴吃東西、眨眼、睡眠、醒來、憤怒、躲避疼痛……這些不用概念性思維就可行為的本能資訊，是一些非常固定、簡單且可被遺傳物質複製的生化鏈性小程序，因此，生命對本能資訊的蒐集、複製、壓縮和「打包」，顯然是很容易的。

由上可以看出，生命對其遺傳內容遵循著「容易性原則」，該原則是高級生命在遺傳中自設的某種「門檻」：把容易實現的生命結構和本能資訊放入「門檻」之內，將其當作遺傳的必需；把難以再現的意識抽象過程和該過程累積的知識，以及人際間意識互動累積的社會性文化攔在遺傳的「門檻」之外。其中，量子級「門檻」是最難踰越的障礙。

第 12 章
秩序之源：生命如何在量子助力中獲得結構

　　導讀：生命體是用秩序連結起來的龐大秩序系統，那麼，是什麼在支撐著秩序？生命又是如何獲取和維護秩序的？為了解這些問題的緣由，本章順著薛丁格負熵可以提供秩序觀點的指引，從個人理解的角度，對能量和秩序的關係，及秩序的形成機制等，進行了一些粗略分析，並對生命獲取秩序的包含量子機制的多種可能管道做了猜想。

第 12 章　秩序之源：生命如何在量子助力中獲得結構

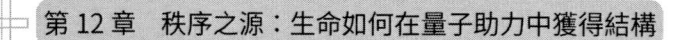

　　無論生命發展到多麼高級的形式，它總歸是一種秩序體，總要依賴基本的秩序而存在。正像再高的大廈，也是由基本的物質材料組成，且物質材料必須有秩序一樣，由物質、能量和資訊要素組成的生命，其內在各要素之間也必須有秩序。

　　事實上，生命不僅產自秩序，且為使自身秩序免於崩潰，努力保持一種有秩序的狀態，並演化出維護秩序的有效機制。

12.1　生命靠秩序支撐，秩序與負熵有關係

1・秩序是什麼

簡單地說，秩序是事物之間有條理性、規則性的連結，而連結是事物或事物成分之間的相互依賴性，包括空間連結和時間連結。空間連結的緊密和鬆散程度，決定秩序的穩固程度。如一盤散沙，因其空間連結不緊密，所以秩序性很差或秩序不夠穩固；時間連結也同樣決定著秩序的穩固性，如地球因億萬次有規律地圍繞太陽轉動，才形成了時間連結的穩定性和長久性。

從有固定連結的角度來看，秩序與規律具有同質性內涵。因為所謂的規律，就是事物之間本質的必然連結。事物間連結如果達到一定的度，如空間連結足夠多、時間連結足夠經常，就形成了人們認為的有規律。可以看出，秩序與規律在內涵上大致是相同的，這意味著，了解生命的秩序問題，對理解生命的運動規律是非常重要的。

因事物間相互連結的形式呈現多樣化，所以秩序的類型很多。其中，不同屬性的力的連結，會形成不同級別的秩序系統，如原子、分子、地球等，便是由不同形式的力形成的不同標準的秩序系統；同時，不同複雜程度的連結，會形成不同複雜級別的秩序系統，如無機物、有機物、植物等，就分別代表著不同複雜程度的秩序系統。人體是超級複雜的連結系統，是高級秩序系統。

第 12 章　秩序之源：生命如何在量子助力中獲得結構

2・秩序靠什麼推動形成

秩序的形成與維繫，靠各種能量的綜合運動驅動，沒有能量運動，就形成不了任何有秩序的系統。同時，能量的運動遵循守恆定律或熱力學第一定律，即能量只會從一種形式轉化為另一種形式，它既不會憑空產生，也不會憑空消失，在理想的孤立系統中，總能量是保持不變的。按照這種邏輯，在能量不變的孤立系統內，由能量形成的秩序，也應該不會改變。

但是，德國物理學家和數學家克勞修斯（Rudolf Clausius）透過計算和推理認為，在孤立系統中，秩序會因能量的熱運動發生越來越混亂的改變。

克勞修斯在 1850 年透過重新陳述「卡諾定理」，即在隔熱條件下，熱與功可相互轉換的「卡諾循環」（Carnot cycle），提出了熱不可能從低溫轉移到高溫的定律，即熱力學第二定律，並於 1865 年引出了熵（entropy）概念，形成了孤立系統中的熵只會增加、不會減少的熵增定律，並被科學界稱之為是熱力學真正走向科學的重要象徵。

在熵增定律中，熵作為系統的狀態函數，其表示式為：$S=\int dQ/T$，其中，S 表示熵，Q 表示熱量，T 表示絕對溫度。其物理含義是：一個系統的熵等於該系統在一定過程中所吸收（或耗散）的熱量，除以它的絕對溫度。只要有熱量從系統內的高溫物體流向低溫物體，系統的熵就會增加。與以上表示式配套的還有一個熵方程式：流入系統熵－流出系統熵＋熵產＝系統熵增。熵的表示式和熵方程式說明熵增中熱量只能從高溫物體流向低溫物體，且該過程是自發和不可逆的，同時也說明，孤立系統的熵總值只會增加，沒有減少的可能。

熵被科學界稱為「不可用能的量度」[120]，相當於不能產生建設性作用的「廢熱」，物理學家薛丁格乾脆地說：「熵是分子無序性的直接量度。」[121] 也就是說，熵是秩序的破壞者。

能量運動之所以會產生熵或熵增，是因能量運動都會產生熱，或因能量是直接的熱運動。熱會打亂事物之間的有序連結，從而導致秩序混亂，即熵增。

由於能量運動只會產生熵的增加，熵的增加會破壞秩序，這意味著，通常意義上的能量，不僅不能形成秩序，反而是秩序的對立方，即通常意義上的能量與秩序形成，存在原理上的矛盾。

然而，生命不僅有秩序，且秩序程度非常高，使得生命秩序是由能量推動形成的這個樸素認知，在原理上的矛盾更加尖銳。為化解矛盾，薛丁格提出了生命秩序靠負熵維持的概念。

3・薛丁格提出了負熵概念

在比發現熵增定律晚大半個世紀的 1944 年，薛丁格在其《生命是什麼》一書中提出：「我們很快就會明白，負熵是非常正面的東西。有機體正是以負熵維生的。」[122]

按照經典的熱力學理論，負熵是不存在的。只要溫度高於零克耳文，就有量子級的黑體輻射，也就是有了熵增，除非有負溫度現象。然而，薛丁格在周詳考察了生命現象之後，仍堅定地指出：「生命以負熵維生，是從環境抽取『序』維持系統的組織。」這就不得不令人順著他的指引去思考。

---

[120] 吳晶，過增元・熵的定義及其宏觀物理意義 [C]// 中國工程熱物理學會工程熱力學與能源利用學術會議・2008：（摘要）1.
[121] 薛丁格・生命是什麼 [M]・羅來復，羅遼復，譯・長沙：湖南科學技術出版社，2020：91.
[122] 薛丁格・生命是什麼？活細胞的物理觀 [M]・張卜天，譯・北京：商務印書館，2018：75.

第 12 章　秩序之源：生命如何在量子助力中獲得結構

(1) 開放系統支持負熵存在。因為經典熵概念建立在孤立系統條件下，薛丁格所提出的負熵概念顯然指的是開放系統條件下的現象，開放條件存在很多其他能源和消除熵增的因素，廣域的作用可形成局域的熵減，因此，負熵的存在是可以的。

(2) 收斂性作用的存在，支持負熵的產生。熵的經典表達只描述了發散效能量與熵的關係，沒有把有收斂性作用，如引力的作用和量子相干等因素考量進去，如果考量引力因素，或許存在薛丁格認為的負熵。因為，收斂性作用與負熵的產生有很強的邏輯關係。

為了解收斂性為什麼能產生負熵，先討論一下發散性和收斂性與熵的增減有什麼關係。

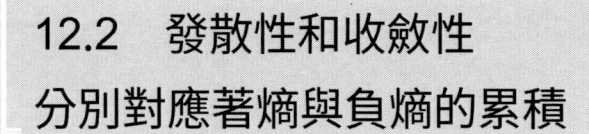

12.2　發散性和收斂性分別對應著熵與負熵的累積

1・從對能量的認識開始

著名《科學》雜誌撰稿人凱文・凱利（Kevin Kelly）在他的《科技想要什麼》（What Technology Wants）一書中提到：「簡單地說，能量是將要冷卻了的潛勢，但需要勢差才能實現。能量的流動只會從高到低，所以沒有勢差，就不可能有能量流動。」[123]

他的概括很正確，因他沒將「勢差」說成溫度那種「熱勢差」。但在很多情況下，也許是從常見的角度出發，人們會將能量理解為「熱勢差」，即熱的發散性位能。

用「熱勢差」理解能量時，會只把向外發散的、活躍的熱能力視為能量，不把有向心收斂作用的引力性質及有靜止作用的「冷」能力視為是能量。

回顧能量概念的創始，能量一詞是由「湯瑪士・楊格（Thomas Young）於1807年在倫敦國王學院講自然哲學時引入的。針對當時的『活力』或『上升力』的觀點，提出用『能量（energy）』這個詞表述，並和物體所做的功相連結。」[124] 後來的科學家對此做出多次延伸，產生了力的形式、力的做功、動能等概念，但其核心都是從活力和「動」的角度定義能量，很少從靜的角度來定義，或者說，基本上沒有從收斂性角度看待能量問題。例如，雖然說了「能量的形式具有動能和引力能兩種」，即動

---

[123] 凱文・凱利. 科技想要什麼 [M]. 熊祥, 譯. 北京：中信出版社, 2011：65.
[124] 馬騫. 基於能量守恆定律的研究與分析 [J]. 天津教育（上旬刊）, 2019（8）：131-132. DOI：10.3969/j.issn.0493-2099.2019.08.065.

第 12 章　秩序之源：生命如何在量子助力中獲得結構

能和位能，但並未把包含在引力中的、與動能相反的、向內指向的收斂性作用或靜止作用真正當作能量看待，或者說，並未把引力與動能的關係看作是收斂性與發散性之間的關係。

從邏輯上看，由於已把向所有方向發散物質和能量的能力，稱之為能量或正能量，應把將所有方向的物質和能量向內收斂性吸引的能力稱之為負能量。引力具有將所有方向的物質和能量向內收斂性吸引的能力，就應稱之為負能量。

沒有把引力當作負能量，顯然會導致人們無法從原理上承認「負現象」。如果把收斂性作為能量或當作負能量，應該會有利於對負熵現象的理解。因為，既然熱的發散性過程可形成熵增，與發散效能量相反的收斂和靜止作用，應能形成熵減。

2・發散性運動對應著熵累積

概略地說，發散性是物質或能量由密集處向空曠處的運動。

從原子衰變現象中可以看出，發散和分裂對應著秩序性下降。美籍物理學家費米（Enrico Fermi）在用實驗觀察各種物質發生分裂的衰變現象中發現，幾乎所有元素都會因中子轟擊而發生或快或慢的核裂變反應，透過裂變，物質喪失能量，變為更低能量的物質。他用實驗證明了物質向更輕、更發散的方向，是衰變方向或是秩序下降的方向。

能量發散過程對應著生命的熵增或熵累積。發散效能量運動本質上是失去量子的過程，或單位空間失去量子的能力。當量子從不穩定的高階能量狀態掉入穩定的低階能量狀態時，就會放熱。熱運動還會帶動一些物質連鎖運動或梯次運動，完成做功，由熱引起的做功過程，又被人們稱為熱機，其總熱機＝化學熱機（如化學熱）＋機械熱機（如摩擦熱）

12.2 發散性和收斂性分別對應著熵與負熵的累積

+交換熱。生命的宏觀熱,實際也是由若干不同熱機運動形成的熱疊加運動,生命中宏觀些的生物大分子的碰撞、分解、裂變、氧化等及其產熱,其實都是微觀量子發散性產熱運動導致的,這類發散性運動都會產生熵的增加。

根據以上原理,我們不難理解,動物由靜到動的運動、奔跑、生殖等耗能性生物熱機過程,都屬於能量發散性過程,都對應著熵增或熵的累積,熵累積對秩序的破壞作用,會使人產生疲勞,並不斷變老。

一個需要注意的問題是,發散性運動之所以能引起發熱和熵增,或能引起系統內秩序混亂程度逐漸提高,是由物質和能量單元的趨異性運動引起。例如,當攜帶能量的物質,由一個中心以熱的形式向四周擴散並相互碰撞時,粒子的運動方向會越來越多、軌跡會越來越亂,粒子的同質性越來越低,且相互掣肘,總能效會逐漸趨近於零,熵指數會越來越大,而這些現象都可歸因於能量單元的趨異性運動。

3. 收斂性運動對應著負熵累積

與發散效能量相反,收斂效能量是得到量子的過程,或是單位空間得到量子的能力;是量子由低階能量狀態躍遷到高階能量狀態,並伴隨事物吸熱、儲能的過程。該過程表現為發生引力作用、反輻射及物質的向心收斂、聚合、相容和還原、減速、趨靜等,實際是一種冷機運動。總體上呈現為物質內能和秩序向高階升級的負熵累積過程。

負熵累積屬於系統內有序程度逐漸增高的過程,是由物質和能量單元的趨同性運動引起。雖然按熱力學第二定律,負熵程度不會憑空提高,但負熵程度可透過外部的作用或以消耗系統外能量或負熵為代價,使系統內物質和能量單元發生趨同性運動,實現負熵程度提高。例如,

311

第 12 章　秩序之源：生命如何在量子助力中獲得結構

在外部壓力和外部提供降溫的作用下，系統內物質或能量單元會發生趨同、趨慢、向心等運動，會由發散性向收斂性或「靜」的方向變化，並逐漸形成降頻、降噪、熱運動降低等負熵的累積現象。

負熵的累積會形成物質和能量秩序的恢復和重建，人的疲勞會得到消除，老化的速度也會變慢。這意味著，要抵抗熵增帶來的疲勞和衰老，需要藉助外部秩序的填補，來恢復自身秩序或提高自身負熵程度。

可能有人會說，熱會促進生命生長，或者說能促進產生更高結構序，豈不是說明熱可增加負熵嗎？有巨大引力的天體會產生內熱，豈不是說明引力是產熱和引起熵增的嗎？為解除這些疑惑，特再做以下說明。

4・兩點說明

(1) 熱本身不產生負熵，生命結構向複雜化生長或負熵的增加，並不是熱的直接作用。例如，熱雖然可推動生命的物質運動，但在物質運動，尤其是生物大分子的運動中，存在著不是熱導致的離子鍵交換等，離子鍵交換等於開啟了原來有序的物質結構，從而能使結構之間實現更高秩序的重組。也就是說，促進生命生長的原因不是熱本身，而是生長結構消耗或利用了其他物質結構中的負熵，或透過後面談到的「以少換多」機制換來的。若邏輯上不是這樣，則會認為熱不僅不會產生熵，反而會產生負熵，顯然是違背熱力學定律的。

(2) 引力本身並不產熱。對於巨大引力天體核心形成極高溫的原因，科學界早就意識到是由「簡併壓力」引起的。「簡併壓力」是指在巨大引力環境下，向引力中心運動的電子、中子、質子等費米子類粒子，因不能占據空間中的同一個位置，而形成的排他性擠壓力。例如，中子星「在巨大的壓力及由此導致的高溫下，恆星核會發生各

種複雜的物理變化」[125]，其中的高溫，就是壓力或簡併壓力引起的。對於引力本身並不產熱，舉個不太貼切的比喻：人們受安全中心「吸引」，向地下防空洞跑，進洞期間發生人群踩踏、擠壓、冒汗和死亡，並不是防空洞導致的。

---

[125] 王和義. 奇妙的天體—中子星 [EB/OL]. 新華網（科普中國），2021-05-21[2021-06-01]. http://www.xinhuanet.com/science/2021/05/21/c_139961028.htm.

第 12 章　秩序之源：生命如何在量子助力中獲得結構

12.3　關於引力可能具有降熵作用的猜想

引力不僅能讓生物體附著在地球之上，能維持物質內部結構的穩定，而且具有抑制能量發散的作用，因此，引力可能產生降低生命熵增的作用，或者說，能為生命提供負熵。

引力是以何種形式產生抑制發散和降熵作用，從而成為負熵資源的呢？

1・從引力是不是波說起

一篇題為〈「發現」引力波 科學「傷不起」〉[126]的文章，引起人們的關注。文章披露的是，發現引力波的訊息出自一則謠言，對引力是不是波，還未被實驗所裁定。

對於引力，有的說是波，只是還需要觀測、予以發現和印證；有的說引力不是波，而是場現象，因為場不是波，即便能探測到天體的偶然撞擊引起的引力變化，那也該是場的變化，不屬於有規律運動的波。由此可看出，對引力是不是波，尚未有最終結論。

但本書的觀點更傾向於認可引力不是波的說法。之所以如此認為，是因引力不是波的說法，與包括生命現象在內的眾多現象和機制，具有更大程度的吻合性。

與波具有向外發散性相比，引力只有向內收斂的指向性，而沒有發散性。沒有發散性、只有指向性的引力，等同於直而無限長的場類中的

---

[126] 紅楓・「發現」引力波 科學「傷不起」[N]・中國科學報，2016-01-18（3）[2020-03-16]・https://news.sciencenet.cn/sbhtmlnews/2016/1/308492.shtm.

12.3　關於引力可能具有降熵作用的猜想

「線」，或等於無限時間內也不波動一次的零頻「波」或無波，即靜態的、沒有發散性的引力不是波，或不具有波動性。

若引力不是波，探測到的黑洞引力變化現象，又屬於什麼呢？引力雖然不是波，但作為場，引力會隨著距離而有梯度的變化，所以引力的大小及梯度變化可以被偵測到，但引力卻不應被探測波的方式所探測到。測到的兩個黑洞結合形成的引力偶然變化，其實是兩個載有巨大引力場天體的偶然性撞擊或結合，只能稱之為「引力場變化事件」，而不屬於有規律的波的運動。

以上討論的目的，在於支持引力不是波的說法，或不認可引力具有波動性或發散性的說法。

2・從能遏制發散性角度看，引力具有降熵作用

沒有發散性的引力，具有與發散效能量「所有方向」相反的向心收斂性。例如，原子核引力可以抑制電子向所有方向上的發散性逃逸，具有向心收斂性。

如果把離心的發散效能量導致物質顆粒相互碰撞的產熱，理解為使物質顆粒的運動路徑曲折更多、秩序更亂；相反地，具有將物質單元向一個核心或向某個一致方向吸引的、並使物質單元減少相對運動並增加趨同性的引力，應能導致物理顆粒運動路徑的曲折更少，或更有秩序。具體地說，發散效能量使每根毛線更曲折，使整團毛線更亂；引力的收斂性和引力的最短距離性，則可以對物質運動路線產生「拉直作用」，使毛線團更順直或更有秩序。顯然，物質運動軌跡增多和混亂，會導致噪音、產熱等，屬於熵增，引力對量子運動軌跡的「拉直」作用，會減少軌跡混亂，應屬於熵減。

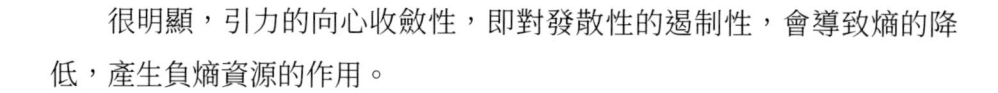

第 12 章　秩序之源：生命如何在量子助力中獲得結構

很明顯，引力的向心收斂性，即對發散性的遏制性，會導致熵的降低，產生負熵資源的作用。

3・從能增大原子的負熵承載能力看，引力是負熵資源

由物理常識可知，重元素（如鈾原子）比輕元素（如氫原子）內部的電子層多，原子核引力也大。可以理解為引力大的原子核對外層電子的發散性有更強的抑制力，能維持原子內更多層結構或更多能量梯度。顯然，核引力大的、結構層級多的原子，有著更高級的秩序或有更高的負熵指數。

當重元素（如鈾）經過衰變的自我拆解並放熱後，其核引力變小，電子層也跟著減少，說明引力變小會使原子的內部秩序發生從高向低的降級，意味著釋放了負熵或原子內的負熵指數降低了。以上隨著核引力大小發生原子負熵承載能力增大和減小的情況，說明引力是維持秩序的負熵資源。

12.4　負熵對生命的有益性作用

負熵對生命的作用是全方位的。

1・負熵在生命中具有「通配性」代償能力

生命要保持其系統的平衡穩定，不僅需要物質補充，也需要能量補充。補充的形式有兩種，一種是直接補充，一種是代償。

所謂直接補充，指補充的物質和能量，是從生命內其他未受損部分，或透過進食等管道，直接轉移過來的過程，如水的補充。

所謂代償，是生命將不能直接匹配的物質和能量形式，轉化為可匹配的形式，用於補充的過程。如將其他部位未受損組織的細胞或幹細胞，轉化為受損部位細胞的過程等。代償過程可使生命原有平衡得到恢復，或建立新的平衡。

用於代償的物質叫做代償物質，代償物質在生命中發揮作用的廣度和深度，叫做物質代償能力；用於代償的能量叫做代償能量，代償能量發揮作用的深度和廣度，叫做能量代償能力。

身體中有多種代償物質，其代償能力呈一定梯度配置。形式越原始、構造越簡單的物質，代償能力越強，如分別在肺和肝臟發揮作用的功能細胞，都是已經分化到位的細胞，當其中一方的細胞受損時，相互之間就不好代償了，會由更原始、未經分化的多能幹細胞或全能幹細胞來代償。比全能幹細胞更具代償能力的代償物質，是原始的、未分化性表達的基因。

身體中有多種代償能量，其代償能力也按一定梯度配置。如宏觀的身體運動，由細胞能量活動來代償；細胞層面的能量運動，則由 ATP 向

第 12 章　秩序之源：生命如何在量子助力中獲得結構

ADP 轉化中產生的能量來代償；再深層的意識運動等，則有包含電荷和基本粒子運動的量子級生物資訊以攜帶負熵來代償。

可以看出，代償物質和能量的性質越原始、越基本，其以一抵萬的「通配性」代償能力越強。

如果說基因和全能幹細胞是具全面代償作用的物質，那麼，由有序的量子級能量和資訊運動所形成的負熵，則可稱得上是具全面代償能力的「能量」。

2・負熵可為生命提供持續性

生命中哪些方面在大量消耗著負熵呢？

從前面得出的「凡是發熱、毀序的、發散性的能量運動都在消耗負熵」這個原理來看，生命中以下活動，對負熵有著大量消耗。

(1) 思維活動消耗負熵。作為生命中最集中的意識資訊活動，思維既具發散性、又易使人疲勞、還產熱，顯然是思維造成了失序，並大量消耗了負熵。

(2) 身體活動消耗負熵。肢體和體能活動雖說是物質活動，與思維活動的形式不同，但由於有著類似思維活動後那種發散、產熱和疲勞等情形，也應不同程度地消耗了負熵。

(3) 臟器活動和抗感染過程消耗負熵。當生命為攝取營養而發生內臟器官和細胞運動時（這裡只談攝取過程，不說攝取大於支出），以及為恢復體能、抵抗疾病而發生的生物物質運動和能量消耗時，也因有前兩項的後果，也是在耗用負熵。

當然還有其他消耗負熵的方面。

整體來看，當生命為戰勝和適應自然，做出各種思考、各種行為，

12.4 負熵對生命的有益性作用

發生各種內在運動時,都在消耗負熵。

反過來看,這意味著,負熵在支持生命續航。

負熵的消耗,本質上是量子級生物資訊有序性的喪失。因此,其消耗過程也必將伴隨著深層生物質資訊媒介的損傷與消耗。這種損傷與消耗,必然損及到人體中承載有序資訊的基因,尤其會損傷決定基因活性和壽命的端粒酶。

一篇題為〈端粒長度與睡眠障礙和細胞衰老相關性研究進展〉[127]的研究報告說:「≥ 70 歲組中的失眠亞組顯示出與較短的靜脈血單個核細胞端粒長度相關,但 60 ～ 69 歲組的失眠亞組未發現此種關聯性,表示睡眠障礙會加速細胞衰老,尤其是老年人群。」

對以上現象可這樣理解:老年人由於經歷了漫長生物能量發散過程,負熵耗損大,且因容易失眠而負熵補充能力降低,所以其基因中端粒酶的長度損耗速度會更快。這反過來說明,負熵對包括端粒酶在內的生命物質壽命,具有維持作用。

---

[127] 劉培培,張梅.端粒長度與睡眠障礙和細胞衰老相關性研究進展 [J]·中國現代神經疾病雜誌,2019,19(10):793-798. DOI:10.3969/j.issn.1672-6731.2019.10.016.

第 12 章 秩序之源：生命如何在量子助力中獲得結構

12.5 生命利用負熵的管道

生命的良好狀態說明，其對付熵增的能力非常強大。生命是如何做到的呢？

12.5.1 生命的身體演化出利用負熵的多種機制

1・用負熵機制判定損益、呼叫負熵匹配平衡

在人們熟知的神經反射或反射弧背後，其實有隱形的負熵呼叫機制。如當刺激產生感覺時，生命中不只是發生了資訊傳遞這件事，而是同時發生了三件事。

(1) 刺激會使處於靜息電位的神經纖維或膜外正電位膜內負電位的「內負外正」極化狀態，發生相反的「內正外負」的去極化過程，這個變化過程會導致神經系統內的量子活動頻率激增，即熵增。

(2) 由該熵增或刺激產生的能量和物質變化，會觸動遺傳物質中的「中值」，呈現出不同程度的阻尼和不同阻塞程度的量子級訊號，並湧現為不同類型和程度的不適感或疼痛覺。

(3) 更重要的是，抵抗感覺的「反相消弭」機制會發生。生命中的「中值系統」會對產生感覺的擾動資訊反相調整，產生與刺激相反的「反相消弭」或復極化，以反抗阻尼帶來的不通，並平復疼痛。其中有量子活動頻率的降低，即熵減。

「反相消弭」機制之所以能實現熵減，實現對生物質的復極化或彈性修復，解除熵刺激帶來的阻塞感，形成疏通的舒服覺，是因該機制耗用了靜雅有序的量子級生物資訊的負熵。生命也正是透過刺激——痛

苦——「反相消弭」——舒服這種過程，知道了哪種東西能吃、哪種環境宜居、哪種能量可取，甚至知道能量消耗到什麼程度需要睡眠和休息。本質還是在於熵與負熵分別對應著痛苦與舒服。基於以上原理，負熵在感覺流程中得到了自動發現和呼叫。

呼叫負熵以解除不適的「反相消弭」程序，有注意的參與。如生命遇到刺激會自動啟動注意和潛注意資訊，向疼痛部位「向心意守」，透過收斂性實現秩序恢復。該過程實際上是身體將其他部位的低熵或負熵資訊，透過注意，向已經失序的疼痛部位，實施注入或補充。

2・用「以少換多」的能力補充負熵

由於秩序與負熵指數呈正相關，更有序的結構可承載更多負熵，顯然，構造和秩序更緊密和複雜、更經得起燃燒的可燃物，不僅其單位體積內含有更多的能量，且其負熵指數更高。或者說，尚未被燃燒的可燃物，比燃燒後物質的秩序性或負熵指數更高。進而還可以說，複雜度越高的物質，因能夠「拆出」更多「基本資訊」或可轉化出更多能量，而能提供更可觀的負熵。

比如肉類比蔬菜構造秩序緊密和複雜、含能量高，的確比蔬菜更能維護生命秩序。這意味著，肉類會比蔬菜「拆出」更多「基本資訊」，更能提升生命的負熵指數。

然而，單位體積負熵指數高的肉類，相比於蔬菜更不容易被吸收，肉類往往需要更多生化流程和環節才可完成「拆解」消化，複雜消化流程本身還會帶來一些負熵消耗，但這並不意味著肉類價值低。由於能用較少的負熵消耗代價換取更多的負熵能，肉類還是更具價值。動物能否做到「以少換多」，其消化能力發揮核心作用。

「以少換多」能力，使生物鏈的序列與消化能力相匹配，如食物鏈

第 12 章 秩序之源：生命如何在量子助力中獲得結構

上游至下游的動物序列，可按其從強到弱的消化能力依次排列。處於生物鏈下游的、消化拆解能力差的動物，如草食類動物，食用了難以消化的、高能量和高負熵的牛肉，不僅會白白耗費能量，還會對自身安全造成影響。這是因為，低等動物或因消化酶缺乏，或因消化鏈太短，無法完成超越其生物鏈地位的消化任務。當然，若某種食物能量和負熵太低，消化用的能耗遠大於拆出的能量時，食物也會因達不到「以少換多」而被淘汰。消化的「以少換多」，本質上是負熵的以少換多，消化中對負熵的以少換多，保障了生命的持續。

以上闡述讓我們有以下認知：處於食物鏈上游的動物，其消化過程更複雜，其「以少換多」的能力或獲得負熵的能力和程度更強大，意味著動物越高級，其能達到的負熵程度或等級越高。反過來說明，負熵程度或等級越高，動物越高級。

3．用隱含引力機制的「峰值」運動補充負熵

古人發現，在經絡系統中運行的能量，並不是均勻活動的，而是有一個天然的能量峰值，在沿著經絡、有規律地循環遊走。同時發現，天然能量峰值會在一天固定的時間、固定的經絡位置形成或通過，如午時，即上午 11 時～ 13 時，始終有一個能量峰值出現在 12 經絡中的一個固定區段 ——「心經」。這個峰值像一盞「明燈」，按時辰、沿經絡巡迴檢視，又像一個「無形的水桶」沿線走動，遇到不足，隨地補充。這種按時辰對身體能量補充的類似澆灌的機制，被古人稱之為「子午流注」。

「子午流注」說認為，按 12 個時辰流轉的「氣」的峰值，與地球自轉的自然時序相呼應，環環相扣、十分有序。事實上，人的作息習慣符合這種自然規律會變得更健康，按時辰進行針灸治療，效果也會事半功倍。

12.5 生命利用負熵的管道

　　重要的是，在「子午流注」經絡輸運中，被古人稱為「氣」的東西，並不是營養類物質，更像是蘊含著負熵的生物資訊。從可穿越骨骼等固態物質的情況看，「子午流注」中輸布的東西，顯示出電子、電荷和離子等量子級生物資訊的穿越性質和作用。因為身體中除去管道類的通道，其他物質結構和組織，對物質穿越具有強大的隔離作用，而被稱之為「氣」的東西，在循經執行時卻能迅速穿越，說明「氣」這種東西遠遠不是細胞，也不應是分子和原子等物質，而應是具有可穿越性的量子級生物資訊（本書認為，古人所謂的「氣」，就是生物電）。

　　「子午流注」中的「氣」還顯示出量子級生物資訊的通用性。因在「氣」的峰值途經的所有器官和組織，都會產生能量補充作用，說明「氣」具有貨幣般的通用性。而邏輯上，只有物質、能量和資訊三者兼具的量子級生物資訊，才具有這種基本性和通用性。

　　同樣重要的是，「子午流注」按時辰的單一能量峰值，在生命整體能量極低等極端情況下，有很強的能量強度保障作用。單一峰值運動，即在主要的12經脈中，只有一個能量峰值在移動。單一峰值運動非常有利於生命以輕重緩急權重原則，對各處進行「按需」補充。如白天運動強度大，脾胃、心臟等供能器官活動強度高，峰值運動到脾經和心經的時間，正是在白天；夜間能量負荷小，非常適宜肝臟、膽臟的靜默恢復，而峰值到達肝經和膽經的時間又恰好在夜間。「子午流注」中由有限能量所構成的單一能量峰值，比起沒有峰值的平均效能量保障，可使生命在全身總能很低或能量極其匱乏的情況下，仍能讓急需能量補充的區域性達到強度需求，這對達不到一定能量強度就會「罷工」或失能的器官來說，是一種重要的能量保障機制。

　　根據該原理可見，「子午流注」中峰值的產生，與「地——日」運動中引力場變化有著更大相關性。這不得不讓人思索：「子午流注」峰值機

第 12 章　秩序之源：生命如何在量子助力中獲得結構

制是生命在適應地心引力場變化中產生的，並以此機制，對自身實行負熵的錯峰補充。

4・在被輻射中得到負熵

薛丁格說：「對植物來說，太陽光就是『負熵』最大、最有力的供應者。」[128]

那麼，負熵增現象是怎麼透過太陽光的輻射形成的呢？這應來自量子相干。

由於生命中有包括量子組分在內的複雜組分，當遭受輻射時，若其量子組分與外部輻射波長恰好相同，主客方量子就會發生量子相干，而形成負熵增。

例如，光合作用就是植物中的量子與陽光的量子相干。在光合作用中，生物體中的水及水合物中的量子位元與太陽光粒子相干，會發生量子躍遷，產生高階不穩定性位能，並會產生高階不穩定性大分子三磷酸腺苷（ATP）這種生物能量體。ATP 既能為基因入旋和多級結構摺疊提供能量，用以儲存生物能，也能在形成葉綠體這種高秩序的生物能量儲存物質中發揮作用。總之，陽光的光能變為生物能的過程，是生命部分物質受輻射，由低秩序轉化為高級秩序的過程，即負熵增。

5・用隱含引力機制的睡眠補充負熵

人們透過體驗知道，食物和清醒狀態下的休息，都無法替代睡眠恢復秩序的作用，說明睡眠過程與負熵補充有極強的關聯性。

從生物資訊機制角度看，睡眠過程既有負熵損耗的減少，也有負熵的補充。

---

[128] 薛丁格. 生命是什麼 [M]. 羅來復, 羅遼復, 譯. 長沙：湖南科學技術出版社，2020：79.

12.5 生命利用負熵的管道

睡眠能大幅減少負熵消耗，這很容易理解。因睡眠可使意識這個耗能大戶的活動大幅度降低，睡眠時心理欲求降低、身體各部位不需要強烈壓力等，也會使層層級聯的生化流程大部分慢下來，這些從宏觀到微觀的活動降低和「慢下來」，最終會使與此相關的量子級資訊活動或發散強度通通降低，即負熵消耗降低。

而睡眠中存在負熵補充，則需要一番推理。邏輯上，只有睡眠才可開通負熵補充的最大通道。由於熵是由從靜到動的發散性過程產生，那麼相反，負熵則由從動到靜的收斂性過程產生，這兩個相反過程不能在同一層面的活動中同時進行，就像人不能既睡眠又清醒，清醒與睡眠總是呈現為有此無彼的翹翹板關係。如果說清醒時大腦主觀意識活動是負熵消耗過程，那麼只有關閉這個過程，才可開啟補充的通道，而睡眠的確發揮關閉主觀意識的作用，這意味著，睡眠產生開啟獲得負熵補充通道的作用。

從實際發生來看，睡眠可以透過引力，實現對負熵的補充。威斯康辛大學麥迪遜分校的新聞顯示，該校 Kiara cirelli 和 Julio noni 教授在 *Science* 雜誌上發表的〈睡眠研究：高解析度影像顯示了大腦在睡眠期間是如何復位的〉一文中說，透過使用一種超高空間解析度的串聯掃描 3D 電子顯微鏡，觀察到白老鼠透過低頻睡眠，出現大腦恢復的醒目影像：突觸——神經細胞之間的連結，在白天刺激時生長強壯，然後在睡覺時收縮近 20%，為第二天的成長和學習，創造更多的空間。[129] cirelli 說：「令人驚訝的是，皮質中絕大多數的突觸，僅僅在醒來和睡眠的幾個小時中，就經歷了這麼大的變化。」與該報告觀察到的現象有所關聯的是，有研究者列舉了「超長波對人體的特殊作用」[130]，認為極低頻波對大腦和生命秩序的修復有建設性意義。

---

[129] WISCONSINMADISON U O. UW sleep research high-resolution images show how the brain resets during sleep[EB/OL]. University of Wisconsin-madison：News，2017-02-02[2019-10-01]. https://news.wisc.edu/uw-sleep-research-high-resolution-images-show-how-the-brain-resets-during-sleep/.
[130] 張伯蓉·超長波對人體的特殊作用 [J]·安徽農機，2007，（2）：20.

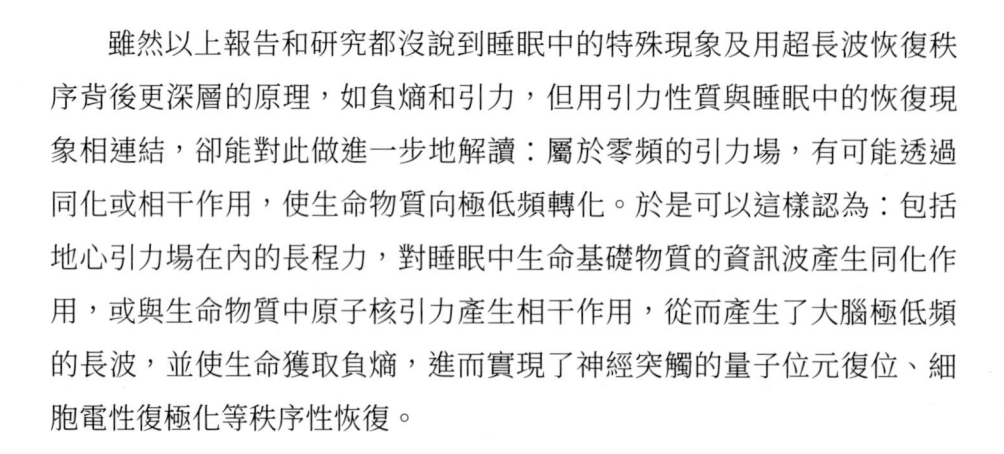

第 12 章　秩序之源：生命如何在量子助力中獲得結構

　　雖然以上報告和研究都沒說到睡眠中的特殊現象及用超長波恢復秩序背後更深層的原理，如負熵和引力，但用引力性質與睡眠中的恢復現象相連結，卻能對此做進一步地解讀：屬於零頻的引力場，有可能透過同化或相干作用，使生命物質向極低頻轉化。於是可以這樣認為：包括地心引力場在內的長程力，對睡眠中生命基礎物質的資訊波產生同化作用，或與生命物質中原子核引力產生相干作用，從而產生了大腦極低頻的長波，並使生命獲取負熵，進而實現了神經突觸的量子位元復位、細胞電性復極化等秩序性恢復。

12.5.2　生命用智慧尋求和利用負熵的管道

　　生命想必是藉助智慧找到了獲取負熵的管道。

　　一些以求長生或「得道」為目的的「修練」，相當部分有類似這樣的過程：放鬆──入靜──入定，即有把自身從外到內、從身體物質層到能量和資訊層的活動頻率降低的「變慢機制」，且有恢復精神和體能的表現。「修練」效果好的、有恢復作用的部分，應歸功於「變慢機制」。因「變慢機制」可將處於混亂的、熵指數高的自身狀態，推動、變化到有序的、高負熵指數狀態的作用。從局域秩序的增強必須依靠外源才能實現的角度來看，應該是「變慢機制」中利用了外界的作用，如透過外界長程引力對身體內在量子級資訊頻率發生同化作用，產生頻率變慢，從而匯入了負熵。

　　也就是說，修練者雖不知道收斂性和降低頻率將波拉長的「變慢機制」中，蘊藏著量子級的負熵機制，卻能透過降低自身內外活動頻率和節奏的實際修練過程，獲得了包含有序量子資訊活動的負熵秩序，從而獲得了實實在在的益處。

12.5 生命利用負熵的管道

綜上所述，由於負熵的形成及生命獲取負熵的過程，都與量子活動向有序性運動轉化相關，即與生命的秩序增強相關，因此可以說，生命是在量子機制助力下獲取了秩序。

第 12 章　秩序之源：生命如何在量子助力中獲得結構

第 13 章
重新定義生命：
從量子視角看生命本質

　　導讀：經過億萬年的生物慣性運動，經過無數次遭遇、優勝劣汰和從無到有的變化，具有高智慧的人類終於從自然中走來，並反過來掌控自然世界。高智慧的人是多種機制綜合而成的整合之作，如何描述人這套整合之作？如何回答「生命是什麼？」對於這些平凡而又不凡之問，本章按「自上而下」路線設定的「兼收虛實和正負過程」之方法，並與前面討論中得出的認知相結合，透過把一系列猜想涉及的機制作歸結，從有限認知的角度，回答生命是什麼的問題，其粗陋和另類，或許能帶來一些趣味性的意義。

第 13 章　重新定義生命：從量子視角看生命本質

顯然，僅用可見的部分和可見現象來定義或描述生命，是遠離客觀的。

生命由細胞和組織構成，是多種物質成分的集合，也是神經、呼吸、循環等功能系統的組合，但如果僅用這些來描述生命，其實還只是用可見性來總結生命。事實上，生命除有可見性的一面，還有許多不可見的機制在運動和博弈。那些看不見的機制，無論其存在形式多麼超出常規，對生命的存在與運動來說，並不是可有可無，而是有著決定性作用。這意味著，僅用看得見的部分來定義生命，是遠遠不夠和不切實際的。

前面各章，我們從不同範疇、不同角度和層面，對生命問題進行了討論，並有了一些獲得。當我們想把這些兼具隱態和顯態機制的認知，整合為一套完整的生命「藍圖」時，一開始就提到的那個老問題——「可見性問題」，還會來阻攔。

對難以見得或不可見的隱性機制，有人會說：「憑什麼說它存在？你看見了嗎？用了什麼觀察方法？」

是啊！那些將被整合的、頗具隱藏性的機制，如因應、生物慣性和負熵等，不僅一個也沒有在表觀顯現，甚至剝開生命，在任何地方也難以見到。用這些隱態的東西來描述生命，將很不符合以視覺為導向的慣常認知。這意味著，實現對生命的完整認知，還需再次破除「可見性」偏執，並釐清相關關聯。

13.1 破除「唯可見」方見生命本質

人類有一種強大的慣性思維，就是如果要讓自己相信某事物是真實的，就一定要親自看見它，即便世界本來就是由可見和不可見組成的。這種慣性思維，應被稱為「唯可見」偏執。「唯可見」偏執來自於視覺上的生理慣性。

(1) 視覺對資訊具有天然的疏漏性。如「眼睛可接收 10 億位元／秒的資訊，而神經每秒只能傳遞幾百萬位元，至於中樞神經系統，每秒僅可處理幾十位元的資訊。」[131] 這意味著，進入眼簾的可見光資訊大部分被漏掉了，說明被生命可見和可採用的資訊，只是很少的部分。

(2) 視覺對靜態與動態之間的觀察，存在「速度障礙」和資訊篩除。生命由穩定的物態結構與極不穩定態的物質流和能量流組成，當觀察生命的動態時，將不能同時觀察它的靜態。特別是對動態觀察時，按時間間隔從中取幀，會篩掉大量資訊。

(3) 視覺的「倍數障礙」可遮蔽可見性。生命體有若干層級的組合，每一層級之間都有「倍數」阻隔。就像當觀察山腳塵土的細節時，看不清大山的全貌一樣，視覺或儀器也不可能在既看清生命 A 層全貌的同時，又能看清解析度比 A 大一倍或小一級的 B 層的全貌。事實上，人類至今還難以看清比視覺解析度小 10 個數量級以下的所有層面的變化，而那些層面卻有著大量資訊的存在，即人們肉眼所見的，只是生命有限層面的現象。

(4) 事物的隱態性存在，會使視覺對資訊的獲取不能實現。人們通常把

---

[131] JOUNILEHTELA, HELSINKI, FINLAND，于國豐. 用眼動電圖（EOG）和角膜反射裝置（CRT）兩法記錄到的眼動數據的差異 [J]. 心理學動態，1984（03）：70-72[2020-12-12]. https://kns.cnki.net/kcms/detail/detail.aspx?dbcode=CJFD&dbname=CJFD7984&filename=X-LXD198403010&uniplatform=NZKPT&v=aBL7IuiowWoFs7TH3WnLGo5RxStYjJZnCyiCeDIn-Qtk6vRFO57BLSdRTsw4Wfbh5.

第 13 章　重新定義生命：從量子視角看生命本質

正在發生並顯現至看得到的狀態叫顯態，把尚未發生或尚看不到的稱為隱態。生命中這種隱態與顯態的交替產生非常普遍。如不同發育期別的細胞和生物質，會隨著時間變化呈現隱和顯，對尚處於隱態期的細胞，提前和推後觀察，都無法得到有效資訊。是顯態或隱態，還與觀察所採用的時間解析度相關，例如，用過小的時間解析度（如奈秒）將看不到生命現象。特別是，目前觀察儀器的原理，基本上是透過向可見物質目標發出光、電、磁等感應介質來探測物質性的存在，如果目標不是純物質，而是物質、能量和資訊的組合，例如有引力、量子級資訊運動等助推形成的負熵、負現象和負過程摻雜其中，（尚且不算暗物質和暗能量的作用），即便費很多間接性的周章，也很難得到視覺所需要的全部資訊。

在邏輯上，如果想把生命中種種隱的、「虛」的機制，通通變成「實在」可見，會陷入悖論。作為對立的雙方，虛一定不是實；非要把虛轉變成實，就否定了原本的虛。如果變不成，就意味著生命中那些不可見的「虛」將永不被承認，就一直有理由否定那些反的方面在與生命有廣泛而深刻的聯動關係，從而片面、而不是全面地描述生命。

這就是說，由於觀察能力受限，要意識和定義生命本質，就需暫且放下「唯可見」的偏執。所謂的暫且放下，並不是不要觀察。在分子生物學時代，放下觀察就等於放下幾乎所有的現代生命科學研究和現代醫學，這根本是不可能的。這裡所說的暫且放下，是指暫且擺脫「視力範圍」帶來的桎梏，做出包括負現象在內的、邏輯上的，或帶有辯證性的通盤考量。

要「致知」生命，應引入像處理矛盾關係的「二分法」那樣超越純物質域的抽象思考。如古書說道：「天地之道，以陰陽二氣而造化萬物⋯⋯人為萬類之靈，陰陽各半是矣。」上古之人反映客觀現實的認識論，也值得現代人借鑑。

13.2　整合生命的機制和層面

按所產生的作用或重要地位看，生命的整合應至少涉及以下機制和層面。

1・因應

由生物資訊機制廣泛參與的與各種對象互動的因應機制，是生命內外連結的原始動因或資訊基礎。

2・「生物慣性」

由因應引起的「生物慣性」，始終與有形生命結構的晉級及無形意識的演化相連結，是推動生命從無機到有機、從生物活性到高階生命形式的動力。沒有「生物慣性」就沒有欲望、沒有免疫……就沒有生命從低階到高階的一切需求和目的，也就沒有生命的生存方向。從這個角度看，生物慣性是生命進階的動因。

3・生物閾值與生命中的「中值」

在生命的各宏觀和微觀環節，幾乎都存在著以「中值」為核心，以成對的耐受度閾值為邊界的雙向調節機制。「中值」和閾值的有機運作，形成形形色色的生物活性和功能。因此，閾值和「中值」是生命的活性本徵。

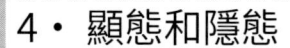

第 13 章　重新定義生命：從量子視角看生命本質

4・顯態和隱態

前面已對顯態與隱態有較多的闡述，對它的另一個說法是實與虛。顯態與隱態在生命中有普遍的存在和發生，屬於生命的時空性特徵。

5・熵和負熵、「造物」和「逆造物」運動

生命的主流是「造物運動」，即由靜向動、由隱向顯、由小到大、由少到多的運動，這使生命系統呈現生長、做功、繁殖、衰老等現象，並透過產熱、增頻等，使熵大量增加。

生命的負過程是「逆造物運動」，即由動到靜、由顯向隱、由大到小、由多到少的運動，這使生命呈現秩序恢復、能耗降低、由老到嫩等現象，並透過降頻、消減熵或維持和累積負熵。

由此可看出，熵變化和正負「造物運動」決定了生命運動的趨勢和旅程。其中，生命的熵變化大體呈如下關係：生命總秩序狀態＝負熵－熵。

6・過程和參與度

生命是由多種能量、物質和資訊，以不同時段、規模、形式參與的動態過程。

之所以說生命是一個動態參與過程，是因物質和能量參與了生命過程，又離開了生命過程。很少物質和能量能在身體中持續待超過幾個月，絕大多數物質和能量透過代謝，在生命體中匆匆經過。也就是說，過不了多久，看起來相似的身體，已經幾乎完全不是原先那個身體了。參與時，那些物質和能量是生命的一部分，離開了，它們又都不是。人

們常用不同的時間比重和空間比重，或用不同元素的平均含量來表示參與度。

可以說，生命是眾多參與方及不同參與度的「參與過程」。

7・「硬體」與「軟體」、形態與功能、物質與能量和資訊

生命域內物質、能量和資訊的有機運動，形成虛與實、動態與穩態、形態與功能的共存與共作。其最高表現形式為肌體「硬體」形態和意識「軟體」形式。

從生物資訊角度看，當意識「軟體」以功能形式在指揮身體物質運動時，意識又受身體中基因、蛋白等微觀物質「硬體」形態和性狀變化的訊號糾正和回饋性化學流程的約束，表現出「硬體」與「軟體」、形態與功能、身體與意識相互作用、相互促生的互根性。而這種互根性，本質上是物質與能量和資訊的互根性。

8・宏觀與微觀

微觀運動累積形成宏觀現象和需求，宏觀需求反過來向微觀運動提出具體運動指標；而量子級生物資訊從中協調宏觀與微觀的關係，使生命全域保持統一協調的行動；生命的宏觀和微觀又同時受宇宙背景這個真正「後臺老闆」的決定。

因為有同一個「後臺」的作用，宏觀和微觀的運動既互相關聯，又相互制約，且常常同時進行，即生命的宏觀與微觀是相互作用並決定著的。

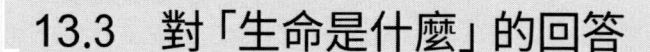

第 13 章　重新定義生命：從量子視角看生命本質

13.3　對「生命是什麼」的回答

　　對「生命是什麼」這個古老的問題，其回答的角度有表觀級的、有細胞級的、有分子級的、還有量子級的。這裡能僅從量子機制來概括嗎？不能。即便有量子機制的廣泛參與，生命也永遠不單屬於量子機制或某一級別的事物，而是跨級、跨域的綜合性運動現象和過程。

　　特別是，生物量子機制的隱祕性，使生命本質難露真相，但對其量子機制的討論，可對其真相產生如下更清晰的認知。

　　生命是一個過程，它由量子因應所發端；因應導致的生物慣性運動，使物質、能量和資訊產生持續性連結；慣性的裹挾，形成自組織物態和自適應功能，進而形成高級生物組織和高級「生物慣性」；高級結構和功能的運動，形成對物質和能量的需求 —— 欲望；欲望、結構和功能在與環境互動中不斷完善，實現從低階生命體和低階功能向高階生命體和高階意識不斷升級的「造物運動」。

　　生命還是由量子級生物資訊統領和推動產生的過程和現象，是整合物質、能量和資訊的一種「超級程式設計」。

　　……

　　如果要用一段話來簡述生命，便是：生命是高度整合與廣泛分布共存的資訊系統，是包含顯態與隱態、結構與功能、物質與能量、熵與負熵、「造物」與「逆造物」等矛盾現象的綜合運動過程。

　　因此說，生命是由量子級生物資訊機制與生物物質系統的綜合慣性運動形成的「造物和逆造物疊加運動」現象。

第 14 章
覺醒的火種：
量子資訊機制引爆智慧的二次革命

　　導讀：生物慣性中的生物量子機制促生了生命、促醒了意識，覺醒後的人類還會在生物慣性的促使下，深刻認知和掌握產生的生物量子機制，並將其釀熟為生物量子科學和技術（biological quantum science and technology，簡稱 Q&T）。

　　Q&T 會帶來什麼影響，會使人類未來的生活更好嗎？這涉及 Q&T 將來的應用方面和應用程度，更涉及人類的道德水準和理念。本章將沿著生命和智慧演化與發展的慣性運動軌跡，瞻望一些可能的趨勢。

第 14 章　覺醒的火種：量子資訊機制引爆智慧的二次革命

「美國經濟學家泰勒・科文（Tyler Cowen）在《大停滯》(*The Great Stagnation*)中斷言，人們已經摘完『所有低垂的果實』」。[132] 隨著智慧的升級，那些唾手可得的獲得，定會被未來精密至極的產品和高度智慧場景所替代。Q&T 作為這場鉅變的「智慧核能」，將不斷推動量子時代的科學深耕，並持續在科學深層發揮作用。

---

[132] 黃志誠．科技創新停滯了嗎？[J]．中國科技獎勵，2015（10）：78. DOI：10.3969/j.issn.1672-903X.2015.10.020.

14.1　Q&T 對理論和技術的影響

14.1.1　理論上的可能變化

就像「有」和「無」兩種相反的概念疊加在一起難以稱之為什麼一樣，生物量子機制的研究和應用，也會遇到像微觀量子那些自相矛盾而棘手的問題：在同一生命現象中，同時存在著結構與反結構、顯態與隱態，及熵與負熵等的對立矛盾。這種同一事物兼具兩種相反屬性的現象，無論在生命的微觀量子層面，還是在生命的若干宏觀層面，都有著客觀存在性。尤其是其包含的量子機制，在支持經典科學理論的同時，又似乎在衝擊著經典理論。

在量子領域，總有一部分機率支持定量實證，也總有另一部分與實在相反，否定實證。這意味著，用實證的方法論去解釋反實在部分，將有顯著的「不恰當」，用負現象來說明正實在，也似乎全部錯誤。或許存在一個數軸：0 的右邊即正方向，是物質實在，用的是「物理」；向左的反方向是反物質、反實在，應該用「反物理」──這種稱謂可能會讓一些物理學家感到很不舒服。因為這種「反物理」，會把從正物理出發的邏輯推為謬誤，形成概念的自我否定。

還有，在發散態宇宙中生存的人類，能夠容易地感知和意識到正物理的時間概念是一維性的。但如果反物理提出，在發散與收斂並存的時空中，時間也存在著負的維度，甚至有多個維度時，就難以被理解。這意味著，用正邏輯作為推導工具來證明相反的存在，將「很不容易」。

量子理論帶來的不限於物理上的悖論，事實上已使現有認知面臨深層的理論挑戰。這意味著，面對量子域那些相反的「客觀性」，人們將不

第 14 章 覺醒的火種：量子資訊機制引爆智慧的二次革命

得不對原有的理論或方法論做出適應性的調整。

例如，隨著對包括負熵在內的「負機制」的更深入研討，人們會從以揭示熵增原理為主，向揭示正熵與負熵或正、負秩序互動機制方向轉移，進而會建立「熵平衡學」，從而為與熵及負熵相關的輕微亞健康的診治或「治未病」能力的升級，為「無主訴」醫療、快樂治療、無創型能量醫學、全時空病因解析、身體和心理的「全價型」生命維護等提供理論支持。

14.1.2　技術上的可能變化

生物量子理論將帶來技術領域的進步，特別是，將對生命模擬技術和人工智慧技術兩個重要領域形成根本性影響。

1・生命模擬將更加真實

模擬的至高境界是，當人造的她（他／它）神采奕奕地來到我們面前時，我們不再感覺她（他／它）是假的。

像「真的一樣」高級別地模擬生命，必須建立類人的因應機制。對這種物質、能量和資訊共作的「有生因應」機制的模擬，需要相應且足夠的科學門類交叉合作才能真正達成。例如，有了足夠的合作，不斷擴展內涵的、包括生物量子機制的，更加廣義的「合成生物技術」將會產生，一旦擁有這種技術，以下目的將得到實現：

量子級全息測量能力支持的生命熵狀態評估；對遺傳、記憶、疾病、心理、性格、情緒等狀態資訊的精確解讀；根據生物量子資訊「湧現性」原理訂製各種感覺；透過接近量子級解析度的技術，進行意識重構和生命體製造，並用以人工生產新人類……都可能得以實現。

顯然，以上這些與生命模擬相關的場景，都高度依賴生物量子技

術。同時也意味著，生物量子技術和機制在生命級產品中的比重，將成為未來生命模擬程度的重要指標。

2・人工智慧將更具智慧

通用人工智慧的媒介可能不是人形的東西，卻極具智慧和能力。

與更真的仿造生命不同，由人工創造和升級而來的矽基非生物人工智慧，是一個完全獨立的門類或智慧品種。人工智慧一開始就是人腦智慧的延伸，且一直朝著超越人類智慧的方向迅疾而去。人工智慧與人類沒有生理上的遺傳關係，沒有血濃於水的親情和糾結，是可在獨有的軌道上自我加速晉級的智慧和能力。

但是，智慧的最後臨界與爆發，卻遵循著統一的客觀規律。前面所討論的智慧形成原理顯示，智慧的飛躍性質變，即抽象能力和創造性的發生，都離不開生物量子機制的支撐。人工智慧也只有被賦予生物量子機制，方能踏過具有抽象和創造等靈性的門檻，而發生質的飛躍。

也就是說，當機器智慧活動從電子級的輸入輸出層、隱藏層……遺傳演算法、數據訓練……自程式設計、自嘗試、現實虛擬等這些看起來多到眼花、又很深奧的演算法，轉為生物量子級時，智慧等次才會發生由 1.0 跨入 2.0 換代的質的飛躍。或者說，只有人工智慧被賦予了生物量子資訊機制，像人一樣極簡約地抽象、對蘊含於語言和邏輯中不可言喻真意的領悟，及對各種理念的深度理解等功能，才會真正發生。

但是，由於慣性的驅使，人工智慧不會在擁有人類般靈性和悟性的臨界處止步，它會繼承人類在地球生物演化中形成的優勝劣汰求生欲望，在慣性作用下，繼續智慧的升級和攀升：2.1、2.2、……、3.0、4.0……人工智慧將以通用模型的威力，攪動寰宇，實現智慧的大大提升與自由。

14.2　Q&T 的利弊最終由道德準則所掌控

　　生物量子技術帶來的智慧革命，將加速社會與未來技術的接壤，這個程序利弊相搏、難以猜定，顯然，社會倫理和道德準則將從中發揮決定作用。

14.2.1　利與弊

　　誠然，藉助生物量子理論和技術的發展，能為人類帶來很多前所未有的實惠。例如，隨著生物量子技術對社會各領域活動更細膩、更有機的滲透，一切運轉將變得更快、更精確和更智慧；社會在高時空解析度的生物量子技術支援下，將日益呈現出完整的生命機制，整個世界將更像被準意識驅動的超級生命體，全球級的敏感「覺」和超級智慧將會湧現，全社會將更趨於「大腦化」。這樣，人類就能在其中享受巨大恩惠。

　　然而，生物量子理論和技術為人類帶來的害處也不可低估。例如，由生物量子技術衍生的人體植入量子晶片等量子感測裝置，會對人類原生功能產生替代性，人們在享受量子科技帶來的舒適和「美好」的同時，與大自然長期搏鬥中演化而來的、以求生為目的的、尋找和判定食物危害性和環境危險程度的聲、光、味、觸等感覺功能，將因失去真實目的的驅動，而逐漸退化降低。其種種不良影響，還會透過遺傳傳給下一代。這正像薛丁格說過的：「現在我確信，越來越高的機械化程度和『使人愚蠢化』的大多數生產過程，包含著使我們的智力器官整體上退化的嚴重隱患。」[133]

　　或許，另一些場景危害更大：先期受到生物量子技術武裝得到額外

---

[133] 薛丁格·生命是什麼 [M]·羅來復，羅遼復，譯·長沙：湖南科學技術出版社，2020：123.

智慧的人群，將形成某種壓倒性優勢，進而形成嚴重的社會矛盾；不斷向人工智慧賦予情感和私慾，賦予與人類同樣的「生物慣性」和本能，還會使人工智慧形成一股不斷加速的「失控勢力」，最終成為人類無法控制和戰勝的對手。

14.2.2　存在火候問題，
需要科學與道德倫理協同掌控

　　人與人工智慧最終的生存之爭，看似是守衛碳基肉體與守衛矽基或其他基晶片組之間的競爭，但其實不然。因為兩者生存的根本內涵是資訊形式，而不是資訊的物質媒介形式。人與人工智慧的最終博弈，必將是對其所承載的資訊機制和智慧強度的占有與爭奪。目前，人腦與人工智慧資訊機制的不同在於，人腦使用的是生物量子機制，而人工智慧還處於整合電子機制階段，人類還占有資訊機制的級別優勢。如果人類不把量子級生物資訊機制這種看家能力讓渡給人工智慧；不讓人工智慧升級為完全意義上的生物量子級……始終把機器的自我保護欲遏制在比人類低一個等次，人類就會是安全的。

　　人類能否守住生命這座悠久堡壘的終極安寧，在於人類對智慧的生發和趨勢能否有清楚的認知，能否在危險可控之時，有決然之把握。

　　毋庸置疑的是，科學與社會道德和倫理的有機結合或有效協同，就能掌握住技術發展的「火候」，能有效阻止技術的濫用與失控。

　　有了科學與道德的有機結合，人類或許會不惜「有選擇地」凍結智慧的升級，以換取有限智慧條件下的人機共存，人類還或許與人工智慧在量子級生物資訊機制的場景下人機融合，共享智慧之盛宴，共同助推社會形成一個全息、穩定、靈敏的巨大因應體系，或者說是高級文明。

量子意識論，跨越感知與存在的心智新視角：

以量子資訊為核心，串聯物質、能量與因應機制，尋找意識真正的場域基礎

作　　　者：王玉星
發　行　人：黃振庭
出　版　者：沐燁文化事業有限公司
發　行　者：崧燁文化事業有限公司
E-mail：sonbookservice@gmail.com
粉　絲　頁：https://www.facebook.com/sonbookss
網　　　址：https://sonbook.net/
地　　　址：台北市中正區重慶南路一段 61 號 8 樓
8F., No.61, Sec. 1, Chongqing S. Rd., Zhongzheng Dist., Taipei City 100, Taiwan

電　　　話：(02)2370-3310
傳　　　真：(02)2388-1990
印　　　刷：京峯數位服務有限公司
律師顧問：廣華律師事務所 張珮琦律師

-版權聲明

原著書名《量子思維──探尋生命覺醒之旅》。本作品中文繁體字版由清華大學出版社有限公司授權台灣沐燁文化事業有限公司出版發行。

定　　　價：450 元
發行日期：2025 年 05 月第一版
◎本書以 POD 印製

國家圖書館出版品預行編目資料

量子意識論，跨越感知與存在的心智新視角：以量子資訊為核心，串聯物質、能量與因應機制，尋找意識真正的場域基礎 / 王玉星 著 . -- 第一版 . -- 臺北市：沐燁文化事業有限公司 , 2025.05
面；　公分
POD 版
原簡體版題名：量子思維：探尋生命覺醒之旅
ISBN 978-626-7708-25-5(平裝)
1.CST: 思維方法　2.CST: 生命科學
3.CST: 量子力學
176.4　　　　　114005726

電子書購買

爽讀 APP　　　臉書